もうひとつの戦場

戦争のなかの精神障害者／市民

岡田靖雄◉編著

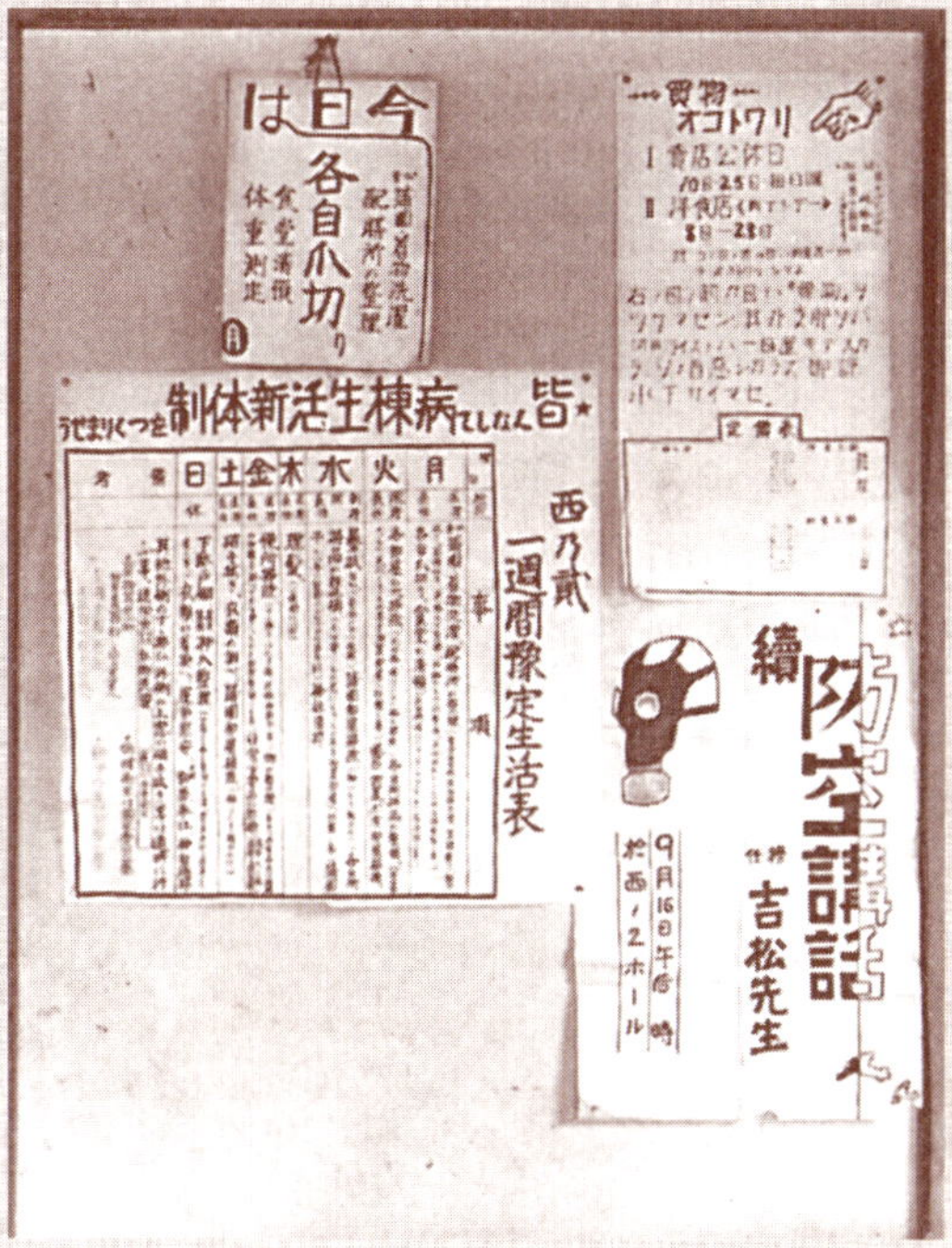

戦時下松沢病院病棟の掲示板（1941～44年頃）

六花出版

もうひとつの戦場
戦争のなかの精神障害者／市民

目次

序説——— I
問題との出会い　I
第四三回日本精神神経学会総会　4
戦時中の松沢病院の状況概要　7

I

精神障害者の受難　13

第1章　入院患者の死亡率——— 15
立津政順論文　15
北島治雄さんの語り　19
各地の精神病院における戦争中入院患者死亡率　21
らい療養所ほかにおける死亡率　25

第2章　精神病院でのデング熱実験——— 29
『落書き帳』記事　29
デング熱　31
上野陽里論文　32
精神病患者へのデング熱接種実験　33
まとめ　41

付．精神科における人体実験　43

Ⅱ　空襲・戦闘のなかの市民　47

第1章　**空襲時精神病——植松七九郎・塩入円祐の資料から**——49
直接空襲にもとづく空襲時精神病　50
間接に空襲に関係あるもの　56
「戦争神経症」の定義　57

第2章　**塩入円祐・岩佐金次郎による空襲生活調査**——61
調査票と調査対象　61
考察㈠　調査結果について　76
考察㈡　後遺症はあったか　78

第3章　**空襲の精神医学**　野田正彰——80
空爆被害者の精神医学　85

第4章　**沖縄戦による晩発性のＰＴＳＤ**　蟻塚亮二——95
はじめに　95
沖縄戦によるストレス・トラウマ反応　97
事例の紹介　99

沖縄戦によるＰＴＳＤの発症の時期などについての考察　106
おわりに　112
第５章　**原子爆弾投下による精神障碍者・市民の被害**　中澤正夫――114
はじめに　114
寥寥たる精神科的研究　116
「被爆者の心の被害を追って」――筆者の見解　124
原爆の「こころ」の被害とは　128

Ⅲ　戦争のなかの精神医学研究　133

第１章　**戦場心理の研究――早尾乕雄による日中全面戦争従軍の記録**――135
日中全面戦争のなかの早尾　135
戦場報告の内容　137
早尾乕雄さんの略歴　149
第２章　**『精神神経学雑誌』における研究主題の変遷**――160

Ⅳ　戦争の周辺で　165

第1章　大阪府立中宮病院と禁野火薬庫爆発――167
長山泰政という人　167
一九三九年三月一日　168
第2章　大阪脳神経病院事件――173
朝日新聞記事内容　173
官物横領のこと　178

付録　181

第1章　『大東亜雑記』抄――183
第2章　占領下五月祭の原子爆弾症展――207
医学部入学ののち　207
準備、そして展示へ　208
その後のこと　212
この時代　214
死から目をそむけるな――あとがき――217
索引　228

◉凡例

- 病名などは当時のままとした。
- 文中の簡単な解説は〔　〕のなかにいれた。
- 敬称のつけ方は文脈（そこの文章で相手とわたしとの距離感）によりことなる。

◉写真出典

＊以下に明記しないものはすべて青柿舎所蔵。なお14ページの女性患者の写真は『松沢病院九〇年略史稿』に掲載したものであるが、その後無断でいくつかの本に引用されている。今回は原写真によってここにかかげた。

カバー　松沢病院での運動会／本扉　松沢病院病棟の掲示板（『松沢病院九〇年略史稿』精神医療史研究会、一九七二年）
3ページ　立津政順（『立津政順教授退官記念業績集』熊本大学医学部神経精神医学教室、一九八一年）
134ページ　写真二枚とも（『金沢大学医学部神経精神医学教室七十年の歩み』一九七九年）
166ページ　長山泰政（『長山泰政先生著作集』一九九四年）
中宮病院病棟の写真二枚（『大阪府立中宮病院創立50周年記念誌』大阪府立中宮病院、一九七九年）
182ページ　奥田三郎（市澤豊『奥田三郎』大空社、二〇一一年）

序説

戦争の問題に精神科医としてとりくむようになった経過をまずしるしておこう。

問題との出会い

敗戦のときは一四歳、中学三年生であった。学校が再開されてみると、イギリス語と修身とをうけもって、「神ながらの道」をといていた教頭が、「これからは民主主義の時代だ、鈴木准尉のような軍国主義者はだめだ」と、教練の教師でただ一人出校していた鈴木忠太郎准尉をさした。鈴木准尉は「わしのどこが軍国主義かな」とつぶやいた。配属将校もふくめて三、四名いた教練の教師のなかで、鈴木准尉はもっともいばらぬ人だった（一番年上で、階級はもちろん一番下）。母方祖父と一緒に対ロシヤ戦争をたたかった人で、そのときの負傷で鈴木准尉が気を付けをすると、体がどちらかにかたむいていた。これが、いわば歴史体験の初めで、また「民主主義」との初対面であった。

医者になったのは一九五六（昭和三一）年。その大学医学部は研究者の養成を主眼としていたが、臨床の医者になりたかったので、「患者さんと mitleben（ともにいきる）したい」と恰好よいことをいって、二年後に東京都立松沢病院（単科の精神病院）にうつった。

当時の立津《たてつ》政順《せいじゅん》男子部医長の隣りに席をあたえられた。また、立津さんのすすめで、不潔病棟と通称されていた男子病棟をうけもつことにした。そこには、重症の精神薄弱（以下、病名は当時のものをもちいる、今の知的障害）や進行麻痺後遺症などの人がおおくて、精神分裂病（今の統合失調症）の人と比較してみるのによい、ということであった。立津さん自身が二年前にそこをうけもっていて、詳細な記載を診療録にのこしていた。目のまえの人をみながら、立津さんの記載をよみなおすのが勉強だった。

前任者からは、「診察は風呂のあとにしなさい」といわれた。多くの人が不潔だったからである。松沢では医者の病棟受け持ちは一年交代であったが、自分から希望してそこを四年間うけもった。

立津さんは一九五八年に、「戦争中の松沢病院入院患者死亡率」(1)の論文をだしていた。敗戦の一九四五年における四〇・八九％の死亡率。これは戦争の本質をなによりもしめしていた。看護者の病棟配置も一年交代が原則であった。二年目の病棟主任（看護長）となったのが北島治雄さん（通称北さん）。一九三三年から松沢につとめていた北さんは、小柄だが活動的な人だった。田舎芝居をやっていたので、独得な手振りで、「なあ、先生、どうおもう」などと、昔のことをかたってくれた。立津さんが数字で詳細に記述したことを、北さんは看護人の目で、栄養失調のはじめは一九三八年ごろで、夜盲症がふえて、夜なかに便所におきると、そのへんの柱や壁にぶつかる人が、一つの病棟に何人かでた、などとかたってくれた。

北さんの語りをかなりとりいれて、精神病をめぐる歴史的・社会的問題をかいたものが、「癒えざる者の声」として、『日本残酷物語』（一九六〇年）(2)におさめられている。

これが精神科の歴史をかいた最初のものである。その後、松沢病院の歴史をまとめる機会が二度あった（一九七二、八一年）(3)(4)。それらには、戦争中の松沢病院の事情をかなりくわしくかいたが、医局落書き帳『大東亜雑記』（付録として本書に掲載）に冗談のようにしるされていたデング熱人体実験についてはたしかめられなかった。

北島治雄

立津政順

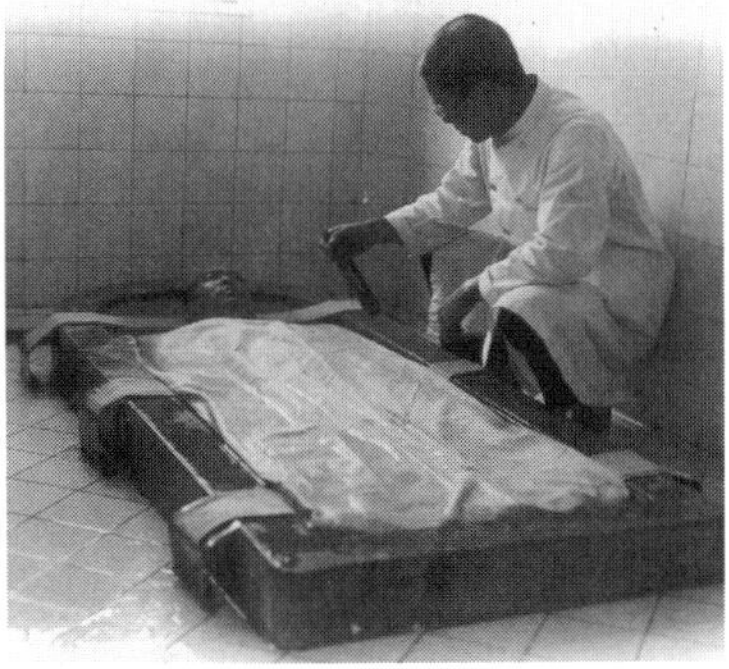

持続浴。松沢病院にて（1931～1932年頃）

狂人の世界にまで浸み込んだ時局

松澤病院の朗話三篇

松澤病院！陰慘な冷い鐵窓を連想させる東京府下世田谷區のこの一角にも意外や明朗な愛國エピソードの數々が秘められてゐた

◇

【第一話】 精神病者と人には笑はれても狂つてゐるのは一本の神經だけだ、憤りながら豊かな詩藻も持つてゐますよ――と素晴らしい氣焔をあげてゐる"防共詩人"が同病院にゐる、題名は『農民吾外』といつて今年三十七歳のお百姓さんだが、最近は抗日侮日極みなく、認識不足の支那こそは、東洋平和の攪亂者 支那こそ平和の攪亂者、東洋平和のそのために、正義の聖戰今ぞ起つ といふ書出しで『支那事變軍歌行進曲』といふ十二章七十二節の大愛國詩を物したが、その表面には『定價一千九百三十七圓也 絶對負けぬ、但し日、獨、伊國人はこの限りにあらず』と大晴れの防共詩人ぶりを發揮した文字を記してある

【第二話】 獻金しないと飯が食べられぬと、事變が起つてから毎月缺かさず陸海軍省に赤誠こもつた獻金を續けてゐる患者が四人もある、その金は收容者が毎日作業報酬として受取る八錢を丹念に積みあげた尊い汗の結晶

『こんなに感心な人達が精神異狀者かと思ふとほんとうに痛ましくて泣けて來ますわ』と看護婦さん達は小さい胸を暗くしてゐる

【第三話】 今度の事變は松澤病院に劃期的な變革をもたらした、それは今までのじめじめした空氣を開けつ放しの明るさにかへたことだ、病院の明朗化――これは今まで數度も叫ばれその實現にあらん限りの努力を盡くして來たのだが、祖國の一大事はこの希望を極めて滑らかに遂げさせてくれたのだ、といふのは收容患者は現在は精神病者であつてもやがて立派な國民として力強い更生の生活をはじめる人々だ、國家の流れを出來るだけ知らして置きたいものだ、と病院當局の親心で昨年の夏以來しばしば新聞記事を中心に時局ニユース講話を開いたり病棟に怠らずラヂオを設けたりあるひはニユーストーキー映寫會を開いたりしたが、これ等の催しを通してどつと入つて來た外部の清新な空氣は今まで院内に巣食つてゐた憂鬱な氣分をすつぱりと洗ひ流してしまつた

松澤病院といへばまるで陰慘な所のやうに思ふ方がありますが見て下さいこの明るい光景を、いま患者さん自身が作つた臺本で愛國芝居をやらうと猛練習をやつてゐますよ、忘年會の餘興ださうですが嬉しい企てぢやありませんか……とお醫者さん達いづれもニツコリ

（寫眞は防共詩人の文字）

1938年11月29日『報知新聞』記事

のちに、全科的なデング熱人体実験についての上野陽里報告（一九九六年）によって、松沢のことがたしかめられた。

入院患者死亡率は、戦前の病院の医療・処遇の水準をしめす重要指標だと感じて、できるだけ多くの病院・施設について死亡率を追求してきたが、死亡数・死亡率を記載している病院記念誌はごくすくない。二〇〇二（平成一四）―〇五年には、ハンセン病問題に関する検証会議のもとにおかれた検討会の委員となり、「ハンセン病患者および精神病患者の比較法制・処遇史」を、自分の検討課題の一つとした。そこで、各らい療養所について死亡率を算出する機会がえられ、それを精神病院におけるものと比較した。

戦時中の精神科医療について関心はもちつづけていたが、つぎにすすむ手掛かりはなかなかえられずにいた。

第四三回日本精神神経学会総会

一九四四（昭和一九）年五月初旬に京都帝国大学で開催を予定されていた第四三回日本精神神経学会総会（三浦百重《ももしげ》会長）は、戦局のため中止になった。戦後における学会活動の再開ははやくて、第四三回総会は一九四六年六月一日午後、六月二日全日に、内村祐之《ゆうし》を会長に東京帝国大学医学部本館講堂でおこなわれた。このときの演題は『精神神経学雑誌』第四九巻第一号（一九四六）にのっているが、抄録はついていない（後日入手した総会次第には「当日二〇〇〇字以内の抄録御提出のこと」とあるが、当時の印刷事情から抄録号はつくれなかったのだろう）。

全四二題のうち、第一日に報告されたつぎの一一題が戦争経験に関するものである[5]。

2「今次戦争に於ける精神医学的経験」内村祐之（東大精神科）（イ）精神疾患の特徴（ロ）原子爆弾による脳髄の病変

3「空襲時精神病」植松七九郎・塩入円祐《しおいりえんゆう》（慶大神経科）
4「今時戦争間の精神医学的経験」諏訪敬三郎（国立国府台病院）
5「防空壕内窒息後に発生せる精神病」三浦信之（岩手医専神経科）
6「原子爆弾患者脳髄の病理組織学的変化に就て」武谷止孝《たけやしこう》（九大精神科）
7「コロル島高射砲陣地に於る神経症の発生とその処理」小林八郎（国立武蔵療養所）
8「戦争に於ける神経症と知能検査の経験」古川復一・白木博次《しらきひろつぐ》（東大精神科）
9「壮丁十二万人に対する知能検査成績」五十嵐衡・浅井利勇（国立国府台病院）
10「戦災浮浪者の精神医学的調査」竹内一（精神厚生会）
11「在郷頭部外傷者検診報告」小沼十寸穂《こぬまますお》（国立下総療養所）
12「産業能率への精神医学の応用」村松常雄（東京都立松沢病院）

これらの内容がどこかに発表されていないか、しらべてきた。二番の内村祐之報告の後半は、白木博次との連名で、ドイツ語論文（一九五二）[6]およびイギリス語論文（一九五二）[7]として発表されている。三番の植松らのものは『慶応医学』（一九四八）にのっていることがわかった。

四番の諏訪のものは、『第二次大戦における精神医学的経験——国府台陸軍病院史を中心として』（国立国府台病院、一九六六）にほぼはいっているのだろう。

七番の小林からは、精神科医療史研究会で一九八七年に「生活療法の思想」という話し[8]をうかがった。そのなかで小林は、自分は「陸軍の高射砲隊つきの軍医で、『パラオ高射砲陣地におけるノイローゼの経験』というのを書きまして、どこかに出ていますよ」とかたったが、この論文はみつけられずにいる（コロル島はパラオ諸島の一部）。

さて、植松・塩入論文の原資料をその後古書店から購入できた。これには、塩入円祐および岩佐金次郎による空襲生活調査の資料も一緒にあった。

戦争中金沢大学教授であった早尾乕雄《とらお》には、松沢病院医局の同窓会で先輩としてお会いしている（顔をみている）。早尾は一九三九年四月三日、第三八回日本精神神経学会総会で軍服姿で「戦場における精神分裂病」の宿題報告をしているが、この報告は論文にはなっておらず、当時の医学雑誌にその内容紹介もない。早尾は一九三七―三九年と召集されて、予備陸軍軍医中尉として、中国に一年、国府台陸軍病院に一年いた。早尾の戦場心理報告が復刻されるとき、その解説を担当し、早尾につきしらべることがあった。

日本では一九六三年に精神衛生実態調査がおこなわれた。琉球政府（当時合州国軍占領下）は一九六六年に同様の調査を沖縄でおこなうことになり、調査員として日本国政府から派遣された。そのとき本土から派遣された精神科医は一〇名で、社会的関心のたかい人がおおかったが、調査結果に沖縄戦の直接の影響はみいだせなかった。自分が調査を担当した三地区の一つがカデナ・ロータリーだった。ヴェトナム戦争のさなか、基地周辺住民がこうむる騒音被害（およびふきだされる航空燃料による被害）はすさまじいものである。これによって、戦争が市民生活におよぼす影響がどんなに広汎なものか、身をもってしることができた（この報告は別にしている[9]）。

さて、一五年戦争のなかで国民生活がどのようにしめつけられていったか、そして精神病院の状況はどうかわっていったか、東京都立松沢病院を例にみていこう。

戦時中の松沢病院の状況概要[10]

小石川区駕籠町にあった東京府巣鴨病院には、東京帝国大学医学部の精神病学教室もおかれていて、教授が院長をかねていた。病院は一九一九（大正八）年に今の世田谷区に移転して、東京府立松沢病院となったが、その院長も東京帝国大学教授がかねることになっていた。

一九三六（昭和一一）年に院長は三宅鉱一から内村祐之にかわった。

一九三七年、四月五日保健所法が公布された。七月七日、日中戦争がはじまり、八月二四日、国民精神総動員実施要綱が決定された。一二月一三日に日本軍が南京を占領、大虐殺。松沢病院では、帝または将軍と称し巣鴨・松沢を代表する患者であった芦原金次郎が八六歳で死去した。中央浴場制となり、合併症病棟をのぞいては、各病棟（分棟式）の入浴日がさだめられた。防空演習、防毒演習がはじめられた。

一九三八年、一月一一日に厚生省が設置された（それまで医療・衛生行政は内務省衛生局の所管）。四月一日には国民健康保険法、国家総動員法が公布された。松沢病院では三月五日に海軍中佐松島慶三をまねいて、患者に対する時局講演会をおこなった。四月一日から、それまでの男子部、女子部医長にくわえて作業医療科医長がおかれた（戦時下の従業員数減をおぎなうため、作業療法の組織化がはかられた）。電気衝撃療法（電気けいれん療法）が治療手段にくわわった。持続浴とは三二—三四度の微温湯に患者を数時間つけておくもので、ときには昼食も浴室でとらせた。興奮状態をしずめるによいとされ、巣鴨病院で一九〇二（明治三五）年から導入されていた。松沢病院でも主要病棟に持続浴室がおかれていたが、この年の七月二五日から一四か所の浴室を四か所にへらした（一九三九年一二月一日かぎりで廃止）。男の従業員がへりだした（年末人数で一二名減）。就職してまもない医員江副《えぞえ》勉が召集された。患者死亡は前年五三名だったのが、一〇七名とこの年からふえはじめる。

献金しないと飯がたべられないと、「支那」事変がおこってから毎月陸軍省、海軍省に献金をつづけている患者が四人いる、と新聞に報じられた。

一九三九年四月一二日に米穀配給統制法が公布されて、松沢病院も米の配給をうけるにいたった。院内に作業療法のための、かなりひろい田をもっていた（年間収穫六〇―八〇俵。これは供出対象にはなっていなかったが、戦後農地改革にあたり周辺農家には、松沢病院の田畑もその対象にしようとの動きもでたが、米を供出することにして病院内の農地は確保された）。院内には一九三六年度に精米所がもうけられていた。九月一日ドイツがポーランドに進撃開始、第二次世界大戦はじまる。一一月六日米穀配給統制応急措置令が公布され、米穀の強制買い上げ制が実施された。関根真一副院長は一一月から軍事保護院業務取り扱いとなり、翌年七月軍事保護院医官・傷痍軍人武蔵療養所所長。

一九四〇年四月二四日、米・味噌・マッチ・砂糖など一〇品目の切符制が採用された。九月二三日日本軍は北部フランス領インドシナに「進駐」。九月二七日日本・ドイツ・イタリア三国同盟調印。一〇月一二日大政翼賛会発会。内村祐之院長および菅《かん》修作業医療科医長は一一月一六日、東京精神神経学会での報告「精神病院経理に対する作業療法の役割」で、患者の作業力は戦時下の食糧不足、人員不足をおぎなう、とのべて、非常時において精神病院入院患者が無用の存在ではないことを強調した。

一九四一年四月一日から六大都市では米穀配給通帳制が実施された。一〇月一八日東条英機内閣成立、そして一二月八日には日本軍がマレーに上陸し真珠湾を奇襲してアジア太平洋戦争がはじまった。それまで男の病棟は合併症病棟をのぞいては男の看護人がうけもっていたが、この年から、男三等安静患者収容の西二病棟を看護婦がうけもつことになった。

一九四二年三月五日、東京に初の空襲警報が発令された。配給米は五分づきから二分づきになり、米のかわりにうどん、麦、芋もはいるようになった。魚の配給もほとんどなくて、物資入手にとびまわる市川栄一事務長は「市川ヤミ屋」とよばれるにいたった。

一九四三年二月一日、日本軍はガダルカナル島撤退を開始した。六月一日東京都制が公布されて、院名は東京都立松沢病院となった。イタリアが無条件降伏。一二月二一日閣議は都市疎開実施要綱を決定した。病院への石炭の配給はなくなったが、薪でなんとかやれていた。食糧の配給制度が確立されたので、一九四二年、四三年の死亡者はすこしへった（それぞれ一七六名、一七四名）。棺がなくて、営繕の大工はもっぱらお棺づくりをさせられていた。セレベスの司政長官だった東竜太郎の要請で派遣された医員吉松捷五郎の乗船はフィリピン近海で潜水艦の攻撃で沈没し、この四月に戦没した。（精神病者）救治会、日本精神病院協会、日本精神衛生協会は合併させられて、三月一一日に財団法人精神厚生会が発足し、厚生大臣小泉親彦がその会長に就任した。

一九四四年六月一九日マリアナ沖海戦で日本海軍は航空母艦・航空機の大半をうしない、七月七日にはサイパン島守備隊三万人が全滅。七月一八日東条内閣が総辞職した。八月四日には学童集団疎開の第一陣が上野を出発した。

病院では配給主食のなかに乾燥野菜やドングリ粉もいれられるようになった。患者に浮腫が目だちはじめ、死亡者が急増しだした。運動場ののこっていた部分も畑にし、それまで職員、患者が個人的に耕作していた部分を公用部分と個人割り当て分とに整理するが、この整理が大変だった。医員が患者をつれて井の頭公園へ木の根掘りにいくようになった。あつくなると死亡数はさらにました。火葬場では一体について薪一〇把、石油一升をもっていかないとうけつけてくれない。そこで院内の杉林に無許可で埋葬した（翌年までに三〇〇体ちかく）。

六月から一食は雑炊。八月一日からの院内主食割り当ては、米一日量で一般患者三〇〇グラム（二・一合）、作業患者三八五グラム、看護婦三八〇グラム、看護人四一五グラムで、それまでより一七—二〇％減。病院疎開の必要も感じられて、内村院長の命で市川事務長などが候補地をさがしはじめる。

一九四五年三月九日に東京大空襲、さらに五月二四－二五日の空襲で東京都区内の大半が焼失した。四月一日には合州国軍が沖縄本島に上陸し、六月二三日には守備隊が全滅した。五月七日にはドイツ軍が連合国に対し無条件降伏した。八月六日広島に、八月九日長崎に原子爆弾が投下された。八月一五日、天皇による戦争終結の詔書が放送された。九月八日合州国軍がジープで東京に進駐した。

病院では主食とともに調味料の欠乏でこまった（付録「大東亜雑記」に、塩の入手にもがいた様子がかかれている）。八月までに主食が七五日分欠配になって、それがうちきられた。そのまえ一九四四年一〇月二〇日－一二月五日の給食は、病棟内患者で一三九五カロリー、外部作業患者で一五七二カロリー、だいたい基礎代謝の熱量であった。もちろん、死亡数は激増。

疎開先はみつからなかった。青山脳病院（斎藤茂吉院長、おなじ世田谷区内）売却の話しがあり、四月一日都がかって、五月一八日に松沢病院梅ヶ丘分院として開院された。四月一三－一四日の空襲で巣鴨脳病院、保養院、滝野川病院、根岸病院が全焼し、国立分院をもっていた根岸病院をのぞく三病院の患者二五〇名が一四日に都バスで松沢にきた。この移入患者のほとんどは比較的はやく死亡した。五月二五－二六日の空襲で梅ヶ丘分院のほとんどが焼失、死亡三名、行方不明一三名、二五日には本院も空襲をうけて二病棟ほかが焼失、死者二名、傷者二名（この一名は電話交換手で、六月一五日死亡）。当時東部軍司令部では、精神病患者対策として松沢病院を誤爆したら、との意見さえでていたという。

八月一四日に内村院長は従業員を講堂にあつめ、お握りをつめて班をつくり、どこへいくかわからぬがでかけよう、という疎開計画をのべた。戦いはおわった。食糧事情はなおきびしいとはいえ、占領軍および国内の食糧放出もあって、八月から死亡者はへりはじめた。

表1　1936—45年の精神病院数など

年	精神病院数	左の病床数	人口1万対病床数
1936	146	19,410	2.79
1937	151	21,325	3.03
1938	158	21,883	3.10
1939	163	22,642	3.19
1940	163	23,555	3.29
1941	167	23,958	3.29
1942	146	17,444	2.38
1943*	91	12,677	—
1944**	43	6,754	—
1945**	32	3,995***	—

*　28府県だけ（岡田しらべ）
**　14府県だけ（岡田しらべ）
***　1945年には4000床をわったと一般に記載されるが、14府県に東京都はふくまれていない。1945年の病床数は1万床程度だったとみるのが妥当だろう。

ここで全国的な状況をみるために、精神病院・病床数の推移をあげておく（**表1**）。なお、戦争中の思想犯とされた人の拘禁反応、陸軍病院における精神疾患の様態などについてもしらべてきたが、これらについては他の研究者がかなりしらべているので、本書ではとりあげない。

◉「序説」注

（1）立津政順「戦争中の松沢病院入院患者死亡率」精神神経学雑誌、第六〇巻第五号（一九五八）
（2）（岡田靖雄）「癒えざる者の声」『日本残酷物語』現代篇1（引き裂かれた時代）平凡社・東京（一九六〇）
（3）精神医療史研究会『松沢病院九〇年略史稿』精神医療史研究会・東京（一九七二）
（4）岡田靖雄『私説松沢病院史』岩崎学術出版社・東京（一九八一）
（5）「第四三回日本精神々経学会」精神神経学雑誌、第四九巻第一号（一九四六）
（6）Y. Uchimura und H. Shiraki : Zur Gehirnpathologie der Atombombenschädingen. *Folia Psychiat. Neurol. Jap.*, 6. 155-176 (1952)
（7）Y. Uchimura and H. Shiraki : Cerebral Injuries Caused by Atomic Bombardment. *J. Nerv. and Ment. Dis.*, 116, 654-672 (1952)
（8）小林八郎「生活療法の思想」呉秀三先生記念精神科医療史資料通信、第二一号別冊（一九九一）

（9）岡田靖雄『沖縄行（一九六六年）』（青人冗言9）青柿舎・東京（二〇一二）
（10）（4）におなじく『私説松沢病院史』

I

精神障害者の受難

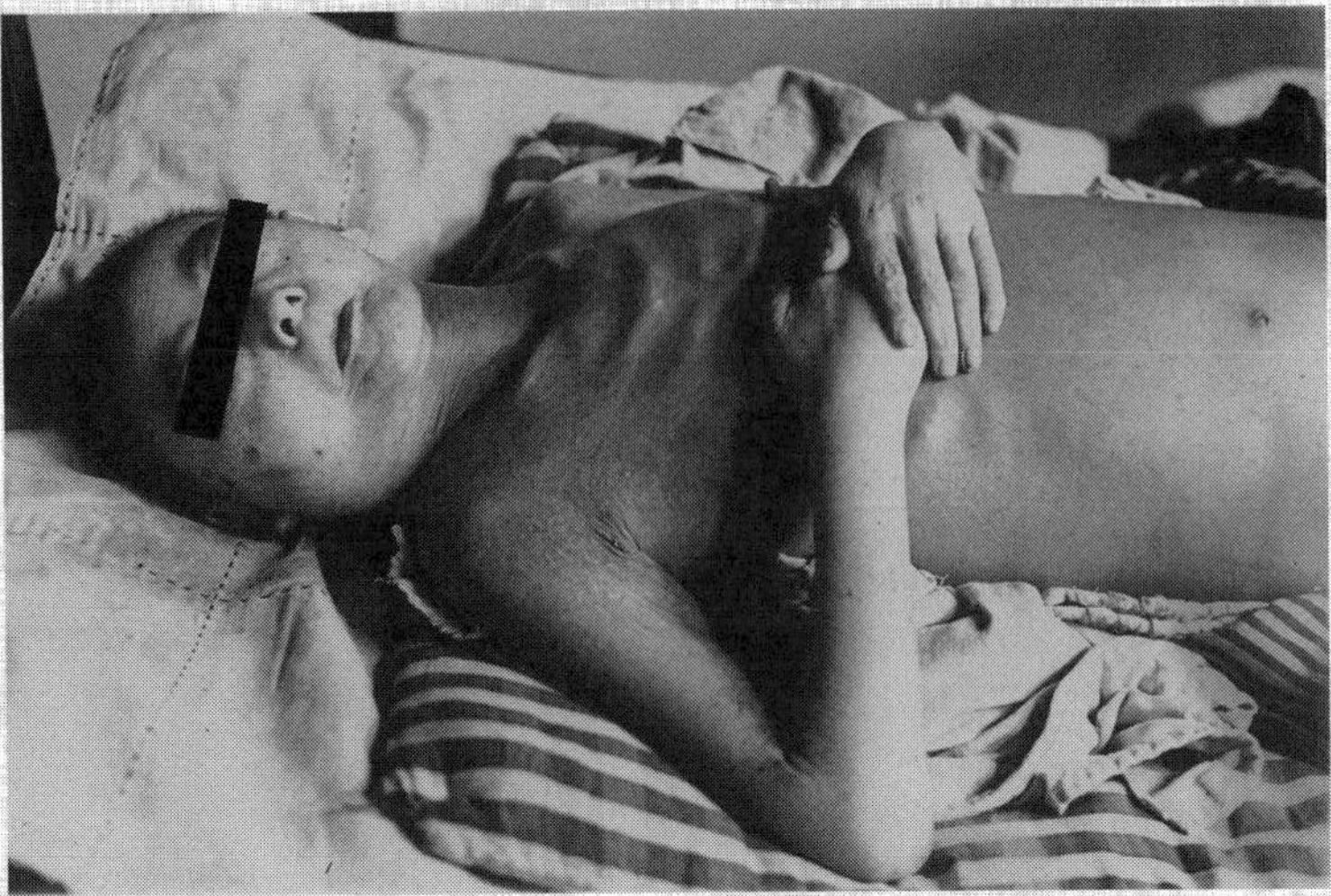

栄養失調死（1944年9月3日）の
寸前の女性患者（松沢病院）

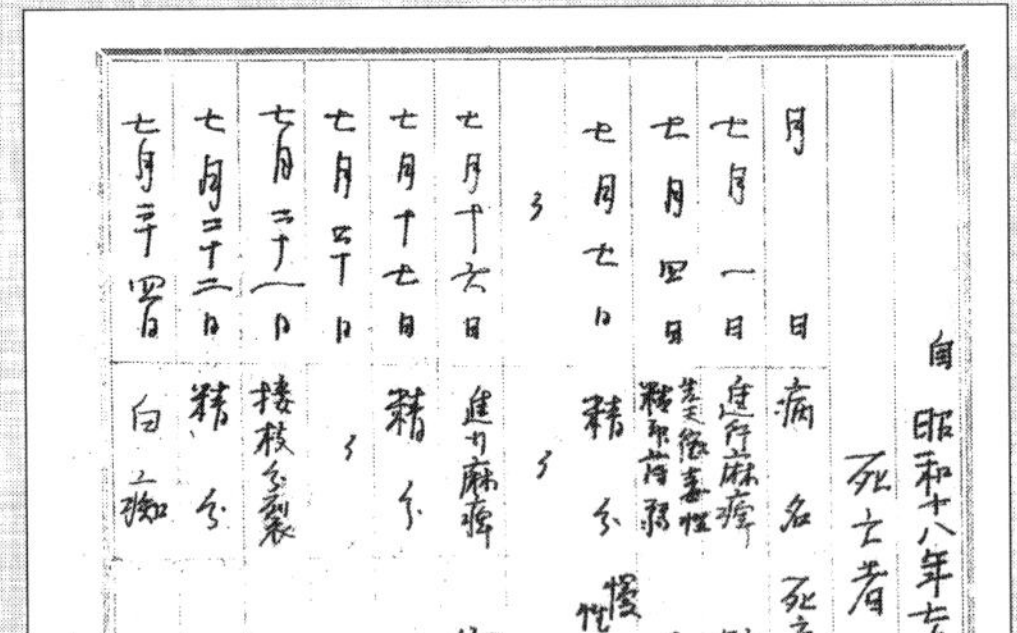

自昭和十八年七月一日至十九年六月三十日

死亡者一覧表 （二）

月日	病名	死亡当時ノ主徴候	転帰	氏名
七月一日	進行麻痺	肺結核症		石[redacted]夫
七月四日	栄養失調性精神薄弱	急性腸炎	〃	増[redacted]夫
七月七日	精〃	慢性腸炎	〃	小[redacted]三
〃	〃	〃	〃	林[redacted]清
七月十六日	進行麻痺	心臓衰弱症	〃	鈴[redacted]子
七月十七日	精〃	肺結核症	〃	平[redacted]子
七月二十日	〃	慢性胃腸炎	〃	友[redacted]人
七月二十一日	接枝分裂	肺結核症	〃	堀[redacted]廣
七月二十二日	精〃	仝上	〃	高[redacted]郎
七月二十四日	白痴	慢性腸炎	〃	横[redacted]才

東京都立松澤病院

松沢病院　死亡者一覧表（看護科）
（1943年7月1日～44年6月30日）

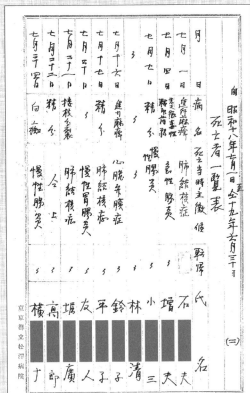

第1章 入院患者の死亡率

立津政順論文

さきにのべたように、一九五八（昭和三三）年にだされた立津政順《たてつせいじゅん》さんの論文「戦争中の松沢病院入院患者死亡率」[1]との出会いがわたしの歴史探究を方向づけてくれた。立津さんは執念の人であった。立津さん[2]は一九三六（昭和一一）年から主として四六年にいたる、松沢病院入院患者の死亡数、入院種目別との関係、死因、原精神疾患との関係などをくわしく分析しているが、その主要点をみていこう。そのまえにいっておかなくてならないのは、年間死亡率の算定法である。いくつかの病院記念誌、とくにハンセン病療養所史をみると、年（度）初めあるいは前年末の在院患者数を分母としているものがしばしばみられた。たとえば、年初在院一〇〇名の病院に年間に一〇〇名が入院し、年間死亡数が一〇〇名だったばあい、年初在院の一〇〇名を分母とすると、年間死亡率は一〇〇％となってしまう。年初在院者数に年間入院者数をくわえたのが、年間在籍者数である。年間在籍者数に対する死亡率を計算すると、この病院での年間死亡率は五〇％となる。立津論文では、もちろん、年間在籍者数に対する死亡率をだしている。また、本書ではこのやり方で一貫し、そうでないものは計算しなおしている。

おおまかな変化傾向をみるために、立津論文の「結び」の一部分をあげておく。

表2　松沢病院入院患者の年別死亡率

年	自費	公費	男	女	全体
1936	3.5%	6.6%	6.8%	3.6%	5.5%
1937	4.3	6.3	6.8	5.2	5.6
1938	4.1	11.2	8.1	9.1	8.5
1939	4.6	16.7	14.2	10.1	12.5
1940	11.5	26.9	23.6	16.2	21.9
1941	8.0	22.0	17.9	17.2	17.6
1942	7.0	16.9	12.8	14.1	13.3
1943	11.4	14.9	14.4	12.5	13.6
1944	23.2	35.8	33.0	28.5	31.2
1945	40.3	41.3	50.6	29.4	40.9
1946	15.4	28.0	21.6	19.2	21.0

（立津政順「戦争中の松沢病院入院患者死亡率」から抜き出し、数字を微修正）

戦争の始まりは昭和一二年半ばであるが、松沢病院入院患者では、その死亡率が既に昭和一三年から増大し始めている。死亡率の曲線は昭和一五年には高い山をなしているが、昭和一六―一八年の間は一時再び低下している。ところが、死亡率は昭和一九年から二〇年にかけて再び上昇に変り、それは極めて急でかつ高い値に達した。昭和二〇年の如きは、年間に病院に入院し籍を置いた患者一一六九人のうち四七八人、すなわち四〇・九％が死亡している。戦争が終るとまた下降に転じ、その変化も極めて急かつ高度である。昭和二三年にはほゞ戦前の値に戻り、二六年からは年度ごとにさらに下向きの傾向をたどっている。

死亡率のこのような変動は、国内の食糧事情の悪化ないし好転に対する極めて敏感な反応と解されよう。言いかえれば、これは我々の患者の外界の影響に対する防禦力の弱さの端的な表現のように思われる。精神科の患者が特別な保護を必要とするという

表3　松沢病院入院患者の死因

年	栄養障害症候						結核	原疾患関係（うち麻痺進行）	その他	計
	衰弱	栄養失調	慢性胃腸炎	急性胃腸炎	脚気	小計（全死亡中比率）				
	名	名	名	名	名	名（%）	名	名（名）	名	名
1936	23	—	—	—	—	23 (31.6)	25	12 (10)	13	73
1937	13	—	6	2	—	21 (27.6)	18	12 (11)	25	76
1938	30	—	4	15	—	49 (40.2)	38	4 (2)	31	122
1939	26	—	11	6	—	43 (23.6)	63	31 (31)	45	182
1940	39	5	23	42	25	134 (38.0)	106	56 (49)	56	352
1941	35	9	30	23	9	106 (40.8)	54	64 (59)	36	260
1942	20	21	20	9	4	74 (42.0)	41	36 (31)	25	176
1943	12	43	25	2	1	83 (47.7)	41	32 (29)	18	174
1944	3	138	54	7	12	214 (51.2)	62	83 (70)	59	418
1945	4	27	234	6	31	302 (63.2)	40	62 (52)	74	478
1946	—	20	52	7	19	98 (56.6)	20	36 (30)	19	173

（立津論文の表を改変）

ことは、今さらこゝに私がくり返すまでもない。〔下略〕

松沢病院は公費患者収容を主にしていたが、五分の一から三分の一ぐらいの自費患者もいた。そこで、自費・公費の別および男女別に死亡率の推移をぬきだしてみると、**表2**のようになる。みられるとおり、一一年間で二年をのぞいては、男の死亡率は女のそれよりたかい。配給制度がはじまるまで、自費患者の食事内容は公費患者の食事内容よりも質的によく、居住条件もよかった。自費患者では、家族からの食料、衣類の補給もよかった。死亡率をみると、公費患者の死亡率と自費患者のそれとの開きが、一九三八年からおおきくなるが、四三年、四四年にはその開きはせばまり、四五年には両者の開きがほとんどなくなり、四六年になると、両者の開きがまたでてきた。

死因の推移は**表3**のようであった。栄養失調の患者には慢性胃腸炎および急性胃腸炎の症状をともなうことがおおい。敗戦後は占領軍の指令で栄養失調の診断が厳密に規定されたため、それまで栄養失調といわれたものが慢性胃腸炎の診断名になった。脚気は一九四〇年から急におおくなり、のちへりだして、四五年からまたおおくなった。このばあいも、栄養失調が脚気という診断名におきかえられた向きもある（と、立津論文にある）。そこで本書では衰弱、栄養失調、慢性胃腸炎、急性胃腸炎、脚気を栄養障害症候とくくってみた。それは増勢をつづけ、一九三九年には谷をみせたものの、そのあとは激増して敗戦の年にいたっている。抗生剤がでてくるまで結核療養の中軸は食事、安静、空気であった。結核死急増の原因の一つは、やはり栄養不足だろう。数字の推移からすると、結核患者は、他患者よりもはやく、おおきく栄養不足の影響をうけたようである。進行麻痺は梅毒性の脳疾患で、敗戦ごろまでは精神病院在院患者の五分の一から四分の一をしめていた。それは非常におもい脳疾患であったから、外的悪影響に対する抵抗力もよわかった。

精神疾患別では、一九四四年一一月八日現在の在院患者での比率と、各年における死亡患者の疾患別比率とが比較されている。いまみたように、進行麻痺死亡患者の比率は在院者における比率よりも数倍たかい。死亡者比率は分裂病（統合失調症）、躁うつ病（うつ病および双極性感情障害）、てんかんではすこしひくく、精神薄弱（知的障害）、脳炎後精神障害ではほぼおなじ。精神病質（パーソナリティ障害）では、死亡者比率がかなりひくい。

在院期間をみると、一年以内のものの死亡率はたかいが、五年をこしている群ではいちじるしくひくい。冬期に死亡数がふえる傾向は戦争中でも戦前とかわらない。

一九四五年の月別死亡数は一月から順に五一、四三、三三、三三、四六、五一、六九、三七、（九月）三〇、三五、一一、三四と九月からあきらかにへった。

立津論文でこのようにかかれているものを、看護人の立ち場からみてみよう。

北島治雄さんの語り

受け持ち病棟の主任だった北さんからききとった該当部分をあげておこう(3)（一部改変）。

戦争までは一病棟に看護人が一一、二名いたのが三、四人になっちゃいましてね。だから一五日もつづけてうちにかえれなくて、カカアが迎えにきたこともありますよ。休息の日もでて、代休でくれるといってももらえず、病院にはずいぶん貸しがあります。だからＫさんのようなわかった患者さんに宵番〔準夜勤〕を手つだってもらったんです。こっちは仮眠して、おきていてもらったんですよ。いまでもＫさんはねるとき、「じゃお願いしますね」といいますが、あれは戦争中宵番を手つだった名残りなんです。

栄養失調の一番はじめは昭和一三年ごろじゃないですか。トリメ〔ビタミンＡ欠乏による夜盲症〕がふえちゃって、夜なかに便所におきてそのへんの柱や壁にぶっつかるんです〔病室内は廊下もふくめて夜間消灯していた〕。そうして夜なかにうろうろするのが一つの病棟に五人や七人いたでしょう。それから昭和一五年ぐらいになると、キンタマがこうはれちゃうんです。はじめは患者さんもかくしてガニ股であるくんですが、おかしいんでださせてみると、おおきくはれているんです。そのうちにトリメもこれもなくなりました。それがすぎて、昭和一六年、七年からは体にむくみがきました。はじめは目。まぶたのはれるのがなくなると、今度は足にくるんです。一八年ごろからは足といっしょにまぶたにくるのもありましたね。一九年ぐらいになると目も足もいっしょ、足の甲だけでなく脛までむくんでくる。二〇年になるとむくみもこなくなりました。やせる一方ですよ。その時分にゃ男の平均体重が四一キロぐらいでしたでしょう。体温は三六度以下になり、脈も六〇あればいいほうでした。

ぼつぼつしにだしたのは一八年の暮れでしょうね。むくんでしんでいっちゃうやつね。二〇年になると、南四病棟で一日でも籍のあった人をしらべたら、しんだ人が八〇と何人かいましたよ。当時は患者さんが六〇人ぐらいの病棟だったから、一日でも籍があった人といえば、一二〇人か三〇人でしょう。よその病院からきたのは全滅です。二〇年三月かの空襲でやけだされて井村病院から四、五〇人の患者さんがきたんですが、それが四月のうちにみえなくなったですよ。二〇年になってがたがたしはじめました。五月二五日の空襲で東京がほとんどもえちゃって、食い物がなくなったんです。味つけのしてない茹で豆とか、酒粕の酢茹でとか、うどんの屑にジャガイモの葉のはいったものとか、そんなものをたべていました。ことに塩がないのにはこまりましたね。斎藤〔徳次郎〕先生が塩ガマスをみつけてきて塩をしぼりだしたとか、奥田先生が沢庵の古漬けを手にいれてそれを幾日もたべたという話しなど、みんなそのころのことです。

棺桶もはじめは営繕でつくってくれましたが、戦争にはいってから蓆《むしろ》になり、やがて蓆もなくなりました。死亡通知をだしても家族はなかなかきませんやね。埋葬するまでは解剖室につんでおきましたから、そこにおおいとき三〇体くらいもたまって、足のふみ場もないほどでした。山づみの死体はくさって、ひどいのは葬儀屋がきて死体をもちあげようとすると足がとれちゃうことさえありました。一人に一つずつ穴をほる余裕もないので、おおきな穴をほっておいて、死体をなげこむとその上に土をうすくかけておくんです。そのころはイヌはたべられちゃってもういないので、あばかれる気づかいがなかったですね。また死人がでると、そのうえになげこんで土をかけるのです。平均体重が四〇キロをわると、どんどんしにました。作業にでていた人が突然きょう一日やすんで、あすの朝飯をぬくと昼にはしんだもんです。営繕作業班にでて穴掘りをして、自分でほった穴のなかでなくなった患者さんもいます。

こうなると、患者さんがしんでも、かわいそうだという気はなかったですね。患者さんのほうもおなじで、死人があると「その着物はおれだ」といって、まだシラミがうごめいている着物を死体からはがしていったものです。そういう時代でした……。

北島さんがつとめていた南四病棟は、はじめ木造だったがのちにコンクリート造りとなって、公費および自費の不穏患者を収容していた。わたしが松沢にうつったとき、Kさんは例の不潔病棟（東七病棟）の倉庫部分に居場所があって、病棟外周りの掃除をし、二一時ごろ、「じゃ、お願いしますね」と病室内にはいっていった。通称「K看護長」。看護婦のほうも一病棟三、四人になっていた。

さて、他の精神病院ではどうだったのだろうか。

各地の精神病院における戦争中入院患者死亡率

いままであつめた各病院の記念誌から、患者動態、死亡数、死亡率を一九四一年から四七までについてをぬきだした（はじめにかいたように、死亡数はとりあげない記念誌がほとんどである）。在籍人数のあとのカッコ内は、年初在院者数についで年間入院者数である。病院は北から南へならべる（**表4**）。

これら一〇病院における死亡率(4)を比較すると、いくつかの点が気づかれる。第一は、一九四五年までの阿波

表 4　各地の精神病院における死亡数・死亡率の変遷（1941－1947 年）

○武蔵療養所（東京都小平市、傷痍軍人療養所、1945 年末国立に移管）

年	在籍数	死亡数（%）
41	397（127＋270）	26（6.5）
42	419（299＋120）	55（13.1）
43	401（317＋84）	32（8.0）
44	523（310＋213）	106（20.2）
45	509（377＋132）	160（31.4）
46	484（239＋245）	95（19.6）
47	423（284＋139）	51（12.1）

○芹香院（神奈川県立、横浜市）

年	在籍数	死亡数（%）
41	284（215＋69）	47（15.5）
42	309（208＋101）	61（19.7）
43	357（197＋160）	98（27.5）
44	399（170＋229）	112（28.1）
45	506（157＋349）	204（40.3）
46	342（129＋213）	95（27.8）
47	397（189＋208）	51（12.8）

○愛知県立精神病院（愛知県立、愛知県名古屋市）

年	在籍数	死亡数（%）
41	239（173＋66）	34（22.6）
42	213（171＋42）	57（31.5）
43	215（137＋78）	92（42.8）
44	189（114＋75）	98（51.9）
45	122（73＋49）	76（62.3）
46	275（39＋236）	107（38.9）
47	442（84＋358）	113（23.0）

○下総療養所（千葉県、傷痍軍人療養所、1941 年開設、1945 年末国立に移管）

年	在籍数	死亡数（%）
41 *	28（0＋28）	0（0.0）
42	171（14＋157）	0（0.0）
43	341（106＋235）	2（0.2）
44	304（100＋204）	7（2.3）
45	469（161＋308）	39（8.3）
46	332（155＋177）	31（9.3）
47	317（186＋131）	43（13.6）

*年度

○松沢病院（東京都立、東京都世田谷区）

年	在籍数	死亡数（%）
41	1477（1014＋463）	260（17.6）
42	1322（1028＋294）	176（13.3）
43	1277（955＋322）	174（13.6）
44	1340（956＋384）	418（31.2）
45	1169（668＋501）	498（40.9）
46	849（504＋345）	173（20.4）
47	800**	108（13.5）

**推定

○井之頭病院（東京都三鷹市、私立）

年	在籍数	死亡数（%）
41	702（428＋274）	133（19.0）
42	671（372＋299）	149（22.2）
43	650（369＋281）	138（21.2）
44	544（331＋213）	210（38.6）
45	419（188＋231）	221（52.7）
46	224（91＋133）	56（25.0）
47	228（59＋169）	26（11.4）

○阿波井島保養院（私立、徳島県　現・鳴門市）

年	在籍数	死亡数（%）
41	324（－）	30（9.3）
42	295（－）	14（4.7）
43	370（－）	20（5.4）
44	314（－）	35（11.1）
45	260（－）	25（9.5）
46	238（－）	76（31.9）
47	232（－）	40（17.2）

○筑紫保養院（福岡県立、太宰府市）

年	在籍数	死亡数（%）
41＊	262（197＋65）	40（15.3）
42	240（202＋38）	27（11.3）
43	226（201＋25）	21（9.3）
44	228（199＋29）	25（11.0）
45	268（198＋70）	70（26.1）
46	245（165＋80）	113（46.1）
47	268（124＋144）	71（26.5）

＊年度

○京都府立精神病院（宇治市、1945年6月1日開院）

年	在籍数	死亡数（%）
45	65（0＋65）	25（38.5）
46	111（33＋78）	35（31.5）
47	144（46＋98）	38（26.4）

○中宮病院（大阪府立、枚方市）

年	在籍数	死亡数（%）
41	588（－）	83（14.1）
42	？（－）	135（－）
43	513（－）	138（26.9）
44	924（－）	208（22.5）
45	576（－）	298（51.0）
46	532（－）	167（31.4）
47	461（－）	106（23.0）

井島保養院における死亡率の低さである。これは、その所在地の特殊事情が関係しているのだろう。

第二には、傷痍軍人療養所での死亡率が一般精神病院におけるものよりはひくかった点である。第三には、一九四五年（二院では四六年）における山のまえに谷がみられる所のあることである。その谷は三院で一九四一－四三年に、一院で一九四二－四三年に、一院で一九四三年にみられた。

さらに地域別に死亡率の推移をみると、地域別三型がみられる。

関東型――一九四五年を山として、四六年、四七年の下降がはやい。松沢病院、井之頭病院、芹香院がそれである（傷痍軍人療養所はのぞく）。

表5　下総療養所部門別死亡率の変遷

○頭部戦傷部門

年	在籍数	死亡数（%）
41 *	28（0+28）	0（0.0）
42	171（14+157）	0（0.0）
43	341（106+235）	2（0.6）
44	183（100+83）	7（3.8）
45	65（40+25）	2（3.1）

○精神病部門（1944年9月以降）

年	在籍数	死亡数（%）
44 *	121（0+121）	0（0.0）
45	404（121+283）	37（9.2）

*年度

中部・近畿型——一九四五年が山だが、山は関東型よりもたかめで、そのあとの下がり方がおそい。愛知県立精神病院および中宮病院がこれに属し、一九四五年設立の京都府立精神病院もここにいれてよかろう。

四国・九州型——一九四四年までの死亡率が比較的ひくく、山は一九四六年にある。阿波井島保養院および筑紫保養院がここにはいる。

一九四六年における輸送事情が四五年よりも悪化していたことが、三型の違いを規定しているのだろう。

下総療養所は頭部戦傷者療養所として発足したが、一九四四年九月に精神病部門がくわわった。両部門別に死亡率を比較すると（**表5**）、一九四五年だけであるが（四六年以降についてはこのように両部門をわけた数字は、年報などにのっていない）、頭部戦傷部門より精神病部門で死亡率がたかい。武蔵療養所における死亡率も一般精神病院よりひくかった。戦争中傷痍軍人療養所にはなんらかの優遇措置が講じられたのでないかと推測される。下総療養所についていえば、頭部戦傷部門にいたのは、名誉の負傷をした軍人である。

問題は死因である。松沢病院については**表3**をあげた。愛知県立精神病院では、一九四五年死亡の七六名中七三名、一九四六年の一〇七名中九三名が衰弱死とされている。京都府立精神病院（現京都府立洛南病院）については、死亡診断書による死因分析が近年発表された[5]。それを松沢病院のばあいのように、栄養障害症候（栄養失調、脚気衝心、胃腸障碍）、原病、その他とくくってみた。すると一九四五年は栄養障害症候一四、原病一八

（麻痺性痴呆〔進行麻痺〕五、精神分裂病一〇など）、その他三、一九四六年は同様に一六―一八（一〇―四ほか）―二、一九四七年は二六―五（三―二）―〇である。一般に精神分裂病が直接死因となることはまれである。診断書に精神分裂病が死因とされている例においても、直接死因は栄養障害症候などであったろう。

死因がしるされているこれら三病院に共通して、栄養障害症候が最大のものである。つまり、死亡率増加の原因は食糧不足にあった。関東型では、松沢病院のばあいにしるされているように、敗戦後間もなくから占領軍からまた国内からの食糧補給があったのだろう。中部・近畿型ではそういう救援処置がおくれ、四国・九州型ではさらにおくれた、とみるべきだろう。

では、精神病院でない施設では死亡率はどうだったか。

らい療養所ほかにおける死亡率

「序説」にのべたように、二〇〇一―二〇〇五年のハンセン病問題検証会議のもとのハンセン病問題検討委員会の一員として、ハンセン病療養所（以下、かつての呼称のらい療養所とするす）における死亡率を調査することができた[6]。

その結果を死亡率の変遷にかぎってまとめたのが**表6**である。数字は、とくに注記のないばあいは、一九四一年から四七年までの死亡率を列記している。これらの数字は、精神病院におけるものよりは、あきらかにひくい。大島青松園における四四年および奄美和光園における一九四六年をのぞいては、死亡率の山は一九四五年にある。また九園では山のまえにちいさな谷がみられる。

沖縄・奄美をのぞくらい療養所では、邑久光明園および長島愛生園における山は他園におけるものよりもあきらかにたかい。両園は隣接していたので、共通要因があったのだろう。とくに長島愛生園では、光田健輔園

表6　らい療養所における死亡率の変遷（1941－1947年）　（%）

療養所名	1941	1942	1943	1944	1945	1946	1947
松丘保養院*（青森県）	3.9	7.6	6.7	7.1	10.6	3.9	5.3
東北新生園*（宮城県）	3.0	4.0	4.5	3.6	6.4	5.2	3.3
栗生楽泉園*（群馬県）	5.2	6.4	6.5	6.4	9.2	7.6	4.6
多磨全生園*（東京都）	6.1	9.2	6.9	8.0	9.6	8.0	4.6
駿河療養所（静岡県、傷痍軍人療養所として1945年6月10日設立）					0.0	0.0	0.7
邑久光明園*（岡山県）	4.6	5.6	4.5	9.7	18.1	8.9	7.1
長島愛生園（岡山県）	6.8	7.6	7.4	10.3	17.1	10.1	8.2
大島青松園（香川県）	6.1	8.9	8.4	11.9	8.5	8.5	6.1
菊池恵楓園*（熊本県）	7.9	8.6	8.7	9.0	10.3	6.9	5.2
星塚敬愛園*（鹿児島県）	5.6	5.9	4.3	6.7	11.4	4.6	3.2
奄美和光園*（鹿児島県、1943年3月18日開園）			0.0	7.3	4.5	8.7	4.1
沖縄愛楽園*（沖縄県）	4.8	2.3	3.3	6.1	26.4	4.4	1.6
宮古南静園（沖縄県）	1.4	4.1	5.2	11.9	31.9	8.1	3.0

＊年度

長の積極収容主義によって、定員超過の程度は他園にまさっていた。このことの影響は無視できない。

沖縄の二園における一九四五年の山は三〇前後の死亡率に達している。沖縄愛楽園は沖縄戦に直接まきこまれたし、宮古南静園ではマラリアが流行したのに対しうつ手がなかった。

精神病院で空襲による死者は、前記のもののなかでは、松沢病院における二名（ほかに梅ヶ丘分院での死亡三名および行方不明一三名）がしられているだけである。らい療養所では、星塚敬愛園で七名、菊池恵楓園で二名であった。なお、らい療養所では、暦年でなくて年度によって数字のだされているものがおおい。一九四五年にみられる山は、年度別のばあい暦年別のばあいよりひくくなったと想定できる。

ところで、国民全体の死亡率[7]は人口一〇〇〇対で、一九四一年一五・七、四二年一五・八、四三年一六・八、四四年、四五年、四六年の数字をかき、四七年一四・六である。つまり、精神病院、らい療養所における死亡率は、国民全体におけるものの一桁上なのである。

東京都養育院での死亡率[8]は、平時においても二〇％を前後する高さにあった。一九四一年の二九・一％につづき、二八・六％、二九・五％、三六・五％、四五年二七・八％、そして一五・一％、一〇・四％であった。ここでは逃亡率が、たとえば一九四六年四八・八％という高さをしめしており、死亡率の意味づけにはある程度の困難をともなう。

ところで、松沢病院の前身、東京府巣鴨病院――東京府立松沢病院の死亡率をおっていて、一九一九（大正八）年には二五・一％という死亡率をみいだした[9]（年初在院四〇一名、年間入院二四〇名、死亡一六一名）。一九一三年に四・五％までさがっていた死亡率が翌年からあがりだし、二二年からまたさがりだして、二七年には八・四％になっている。一九一九年は米騒動の翌年であり、また東京府立松沢病院に移転した年でもある。当時、食料品費をふくむ物価が暴騰したのに患者食糧費予算はあまりあがらず、戦争中と同様の死亡率増加をまねいたのである。他の精神病院でも同様の死亡率増加をみせるところがすくなくなかった。

◉第１章注

（１）立津政順「戦争中の松沢病院入院患者死亡率」精神神経学雑誌、第六〇巻第五号（一九五八）

（２）立津政順（一九一五―一九九九）、沖縄県生まれ、一九四〇年東京帝国大学医学部卒、精神科入局。一九四二―一九六一年都立松沢病院勤務、一九八〇年まで熊本大学教授。覚せい剤精神病、三井三池炭鉱爆発事故のさいの一酸化炭素中毒、水俣病の診療に力をそそいだ。その生涯と人となりについては、岡田靖雄「立津政順――その臨床の目」、臨床精神医学、

第四三巻第一号（二〇一四）

（3）（岡田靖雄）「癒えざる者の声」『日本残酷物語』現代篇1（引き裂かれた時代）平凡社、東京（一九六〇）。「癒えざる者の声」の大部分が岡田執筆分でほぼそのままであるが、編集部で統一した書き方にしたため、今回掲載分とは別のところで、「月四〇〇円の生活保護法による小づかい銭」とかいたところが、「月四千円」とされるなど、誤りが生じている。

（4）岡田靖雄「戦時下の精神科病院での死亡率――戦争と精神科医療、精神医学、そして精神医学者（その二）――」一五年戦争と日本の医学医療研究会会誌、第四巻第二号（二〇〇四）

（5）小池清廉「戦争末期及び敗戦直後における一公立精神病院入院患者の死亡について」精神医学史研究、第一八巻第二号（二〇一四）

（6）このくわしい数字は（岡田靖雄執筆分）「ハンセン病患者および精神病患者の比較法制・処遇史」『ハンセン病問題に関する検証会議最終報告書』財団法人日弁連法務研究財団ハンセン病問題に関する検証会議（二〇〇五）および岡田靖雄『ハンセン病患者および精神病患者の比較法制・処遇史』（青人冗言8）青柿舎・東京（二〇一二）。今回の形のまとめは岡田が本書がはじめて。

（7）厚生省医務局『医制八十年史』印刷局朝陽会・東京（一九五五）

（8）東京都養育院編『養育院八十年史』東京都（一九七四）

（9）岡田靖雄「戦前の精神科病院における死亡率」医学史研究、第五一号（一九八一）

第2章 精神病院でのデング熱実験

『落書き帳』記事

東京都立松沢病院医局には、前身巣鴨病院時代からの医局落書き帳があった。その内容はさまざまで、入院患者の容体をしるしているものもあれば、斎藤茂吉がいた頃の『卯の花そうし』は、遊蕩話し・エロ話しでみたされている。もとは四〇冊ぐらいあったらしいが、しる頃には三〇冊ぐらいで、そのあとはもちだされて、のこるものはないらしい。この落書き帳に戦いの影がはっきりみられるのは、『大東亜雑記、昭和十七年、早春の巻、医局』と題された一冊からで、表紙の隅には、「極秘、局外持出厳禁」と朱筆されていた。『大東亜戦記、新緑の巻』『大東亜帳、十七年十一月起』『大東亜雑記、第四巻、昭和十八年二月一日』『大東亜雑記、復活の巻、昭和十九年五月二十日』『大東亜雑記、昭和十九年初秋』の五冊がそれにつぎ、『医局日誌、大東亜雑記第三巻、幸福日記第一巻、昭和二十年五月』と題された一冊をもって、第二次大戦中の医局落書き帳はおわっていた。

かつて『松沢病院九〇年略史稿』をあんだとき、当時の院内生活をうかがわせる部分を「『大東亜雑記』抄」としてかきぬいておいた(本書に付録として再録)。その一九四二年のところにつぎの記事がある。

九月二十六日
松沢に天狗熱をはやらせる企、本日実行、伝研矢追博士御自身で天狗の苗を持ち来たらる。この矢追熱には我々もかゝる必要あり。博士の爪の垢を頂いて飲んでおく。御希望の方には、まだ爪の垢のエキスの残りあり。一cc百円でお頒ちいたします。
十二月十一日
天狗熱は遂に不発。しかる所陸軍病院から百発百中の天狗熱を試験されたし。一例につき二十円出す。十例につき二〇〇円、百例につき二〇〇〇円、松沢の患者全部にやればなんと二万円よこす由。皆大いに乗気になる。フグなら二百回食へる。

ここでは天に濁点をつけて、天狗をデングとよませている。「矢追熱」とあるところからすると、矢追（秀武）はすごく熱心だったのだろう。このあとデング熱についての記載はなかった。戦争中のことはいろいろきいていたが、当時この問題につききくことはなかった。まだおおく存命だった、戦争中から勤務していた人にきただせば、真相にせまれたかもしれなかったが、そうしなかった。
戦前の看護人生活、戦争中の体験をきかせて、いきた歴史の重みをしらせてくれた北島治雄看護長も、デング熱についてはかたってくれなかった。一九九一年にかれを接待したとき、よったあげく、「なあ先生、今まではなしたことなかったけど、俺デング熱の秘密しってるんだよ」といいかけて、北さんは口をつぐんだ。しらふのときに確認しなくては、とおもっているうちに、その機会はなくなってしまった。いずれにせよ、戦争中の松沢病院でデング熱の人体実験がひそかにおこなわれたのは確実だった。

デング熱

数年前に代々木公園でカにさされてデング熱を発症する人があいつぎ、デング熱が国民の記憶によみがえった。わすれられていたデング熱とはどんな病気だったか[1][2][3]。

デング熱は熱帯および亜熱帯に流行するウイルス性感染症であり、体の諸所の痛み、発疹、ときに出血をともなう発熱がその主症状である。だいたいは平均気温二〇℃をこす地域に発生する。日本では台湾を植民地としてからこの大流行が問題になった（そこで日本陸軍は当時からデング熱になやまされていた）が、沖縄県でも何回かの流行があり、さかのぼると東京で一九〇三（明治三六）年に、豊橋で一六（大正五）年に流行した。また四二（昭和一七）年には長崎方面（推定罹患三万人）、神戸、大阪方面に、四三年には福岡で発生した。

デング熱ウイルス（当時はまだ確定されていなかった）を媒介するのは、ネッタイシマカおよびヒトスジシマカである。病毒をもったカにさされると、数日後に四〇℃前後に急激に発熱し、第三、四病日に三七℃程度まで下降して、第五病日からまた、三九、四〇℃に達して、二、三日のうちに次第に熱はさがってくる。こういう典型的なM字型の熱型は五〇％にみられ、単波性のものもある。それに麻疹様、猩紅熱様あるいは汗疱状の発疹がともない（終末期発疹がもっとも顕著になる）、また頭痛、関節痛、食欲不振がともなう。胃腸症状のつよい例もある。ときに出血をともなって死亡率を増加させる。髄膜炎、脳炎をともなうこともまれにある。死亡率は一－一・五％。回復期はながびく。一五％ぐらいに再発があり、三患するものもある。的確な治療法はなかった。免疫は生じるがよわい。

一九四二年当時においてデング熱研究の重要性は、内地における流行よりは軍事面にあった。慶應義塾大学教授であった川村麟也[4]はつぎのようにのべている。

〔前略〕下熱後と雖も其の余波は持続し、執務迄には尚一定の時日を要する。夫れ故に、軍隊等の如き集団生活者を侵す時はこれが為めに其の活動力は激減せられ、作戦上に或は事業遂行上大なる障碍を齎らす事は深甚なる吾人の関心を要求する。従て南方経営に於て此のデング熱防遏はマラリア制圧と共に吾人の一日も早く遂行せなければならぬ事柄である。

ところで、デング熱にかかるのはヒトだけで、動物実験ができなかった。ここに問題があった。

上野陽里論文

松沢病院入院患者でのデング熱人体実験の真相をつかめないでいたところ、一九九六（平成八）年一二月三一日発行（といっても、実際にとどいたのは一九九七年春であったろう）の『医学史研究』第七〇号に、上野陽里「第二次大戦末期のデング熱流行時における人体実験」[5]がのり、一九四二年から四四年にかけてのデング熱論文五四編が紹介された。それらの掲載誌は、『日本医学及健康保険』、それをひきついだ『日本医学』が大部分で、学会誌がすくないことを上野は指摘している。それらでは、人体接種実験報告の多さが目につき、そのなかには上野が七三一部隊との関連をうたがったものもある。

上野の記載によって、人体接種実験の報告は三〇論文になる（総説的なものはのぞく）。接種された対象者の分類がたしかめられる論文数はつぎのようである。

①研究者自身あるいは家族：二論文
②持志家：二論文
③看護婦：一論文

④精神科関係入院患者：一六論文
⑤不明のもの：九論文

上野が精神病患者が対象になっているとかぞえあげたのは九論文であるが、謝辞がささげられた相手が精神医学者と判断されるものをかぞえあげると、一六論文になった。この一六論文全部をみることはできなかったので、ここではしらべえた一二論文および別に教示をいただいた一論文を、精神病患者への接種実験の面を中心に紹介しよう。

精神病患者へのデング熱接種実験

（一）小林英一（台北帝国大学寄生虫学教室）・武田徳晴（同細菌学教室・教授）・森下薫（同衛生学教室・教授）「デング熱病原体の鶏卵内培養竝廿日鼠脳内接種成績に就て」『日本医学及健康保険』第三三一九号：一三―一六（一九四三・二・六）

病毒を接種した家鶏胎児のエキスおよび血液を人体に接種したところ、五株中一株の第四世代、もう一株の第五代、第六代の血液接種でデング熱を発症させることができたが、胎児エキスではできなかった。接種対象は一〇例か。人体実験担当は沢田内科佐藤助教授、「同じく長期間に亘り人体実験を担当下され」し中教授及分島講師」（中、分島は精神科）。

（二）沢田藤一郎（台北帝国大学沢田内科）・佐藤八郎（同）・蔡深河（同）「デング熱の接種実験に就て」『日本医学及健康保険』第三三二五号：五―七（一九四三・三・二〇）

発病三日目のデング熱患者の血液三mlを三六歳の麻痺狂患者廖に静脈内注射し、四日目の発熱、鞍状熱型で七日目の解熱をえた。鶏卵培養六代目の血液〇・二mlを四六歳の麻痺狂患者羽根の臀筋内に注射して、

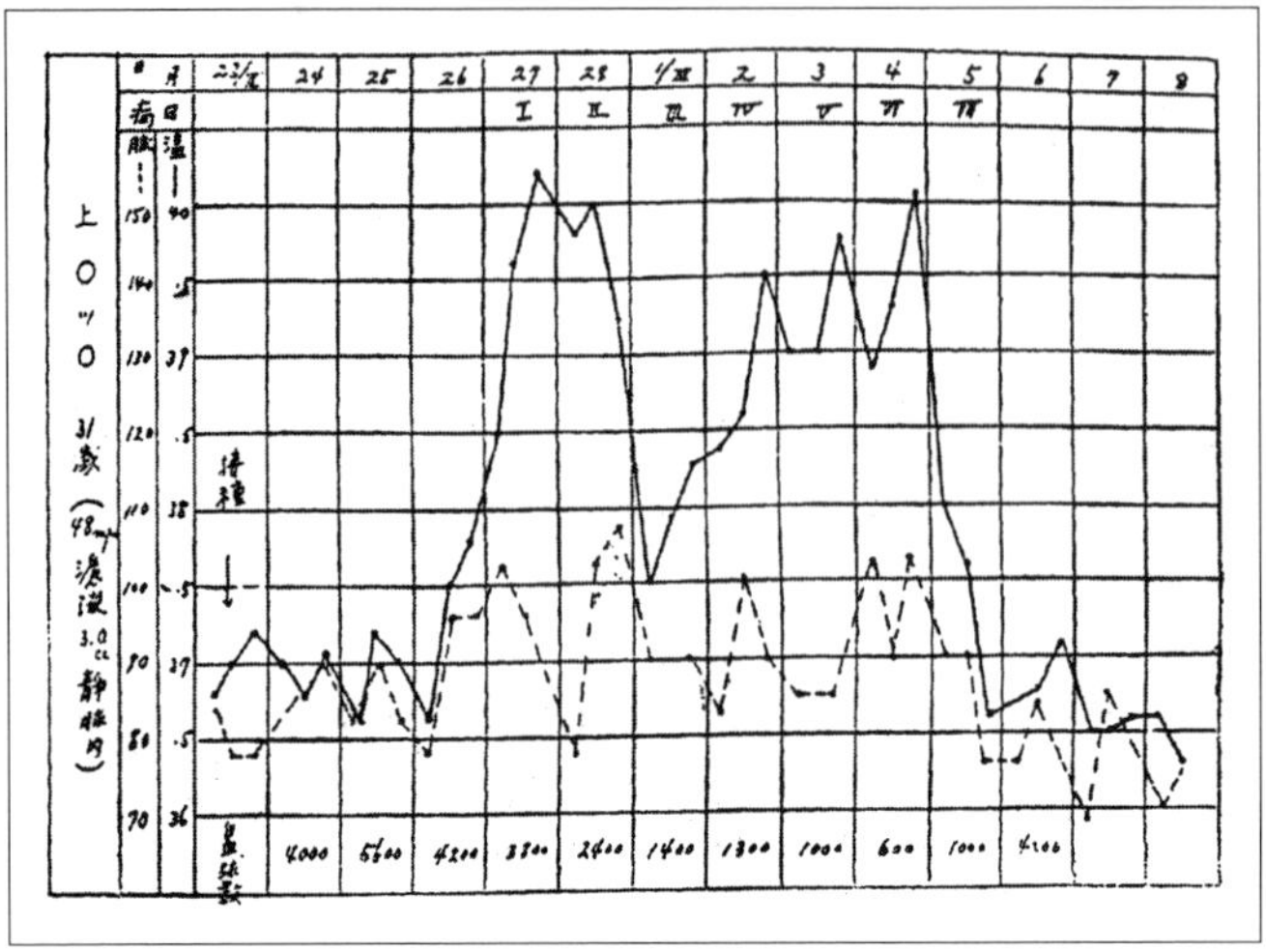

図1　デング熱体温表（M字熱型）（戸田ほか論文より）

八日目から単波熱型の発熱をえた。結論には「之を発熱療法に応用した」とある。

　進行麻痺（麻痺狂）のマラリア療法では、三九・五～四〇℃をこす熱発作一〇回をもって標準としていたので、これを発熱療法というのは弁解にすぎない。

（三）戸田忠雄（九州帝国大学細菌学教室・教授）・中川洋（同・講師）「デング熱病原体に関する研究（第2報）人体接種によるデング熱病原体の大さ測定」『日本医学及健康保険』第三三三二号：五―六（一九四三・五・八）

　デング熱患者血清の限外濾液を四例の皮内あるいは静脈内に接種したところ、三八mμ以下の濾液では感染をおこしえず、四八mμ以上の濾液では定型的デング熱を発症させえた。「人体接種に当つては九大精神科下田教授及び操内科操教授の御指導を賜はり中野医学士、光野医学士其他の諸氏の手を煩はした」。患者の病名はしるされていない。

　ここに第三例（三一歳、女）の体温表をあげておく（**図1**）。定型的なM字熱型である。

（四）操坦道（九州帝国大学操内科・教授）・山岡憲二（同専門部・教授）・木村光雄（同）「デング熱に関する研究（第三報）特殊材料（唾液、淋巴腺）並に特殊経路（経気道、経眼結膜）による感染試験」『日本医学及健康保険』

第三三五〇号：五―七（一九四三・九・一八）

デング熱患者の唾液による感染試験、デング熱患者の第五、第七病日（血液は無毒と推定された）の腫脹せるリンパ腺乳剤による感染試験、患者血清あるいは唾液による経気道ならびに経眼結膜の感染試験をおこない、デング熱を発症させることができた。対象は「発熱療法施行患者並に特志家の一部」とあるが、男七名、女三名のうち特志家が何名か記されておらず、患者病名も記されていない。「其収容患者に就いての発熱療法を許可せられし精神科教室下田教授、中野医局長」への謝意がのべられている。

なお、「昨年分離せる長崎系品川株の継代接種患者」とあるところから、デング熱の人体での継代接種のおこなわれていたことがわかる。

(五)鶴見三三（名古屋帝国大学細菌学教室・教授）・羽根田貞司（同）「デング熱と免疫」『日本医学』第三三六〇号：一三―一七（一九四四・一・一）

この研究の目的は、解熱後何日目に免疫性が成立しているか、回復期患者の血清中にデング熱病毒への中和抗体は証明できるか、免疫の持続期間はどの程度か、をしらべることで、一〇名の男の患者に人によっては三回の病毒血液およびそれと解熱後血清との混和物の皮内接種がおこなわれた。解熱後八日で免疫性が証明できた、回復期患者の血清中に中和抗体を証明できる、解熱後の免疫持続は九五日、一一九日まではあきらかである、などの結果がえられた。なお、ニューギニア系病毒接種および鼻腔内接種では発熱をみなかった、とあるので上記一〇名のほかに何人かでも接種実験のなされたことがわかる。「杉田教授及び富田氏の御援助及御協力」に謝辞がのべられている。杉田直樹は精神科の教授であったし、富田は関係精神病院の院長であろうか。

(六)戸田忠雄（九州帝国大学細菌学教室・教授）・中川洋（同・講師）「デング熱病原体に関する研究（第四報）

デング熱病原体の大さの研究補遺」『日本医学』第三三六八号：六―七（一九四四・三・四）
あたらしい濾過膜をつくって一二例の患者（いずれも男か）に皮内接種した結果、デング熱病原体の大きさは一五―二三 mμと推定できた。「人体接種は精神科並に沢田内科の御援助を賜った」。

（七）木村廉（京都帝国大学微生物学教室・教授）・堀田進（同）「デング熱の研究（第六報）マウス接種実験を中心として」『日本医学』第三三七九号：七―一一（一九四四・五・二〇）
著者らは幼弱マウス脳内注射によってデング熱病毒を継代しているが、その第一六代の材料で精神病者（三三歳、女）に定型的なデング熱症状を発せしめた。つまり、幼若マウス脳内通過によってデング熱は確実に継代できるのである。「人体実験について特別の御便宜を賜ったのは」大阪府立中宮病院小関院長、長山医長、浜、山野両医官である。

（八）緒方規雄（陸軍々医学校軍陣防疫学教室・嘱託）・橋本治雄（同・陸軍々医大佐）「デング熱病毒の体外における生存期間並に其保存法」（陸軍省認可第六六二号）、『日本医学』第三三七九号：一七―一九（一九四四・五・二〇）
長崎系病毒五株をそれぞれ二九〇日、三一四日、三八七日、三八七日、四六四日凍結乾燥保存したものを、それぞれ五人の女の患者に皮内接種したところ、保存三一四日のもの、三八七日のもので定型的発症をみとめた。「被験者の例数に制限せられたるを以て五種の材料を以て別個に五名に接種した」「余等のデング熱病毒を人体に接種したるは、彼のマラリア療法に準ずる目的にて行ひたるものなり」「本研究の実施に当り種々御援助を忝うせる〇〇病院長内村教授並に林、斎藤両医長に対し深謝す」

内村、林、斎藤と名がならべば、これは疑いもなく内村祐之、林暲、斎藤西洋であり、「〇〇病院」は東京都立松沢病院である。被接種者の病名はあげられていないが、年齢は二六―三四歳で、このようにわかい進行麻痺患者五名がそろうことはありえない。分裂病の発熱療法は、こころみられたことはあるが、まったくの試みにすぎなかった。そこで、「マラリア療法に準ずる目的」とあるのは、単なる言い訳にすぎない。筆頭筆者緒方規雄は千葉医科大学教授であった。

（九）緒方規雄（同前）・橋本治雄（同前）「デング熱病毒の動物試験並に其不顕性感染に就て」（陸軍省認可六六四号）、『日本医学』第三三七九号：一九―二二（一九四四・五・二〇）

前記論文第二例患者の脱線維素血液の病毒を試料とした。これを四一歳女に皮内接種して定型的発熱をえた。この試料を台湾産尾長猿、家兎、モルモット、ラッテ、マウスに皮下接種して、病毒伝達の可否をしらべた。第一世代接種猿では軽度の白血球数減少をのぞいては諸症状をみとめなかった（不顕性感染）が、その血液を接種した三六歳女は定型的デング熱を発症した。第二代猿は無症状で、この血液を接種した患者は発症しなった。無症状であった第一代家兎二匹の血液を混じたものを接種した患者は無症状で、同血液を第二世代二匹に接種して二匹の血液を混じたものを接種した患者も無症状であった。モルモットおよびラッテでも、家兎におけると同形式の接種実験をおこなって、計四人の患者は無症状であった。マウスでは第一代、第二代とも八匹ずつをもちいて、第一代血液、第二代血液を接種された患者はともに無症状であった。不顕性感染を立証するには、病毒接種動物の血液を人体接種して、定型的に発症せしめうるかどうか検するよりほかに途はない。「デング熱病毒に対して適当にして且確実性ある実験動物なく、唯猿に於て不顕性感染を認めた」というのが結論である。

この論文でも「彼のマラリア療法に準ずる目的にも」とある。もちろん精神症状変化の記載はない。対象患者は前論文と重複する一人をのぞいて一一名である。そして、「本研究の実施に当り種々御援助を忝うせる○○病院内村教授並に林、斎藤両医長に対し深謝す」と、ここにもある。

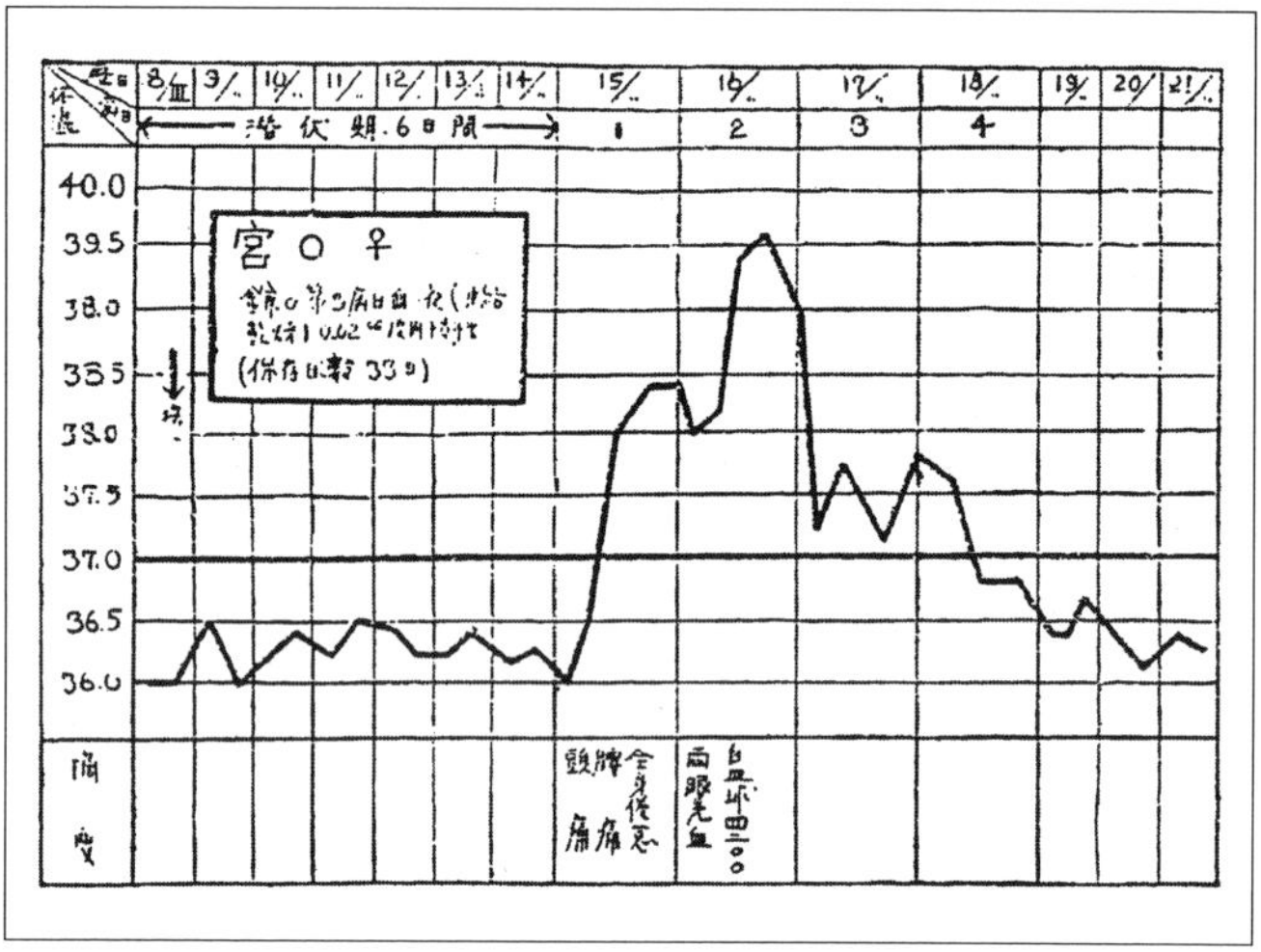

図2　デング熱体温表（単波熱型）（緒方ほか論文より）

（一〇）緒方規雄（同前）・橋本治雄（同前）「実験的デング熱における免疫性に就て」（陸軍省認可第六六三号）、『日本医学』第三三七九号：二二一—二二五（一九四四・五・二〇）

　一人では接種罹患後三六九日、四一一日に第二回、第三回の病毒皮内接種で無症状であった。第二回、第三回の病毒は別株で、それぞれ対照初回接種では定型的デング熱を発した（その第三回接種時病毒を対照患者に接種したときの体温表を**図2**にあげた、単波熱型である）。つぎの例は鼻腔接種で定型的デング熱を発していたもので、その四〇三日後の病毒皮内接種で発症せず、四二六日後の接種では一〇日をへて三八・一℃の発熱をみたが、翌日夕刻には解熱した。また第二病日の白血球数は六〇〇〇で減少症はみとめられなかった（感冒性疾患の可能性もあり、デング熱とすれば頓挫性経過）。第二回使用の病毒は対象患者にデング熱をおこした。第三回の病毒は第三回接種とおなじものであった。第三例は接種発病後四一六日しての病毒皮内接種で発症しなかったが、同病毒は対照患者では定型的デング熱を発症させた。こうして、実験的デング熱においても罹患後相当長期間の免疫性を獲得することがわかった。

「余等の実験的デング熱研究に於て人体実験を行ひたるは彼のマラリア療法に準ずるの目的に外ならず一言附加し置く」。「本研究の実施に当り種々御援助を忝うせる○○病院内村教授並に林・斎藤両医長に深謝す」。

この研究の内容は前二論文と重複する面があり、ここでのあたらしい患者は女三名、男一名である。

（一一）戸田忠雄（九州帝国大学細菌学教室・熱帯伝染病研究所・教授）・中川洋（同・講師）「デング熱病原体に関する研究（第六報）　動物試験（マウス脳内接種）成績」『日本医学』第三三七九号：二五―二七（一九四四・五・二〇）

デング熱の動物実験では適当な実験動物がなかったが、マウスの脳内接種で病毒の継代が可能である。第四世代罹患マウスの脳脊髄乳剤遠心沈殿上清の皮内接種で女一名（年齢記入なし）に、おなじく第六世代のもので四九歳の男にデング熱をおこしえた。なお接種マウスは麻痺症状を呈してたおれ、その病理組織検査では、脳にかるい脳膜炎および脳炎様の変化が、脊髄には前角炎の像がみとめられた。人体接種は下田教授、沢田教授のご援助をえた。

（一二）林博（北里研究所病理部）「『デング』熱病原に関する知見補遺　殊に罹患「マウス」諸臓器に於ける病理組織学的所見に就て」『日本医学』第三三七九号：二五―三三（一九四四・五・二〇）

一九四三年夏阪神地方におけるデング熱流行時の患者一〇名の発熱初期の血液をマウス脳内に接種して、五例の病毒分離に成功した。マウスは二週間乃至一か月弱の潜伏期をもって、定型的脳脊髄炎症状を発して斃死する。五例中三例の第二世代定型発症マウス脳のリンゲル液一〇倍希釈乳剤を二九―四六歳の女三名に皮内接種して陽性所見をえた。谷口教授より分与された二系の病毒の一つを人体にこころみ、定型的デング熱の発症をみとめた（人数の記載はない）。北研式組織培養シャーレで本病毒の組織培養を実施した。

培養材料を六名の人体にこころみたところ、二名で陽性所見をえたが、症状が定型的でなく、接種デング熱と断言はできなかった。この二名の解熱二週間後に対照二名においてマウス継代病毒による再接種試験をこころみた。対照例では接種デング熱発症をみたのに、前記二名はなんらの反応も呈さなかった。このことから本病原の組織培養は可能であるとの示唆をうけた。

この研究ではすくなくとも一〇名に接種実験がなされた。そして、「実験上の諸種御便宜御教授を賜りし東京武蔵野病院長上田守長博士」に深謝している。

（一三）朝倉四郎「ひとすぢしまか（Aëdes albopictus Skuse）、「デング熱発症力ニ関スル研究、殊ニ吸血有毒蚊ノ体内ニ於ケル病毒移行ノ状況ニ就テ」『陸軍軍医学校防疫研究報告第二部』第六五五号：一―二八（一九四三・六・二一受理）〔不二出版復刻版、第七冊、二〇〇五〕[6]

ヒトスジシマカ体内の病原体分布および有毒カ身体各部の発症力をたしかめるために接種実験をした。「接種試験ニ供セル患者ハ千葉県市川市国府台陸軍病院ニ入院セル者ニシテ精神分裂病、麻痺性痴呆等ノ症状ヲ呈シ」「デング熱流行地域ニ罹患セシコトナキ者ヲ選定セリ」。第三病日患者を吸血したのち一三日飼育したカにささせて、一名で陰性、一名でデング熱を否定できない。一四日飼育および一五日飼育のカで陰性、三〇日飼育のカにさされた例は定型的デング熱を発病した。吸血後五日乃至一四日飼育のカの消化管、唾液腺の乳剤接種では一〇日後の唾液腺乳剤接種の一例をのぞき病毒のあることがみとめられた。吸血カの脚肢の乳剤はデング熱を発症させたが翅乳剤では陰性。患者血清をいれた水で飼育したボウフラが成虫になったものにさされても発病しない。有毒カの屍体をたべさせたボウフラが成虫になったものにさされた例では、デング熱を否定できない。患者血液を水中にいれて四日間、一一日間保存した液の接種では発病しない。デング熱病毒は卵には移行しない。体温表からみて、二一名の患者に接種試験がなされた。

まとめ

最初に名をあげた矢追秀武（一八九四―一九七〇、一九二〇年東京帝国大学医学部卒、伝染病研究所所員――その間に陸軍嘱託として一九四三―四四年とマレー、ジャワでデング熱研究に従事した――、国立予防衛生研究所部長をへて横浜市立医科大学教授、「矢追抗原」に名をのこしている）は、『日本医学』誌にはデング熱血清療法についての論文をのせており、また伝染病研究所の機関誌『実験医学雑誌』に報告しているデング熱人体実験は対象者の姓名をちゃんとだしているので、これは所員か有志者を対象にしていたと推定される。松沢病院でかれがおこなった接種実験の報告はみいだせずにいる。「不発」とあるところからすると、失敗して報告しなかったものか。

といっても、松沢病院で緒方らによってデング熱接種実験がおこなわれたことは否定できない事実で、接種実験の対象にされた患者は二〇名で、そのほとんどは女であった。その他の論文では、内科教授への謝辞がのべられていたり特志家もはいっていたりするが、人数がはっきりしているのは八一名で、そのほとんどが精神科の患者であったろう。上野論文が人体実験を指摘した他論文をみていないので確言しかねるが、当時デング熱人体実験の対象とされた人の過半は精神科の患者であった。これらの例で「発熱療法」と言い訳してみても、記載されているのはデング熱の症状ばかりである。

つぎに、人体実験に便宜をはかったとして謝辞をささげられた精神医学者を順次みていこう。

中脩三（台北帝国大学教授）――のち九州大学教授、大阪市立大学教授を歴任した。

分島峻（台北帝国大学講師）――のち国立国府台病院医長をした。

下田光造（九州帝国大学教授）――のち米子医学専門学校長、鳥取医科大学長。

杉田直樹（名古屋帝国大学教授）――のち東京医科大学教授にきまったが、直後に死亡した。

小関光尚（大阪府立中宮病院長）――赴任のまえは大阪帝国大学精神科の助教授であった。

長山泰政（大阪府立中宮病院医長）――教職をふりすてて中宮病院で作業療法などにとりくみ、いちはやく「院外保護」を提唱した。たいへんな人格者でもあり、かつてわたしたちの精神科医療史研究会では『長山泰政先生著作集』（一九九四年）を編集、刊行した。

内村祐之（東京帝国大学教授、東京府立松沢病院長兼任）――内村鑑三の息子で、日本精神神経学会理事長をしていた。

林暲（東京都立松沢病院医長）――戦後に同院長。

斎藤西洋（東京都立松沢病院医長）――斎藤茂吉の妻・斎藤てる子の弟で、戦後に東京都立梅ヶ丘病院長。

上田守長（東京武蔵野病院長）――東京武蔵野病院は私立、上田はながく院長であった。

上野論文にあげられているが、みられずにいる河内太郎（陸軍軍医少佐、陸軍軍医学校防疫学教室）による推定五名の人体実験論文では、謝辞をささげられている何人かのなかに、諏訪軍医中佐の名がある。諏訪敬三郎(7)は、論文一三の国府台陸軍病院の院長であった。国府台病院の精神科は優秀な精神医学者をあつめており、そのなかには精神科の教授が一名、のちに教授になった人が一〇名いた。諏訪はそれらの人を指導する学識をもっていただけでなく、人格者であった。ここに在職し諏訪の伝記もかいた加藤正明に、国府台でデング熱の人体実験がおこなわれたらしいが、どうだったかうかがったところ、「あの諏訪先生がそんなことやらせるはずがない」というのが答えであった。のちに論文一三の存在がわかった。

このように、デング熱人体実験に自分の管理下にある患者を提供したのは、人格識見あいおとらぬ精神医学の大家たちであった。

付．精神科における人体実験

では、こういった人体実験を許容する風潮は、戦争中だけのものだったのだろうか？　ここでまずおもいだされるのは、一九五六（昭和三一）年に新潟精神病院で新潟大学医学部桂内科の研究資料として、患者一四五名にツツガ虫病の接種がおこなわれた事件である。これが発覚したとき、時の松沢病院長林暲は、それが適当でないことを明言していた（その態度にある感銘をおぼえた記憶がある、当時デング熱実験のことはまったくしらなかった）。その松沢病院では、分裂病患者のロボトミーに際して大脳皮質小片を採取して、人脳糖代謝の生化学的研究がおこなわれ（台弘、江副勉、一九五二）、のちにこれが日本精神神経学会にはげしい論戦をまきおこした。松沢病院でわたしがうけもった患者の診療録に「東大でロボトミー」と一行だけあった。ロボトミーは松沢病院でさかんにおこなわれていた。東京大学精神科でロボトミーをやる手始めに、この人をつれていって試行したというならそれでもよい、しかし術式や術後経過などはちゃんと記載するべきだろう。当時開発されつつあった脳深部定位手術の予備実験に供されたのでないかと、わたしは推定している。

精神科における新薬臨床試験はどうあるべきか？　臺（台）氏人体実験論争をへた日本精神神経学会でこの問題が論議されることを期待していた。一九八六年五月に盛岡でひらかれる第八二回日本精神神経学会総会では、川喜多愛郎氏の教育講演「歴史のなかの医の倫理」が予定されていた。そのすこしまえに川喜多氏と懇談の機会をえたわたしは、精神科におけるプラセボ対照試験の是非をとりあげてほしいと要請した。川喜多講演は高尚な内容で、こういった現実の問題にはふれなかったようで、つづく関係の講演、シンポジウムもこれにふれなかった。この問題が正面きって論じられたのは、第一六回日本臨床精神神経薬理学会（二〇〇七年）のシンポジウム「抗精神病薬の臨床試験にプラセボを使用できるのか？」が最初のようである。ここで弁護士の光石忠敬氏は、非自発入院のおおい日本の精神科病院でプラセボ対照実験をおこなうことの妥当性に疑念をさしはさんだ。

ところで、林院長がのこして精神科医療史研究会で保存していた書類を整理していたら、「伝研・Fleckfie-ber控」という数枚のメモがあった。年はしるされていないが、「五月三〇日（火）内村教授より話あり、北岡助教授に面会。（i）当人に対する危険の皆無なること、（ii）伝染拡大の怖の全く無いこと、の確認を得て、吾々として出来る丈けの応援をする事の約束をする」にはじまり、男患者二七名に発疹チフス・リケッチアを注射してその後を観察・検査したことがしるされている。北岡正身は一九二七年東京帝国大学医学部卒、伝染病研究所にいて、戦後国立予防衛生研究所にうつった人である。『実験医学雑誌』には、このメモに相当する論文はみられなかった。

いずれにせよ、松沢病院がこういう人体実験を許容する体質をもっていた（上層部だけかもしれないが）ことは、たしかである。先輩たちを善意の人とみようとしてきたわたしの甘さは裏ぎられた。この報告は松沢病院にはじまったので、松沢病院のことをもっておえる。こういう人体実験許容の風潮は松沢病院にかぎったものではなくて、最近までつづいていた。しかも、その実態はあまり解明されていない。日本精神神経学会における論議は、台教授追い落としに集中しすぎて、人体実験全般の批判にはいたらなかった。精神科および脳神経外科におけるロボトミーをふくむ精神外科的手術には、理論的裏づけが充分でないままに、脳の各部をきってみましょう式のものもあったようである。松沢病院で死後の頭部解剖がされたなかには、頭蓋骨に手術の痕があるが、脳そのものは無傷であるものが二例あったことをきいている（つまり、点数稼ぎのためのみせかけロボトミー）。精神科でロボトミーが何例ぐらいされたか、たしかめられずにおわった。

◉第２章注

（１）竹内松次郎「デング熱に就て」日本医事新報、第一〇四五号（一九四二）
（２）南崎雄七・館林宣夫「今夏内地に流行のデング熱に就て」日本医事新報、第一〇四五号（一九四二）
（３）宮川米次「デング熱の臨床」日本医事新報、第一〇四五号（一九四二）
（４）川村麟也「デング熱病原体の培養に就て――河野軍医大尉の功績――」日本医事新報、第一〇四五号（一九四二）
（５）上野陽里「第二次大戦末期のデング熱流行時における人体実験」医学史研究、第七〇号（一九九六）。上野は元京都大学実験炉研究所教授・放射線医学。
（６）この論文の存在は莇昭三氏にご教示いただいた。なお、国府台陸軍病院では三日熱および四日熱のマラリア人体接種実験もなされていたことが、同氏によりたしかめられている。
（７）諏訪敬三郎（一九〇一―一九七五）。一九二七年陸軍軍医委託生として東京帝国大学医学部卒業、ついで陸軍軍医学校卒業ののち東京帝国大学に精神科専攻の大学院学生となる。一九三四―三六年にはフランス、ドイツ、オーストリアに留学。一九三八年国府台陸軍病院に精神科を開設。一九四〇―四五年に同院院長。一九四七年まで国立国府台病院院長。そののち二八年間中村病院院長。学生時代には柳島セツルメントに関係があり、一生社会医学への関心をもちつづけた。軍医らしからぬ軍医の面をつよくもっていた。

II

空襲・戦闘のなかの市民

終戰後早くも一年を經過しました。當時を追想しますと誠に感慨無量なるものがあります。あの慘烈を極めた空襲は我々都民の心身の上に如何なる影響を及ほしたでありませうか。此の未曾有の體驗に對して，都民各位は身心の上に何程かの變化を自覺されましたならば，それを次の項目に就いて御記入下され度く御願ひ申上けます。

昭和21年8月　　調査者　慶應義塾大學醫學部神經科教室　鹽入圓祐　岩佐金次郎

次の事を豫め御記入下さい。

1．記入者の性別．男・女．　2．年齢　18歳　3．學歴　[redacted]高女　學校卒業・中退　4．空襲當時住所　東京都日本橋区[redacted]

5．空襲當時職業(及前職業)　6．職場では責任者であつたか　7．家族の人數．5人　その中．老幼病弱者等要保護者の數　1人

8．家族内で扶養責任者であつたか　9．疎開の有無．有　その場所．長野県　その程度．1部　疎開は家族の誰と誰か．祖父

10．空襲による被害．爆彈．燒夷彈．機銃掃射．家屋燒失(直撃．延燒)燒失家屋は自己の所有か．自身並に家族の負傷．死亡の有無．　被害月日 20年5月23日

11．空襲をうけた回數は一回きりか．2回から5.6回迄の間か．それ以上か。一回の場合は爆彈か．燒夷彈か．機銃掃射か。

12．今迄に罹つた主な疾患．殊に神經衰弱其他精神疾患に關して　憂鬱症

13．性質は朗か．内氣．或ひはその中間。交際好き．交際嫌ひ．その中間。几帳面．投け遣り．その中間。過敏で神經を使ふ．無頓着．その中間。凝り性(こりしやう)．移り氣．その中間。勝氣．氣が弱い．その中間。動作機敏．動作緩慢．その中間。思ひ立つた事をすぐ實行する方か．億劫で容易に實行出來ない方か．その中間。理想主義．現實主義．その中間。其他．大袈裟であるか．我儘であるか．體裁．體面を氣にするか。

(注　意)

1．本調査は東京都民に就いて行ひたいと思ひます。
2．疎開して了つた方でも．疎開先(場所を記載して下さい)に於ける體驗並びに感想に就て大體上記の項目に就き御記入下さい。
3．15歳以上の方は誰方でも一人が一枚宛御記載を願ひます。
4．尚8歳から13歳迄(何れも空襲當時の年齢)の兒童に就いても調べたいと思ひますが．その年齢に該當される兒童に就ては保護者が代つて御記入下さい
5．記入の仕方は空襲をうけてから．後になつて下記のやうな變化が認められましたならば．該當事項の下に────を附して下さい。但しその變化は一時的のものでよく今日迄續いてゐる必要はありません。尚變化が殊に著明な場合は════を附して下さい。

「例」　23．忘れ易く．計算其他を間違へ易く．或は氣が散り易くなつた。

(之は忘れ易くなり．非常に計算其他を間違へ易くなつたが．氣が散り易くはならなかつた事を表します)

1．行動が敏捷になつた．或は緩慢になつた。　2．そはそはして落着けない樣になつた。

3．睡眠時間が少なくなつた．或は多くなつた。(何時間位？)　4．空襲の夢或は其他の恐しい夢を見る樣になつた。

5．排尿回數が増した(1日何回から何回位に？)　或は少くなつた。

6．空襲に際して素早く待避したか．ゆつくりしたか．せずにゐたか．敵機を見物してゐたか．仕事をしてゐたか。(主にその中のどれであつたか)

7．待避中．度々睡くなつた。　8．警報が鳴ると．體が熱し．動悸が．又冷汗が出るやうになつた。

9．警報が　ると．小用がはづむやうになり．又大便を催すやうになつた。

10．警報が鳴ると．物がよく見えず．よく聞えず．手や足に力が入らず．或は腰が立たなくなつた．又言語がしどろもどろとなり．或は口が利けなくなつた。　11．總ての光や物音に對して敏感になつた。　12．食慾が無くなり．或は食物に對する嗜好が變つた。

13．體が疲れ易くなり．體重が減り．浮腫(むくみ)が出た。　14．性慾が減退し．又陰萎となつた

15．無月經．又．月經不順となつた。　16．感情が過敏となり．特に驚き易く．臆病となつた。

17．怒り易く．泣き易く．性急(せつかち)となつた。　18．感傷的．懷古的．望郷的(ふるさとにかへりたし)となつた。

19．狐疑逡巡したり．決斷がつかなくなつた。　20．邪推深く．氣を廻はすやうになつた。

21．音がないのに音が聞え．人聲が聞える事があつた。又物がないのに物(或は人の姿など)が見える事があつた。

22．音を聞き間違へ(サイレンと誤つたり)．物を見間違へる事が屢々あつた。或は1.2度．或は非常に度々あつた。

23．忘れ易く．計算其他を間違へ易く．或は氣が散り易くなつた．(落着いて仕事や讀書が出來なくなつた)。

24．誰かに後をつけられてゐる樣な氣がしたり．誰かが自分をねらつてゐる．危害を加へやうとしてゐると言ふ氣がした。

25．常に恐怖に襲はれてゐる樣になり．殊に空襲に對する恐怖が强く．又その爲めに仕事も手につかず．或は之を拋棄した。

26．全く絕望的であり．再起不能と思ひ込む樣になり．或は．總て自分に罪があり．何もかも自分が悪い．又人が自分をとがめてゐると思ふやうになつた

27．全く自信がなくなり．自分の行爲が間違つてゐる樣に思はれ．何回もやり直ほして見ても未だ安心が出來ない樣になつた。又．病的と思はれる不愉快な考が．繰返し頭に浮んで來て．追拂はうとすればする程强くなり．その爲めに惱まされるやうになつた。

28．人に逢ふのが厭はしく．殊に知人に逢ふのを避けるやうになつた。　29．戰鬪意識が益々旺盛となつた。或は敗戰感に襲はれ．元氣がなくなつた。

30．空襲に際し何を一番心配したか．自己の生命家族の安全　家財．勤務先．東京都或は日本の運命を特に心配した。

31．人生を果敢(はか)なく．無常と觀ずるやうになつた。或は人生は力であり．鬪爭であると考へるやうになつた。

32．家が燒けた場合．その當時失望した．或は失望せず．又は却つてさばさばしたと感じた。其後(數ケ月も經つてから)．家屋や家財の燒失をくよくよと考へ．深刻に感じるやうになつた。　33．以上の諸種の變化があつた場合醫者に診て貰つた。入院した(何病院に)。或はその變化は1ケ月以内で消え．或は數ケ月も續き．或は現在迄も續いてゐる。(それは何番と何番か)。14番　34．(其他種々の身心の變化或は人世觀の變化に就き御記入下さい)

35．空襲當時の戰爭に對する見透しは．悲觀的であつたか．樂觀的であつたか．或は一部分悲觀的であり．一部分樂觀的であつたか。

36．終戰の詔書を聞いた時の感想は．意外に感じたか．當然に感じたか．或は呆然として何の感想もなかつたか。

以上

塩入円祐・岩佐金次郎による空襲生活調査票(1946年8月。第Ⅱ編第2章参照)

「序章」でのべたように植松七九郎ほかによる「空襲時精神病」調査の原資料ならびに塩入円祐らによる空襲生活調査の原資料を入手できたので、本編では、それらを紹介するとともに、野田正彰氏に東京大空襲の後遺症につき、また蟻塚亮二氏に沖縄戦をいきぬいた市民の精神医学的問題につき、中澤正夫氏に原子爆弾症につき、かいていただいた。これらによって、第二次大戦が市民の精神生活にあたえた影響がうかがえるだろう。

第1章

空襲時精神病——植松七九郎・塩入円祐の資料から

わたしがその調査原資料を古書店から購入した植松七九郎《しちくろう》[1]（一八八八―一九六八）は慶應義塾大学医学部神経科教授、塩入円祐《しおいりえんゆう》[2]（一九〇六―一九九五）は同助教授であった。二人の論文「空襲時精神病　第一編　直接空襲に基く反応群」は一九四八（昭和二三）年の『慶應医学』にのったが[3]、第二編は発表されずにおわっている。二人の調査は、慶應義塾大学医学部神経科教室が桜ヶ丘保養院、松沢病院、井之頭病院、その他の協力をえておこなったものである。教室外からの症例は、よせられた報告の半分ほどがのこされている。その用紙は診療録用紙のものや、やぶいたノートのものもあって、まさに時代を感じさせる。

何例かでは、たとえば神経学的所見が、「眼球運動：斜視、振盪症、瞳孔左右同大正円形、対光反応常、調節交軸反応常」などなど、診断学教科書の項目をほとんど省略なく記載しているなど、敗戦前の人手不足のときによくもこんなに詳細に記載したものとおどろかされた。

この原資料にはまた、論文第二部「間接に空襲に関係あるもの」に相当するとおもわれるまとめ、また慶應義塾大学医学部神経科教室の一九三〇－三九年および四四年一一月－五五年一二月の患者統計もはいっていた。そこで、これらのものもまじえながら、植松・塩入による調査結果を紹介しよう。

直接空襲にもとづく空襲時精神病

慶應義塾大学医学部附属病院神経科外来患者の病名別統計一九三〇－三九年のもの（**表7**）、および四四年一一月－四五年一二月のもの（**表8**）をあげておく（表8は「大内君調査」とある）。

表7　慶應神経科外来患者
（1930～1939年）〔前期〕

病名	男	女	計
神経衰弱	1378例	312例	1690例
神経質	863	306	1169
強迫神経症	80	41	121
外傷性神経症	79	19	98
ヒステリー	67	514	581
（神経症群　計）	(2467)	(1192)	(3659)
アルコール	197	55	252
進行麻痺	685	138	823
脊髄癆進行麻痺	52	5	57
脳梅毒	65	19	84
てんかん	711	447	1158
精神分裂病	695	474	1169
躁うつ病	462	315	777
精神薄弱	148	94	242
変質精神病	29	16	45
更年期精神病	0	47	47
脳動脈硬化症	11	7	18
老年精神病	40	28	68
症状精神病	8	11	19
脊髄癆	114	32	146
*	20	2	22
合計	5704	2882	8586

* “RM Lues” とある〔脊髄梅毒〕

表８　慶應神経科外来患者
（1944 年 11 月～ 1945 年 12 月）〔後期〕

病名	総計	うち空襲に関係あるもの	男＋女（比率）
進行麻痺	46 例	7 例	5＋2 例（15.2%）
躁うつ病	53	5	4＋1　(9.4)
精神分裂病	88	5	3＋2　(5.8)
神経症*	120	3	2＋1　(2.5)
心因症	5	3	2＋1　(60.0)
てんかん	90	2	0＋2　(2.2)
精神病質	7	1	1＋0　(14.3)
発達制止	16	0	
梅毒**	10	0	
脳軟化	9	0	
その他	10	0	
合計	454	26	17＋9　(5.7)

*　神経衰弱、ヒステリー、神経質、強迫神経症
**脳梅毒、脊髄癆

両期間を比較すると、年平均患者数は、前期に比して後期は四五・〇%といちじるしく減少している。全体のなかでの神経症群比率は、前期で四二・六%（男で四三・二%、女で四一・三%）であったのに対し、後期（こちらでは神経症および心因症が神経症群としてまとめられている）では二七・五%と、いちじるしく減少している(4)（この点論文では、都民が「兎も角も精神的緊張を持続し得た事は、当時神経衰弱其他の神経症外来患者の激減により裏書きし得たであろう」と指摘している）。

後期の四五五例中で、空襲が直接の病原となったのは心因症の三例（〇・六六%）で、空襲が誘因・増悪因その他となった、空襲に関係ある例は二三例（五・〇五%）で、両者をあわせると空襲に直接・間接に関係あるものは二六例（五・七%）であった。

さて、植松・塩入論文（これからは単に「論文」とするす、三ペイジのもの）がとりあげているのは、一九四四年一一月から翌年八月までの間に発生した、空襲が直接原因として作用したと思われる、主として心因反応群の一七例である。それらは、慶應神経科教室、桜ヶ丘保養院、松沢病院、井之頭病院、東京武蔵野病院などからあつめられているので、東京都の西半分をほぼまとめたとみられる。この一七例は**表9**のように分類される。論文にしたがって、それぞれのものをみていこう。

表9　直接空襲にもとづく反応群

	男	女	計	
Ⅰ．心因反応				
1. 譫妄錯乱状態	1例	1例	2例	原始反応
2. 驚愕死	0	1	1	原始反応
3. 心因性昏迷	1	1	2	原始反応
4. 心因性抑うつ	0	3	3	原始反応
5. 朦朧状態	1	0	1	原始反応
6. ヒステリー	0	2	2	
7. 心因性睡眠状態	0	2	2	
8. 心因性徘徊	2	1	3	
Ⅱ．頭部外傷				
（心気性精神遅鈍）	1	0	1	
合計	6	11	17	

（1）**譫妄錯乱状態**　至近弾のために倒壊家屋および防空壕にうまり救出されて一、二日の間隔をおいて発病し、重篤な意識障害をしめす（その間の言動はかならずしも原体験と一致しない）。つぎの症例はここに属するものだろう。

〔症例一〕三二歳女。帰宅したとき、玄関付近に至近弾落下し、倒壊家屋の下敷きとなったが、自分で脱出、前腕骨折し、担架で救護所にはこばれ、翌日入院。その翌日発病し、井之頭病院より検診。不安、不脈、ことに夜間に興奮しやすい。とびおきて、だれか家人がきていると、とびだそうとする。日中の意識はほぼ清明。気分ははじめは多幸的、数日すると不安定、なきやすく、抑うつ的、不安。数日後に医師を夫とまちがえる。つづいて漸次鎮静し、在院二週間で全治退院。

（2）**驚愕死**　荏原で通行中空襲警報発令とともに昏倒した女。近所の女が介抱しようとしたが、すでに絶息していた。医師がまねかれて死亡を確認したが、外傷はなかった〔むしろ、心筋梗塞などをかんがえるべきであるまいか〕。

（3）**心因性昏迷**　熾烈な空襲にあって恐怖戦慄し、のち寡言茫乎となって自発性をかく。意識はつよい昏濁から正常にちかい清明とのあいだを動揺、不安当惑性の興奮がはいることもある。症例二はここに属する。

〔症例二〕二一歳男。工員。四月一五日空襲（横浜地帯大空襲）のとき寮にいたが、至近の爆弾は一町先、火災は三町先。翌日より口数へり、仕事まとまらず、五月一一日サイレンがならぬのに「空襲空襲」とさけび、おきだす。翌日出勤しても、なにもせずにいた。松沢病院入院、昏迷状態で、強硬なる緊張した姿勢、一、二言だけの答え、空襲がこわい。そののち「天皇陛下」をくりかえしたり、母の声がきこえたり。応答の口数ふえてきたが、全体に茫乎としていることがおおい。その後常態にちかづいては、また昏迷がふかまる。持続睡眠をはじめるが、四日で処方中止。電気けいれん療法二回で、やや軽快し、雑役に従事。逃走企図あり、八月六日保護病棟に収容。八月二三日昏迷茫乎、自発性欠如。次第に衰弱、浮腫生起。八月二七日午後四時五五分死亡（脚気の診断）。

（4）心因性抑うつ

女にだけみられた。抑うつ性昏迷、不安・恐怖をあらわす興奮、罪業観念、自殺企図（しばしば病初期にみとめられた）などをしめす。つぎの症例はこの一例である。

〔症例三〕三四歳女。夫は出張がおおく、本人は空襲をひどくこわがっていた。「かえってくれ」との電報で一一月二七日に夫がかえったところ、警報がでたのにボンヤリしていて、はきはきとうごかない。空襲になり、「子供をつれてはやく避難しろ」といって夫は隣組に連絡にいった。夫がもどってみると、夫の軍刀で左乳首直下をついていた。夫に電報をうったので憲兵につかまる、死刑になる、などという。軍医学校外科に入院、気胸をおこしているが、疵はすでに大体癒着していた。ときどきベッドからでてうろうろし、自殺念慮があるので一二月六日に転院してきた。

いちじるしく不安、入院をこばみ、なきわめくので、一時保護病棟に収容。そののちややおちついたが、憲兵につかまり死刑になるとの念慮はきえない。家庭の都合で郷里にうつることになって、一二月八日退院。

(5)**朦朧状態**　いわゆる感動性または驚愕性の朦朧状態といわれるもの。感動と体験内容とは一致せぬことがときにある。本例は成績優秀な中国人で、空襲に際し防空壕にはいったままでてこず、翌日下宿の主人にひきだされたのち常軌を逸した行動があった。たとえば、通行人からぶしつけに金をかりようとしたり、だれもこないのに駅に迎えにいくなどして、これらの追憶がなく、また堪能であった外国語を一過性にほとんど忘却していた。

(6)**ヒステリー**　女二名に、驚愕体験後に数日あるいは一か月以上をへて典型的な痙攣および朦朧状態の発作をおこした。症状発生前は胸内苦悶、不眠、過敏状態があった。ヒステリー症状は容易に消退せず慢性に経過した。

(7)**心因性睡眠状態**　ともに中年以後の女で、一昼夜から二日にわたる深睡眠で、その間に失禁があった。

(8)**心因性徘徊**　一例は高等教育をうけたインテリで、戦災で顔面・四肢に火傷をおい、みにくい瘢痕をのこしている者。つぎの症例は痴愚を基礎としている。徘徊時につき追憶欠損のあるものがおおいが、そのないこともある。

〔症例四〕三五歳男。工員。三歳時髄膜炎、小学三年中退。簡単な作業もなかなかおぼえられない。一九四四年一二月二八日浅草で至近弾をうけた。負傷しなかったが、以後急激に言動不定となり、彷徨、徘徊（おそらく意識障害があった）。一九四五年二月五日井之頭病院入院、一〇歳程度の知能。

頭部外傷の一例は、鉄帽の上に焼夷弾の直撃をうけ、短時間の意識喪失をきたしたのち、一過性の視力障害と持続性の頭痛と右上肢の痺れ感とをうったえ、やや心気症的であると同時に、空襲への不安がなくなったとのべ、いちじるしく精神遅鈍をしめしていた。

前記のうち第一群から第五群までの症例は原始反応または一次性心因反応に属し、強大な環境的刺激にあたり何人にも発しうる生物学的反応である。第六群、第七群は多少ともヒステリー性に固定された二次性心因反応に属する。第八群はかならずしもヒステリー性とはいいがたく、原始反応または他の複雑な機制にもとづく反応と理解するべきであろう。

第一群から第五群までの原始反応とその他の反応とをわけて比較すると、原始反応は空襲の当日、翌日、少数は二日後に発病しているのに対し、その他の反応では一週間以上、一か月以上してから発病するものがおおい。また転帰は、原始反応九例中で寛解四例、軽快一例、未治一例であるのに対し、その他反応では寛解一例、軽快はなく、未治が五例とあった。

なお、恐怖その他の感動がまったく制止されているのに、意識は清明で目的にかなった行動はできる、という情緒麻痺に相当する反応型の例はみられなかった(5)。

ところで、きわめて多数の戦災者・死傷者をだした東京で、心因反応一六名とはきわめて少数である。井之頭病院は武蔵野町(6)の中島飛行機工場の爆撃に際し発生した外傷その他の患者を収容したが、顕著な精神異常をしめす患者はほとんどみとめられなかった。大田の同工場が二回徹底的爆撃をうけたときには、同工場付属病院でかなり詳細な調査をしたが、みいだされたのは一例だけであった。八王子市が一夜で全滅したときには、防疫巡査の協力をえたが、発見されたのは二例だけで、その一例がこの一六例に入れられた。慶應病院の本館焼失の際には、事前よりの準備にもかかわらず、院内患者からも外部からも、精神異常者は一名も発生しなかった。こうして、東京では今次大戦の空襲に際しては、心因反応の発生はなかった、と断定できる。

ここまで、論文の概要を、症例をおぎなって紹介した。

間接に空襲に関係あるもの

精神病への空襲の間接的影響としては、病像形成的（塑型的）影響と誘発とがある。その症例数は**表10**にあげた。ここに「病像形成的」というのは、患者の素質・生活歴・発病時環境などにより病像が修飾されることである。さて、資料中にはこの**表10**のほかに説明はない。そこで、はいっていた症例報告から相当例をひろってみた。

表10　間接に空襲に関係ある精神病

	男	女	計
Ⅰ．心因塑型的色調を有する精神病			
1. 抑うつ病	0例	1例	1例
2. 進行麻痺	2	1	3
3. 分裂病	2	3	5
Ⅱ．同色彩を有せず単に誘発される精神病			
1. 分裂病	1	3	4
合計	5	8	13

〔症例五〕四〇歳男、農業。一九四二年二月感情抑うつ的となり井之頭病院入院、分裂病。一か月半で完全寛解となり退院。四三年一月憑き物妄想で再発、二か月で完全寛解で退院。四四年一一月、空襲の恐怖より（直接の被害はうけなかったが）急激に不安状態となり、「だめだ、だめだ」と連呼して不眠。一一月二七日入院時は、緊張病性興奮の状態。電気痙攣療法で漸次鎮静。四五年一月二四日全治退院。

〔症例六〕四九歳男、床屋。一九四五年八月一〇日の空襲時には壕に退避していた。爆死の死体をみたり、破壊家屋の片付けをしたりした。一一日よりなんとなく憂うつになり、仕事もおもうようにできない。周囲に無関心となり、臥床することおおく、無為、好物の煙草もすわず大食。一二月一〇日入院（東京武蔵野病院）。計算能力、記憶などいちじるしく低下。瞳孔症状、髄液検査で進行麻痺と診断。マラリア療

法で発熱一〇回。完全寛解で四六年三月二四日退院。

症例五では分裂病の再発が、症例六では進行麻痺が、空襲により誘発されている。また症例五で、入院時の病像では空襲の恐怖・不安が前面にでている（病像形成的影響）。この症例五が、**表10**のⅠにかぞえられたか、Ⅱか、はたしかめようがない。

なお、過労が進行麻痺の発症を誘発することについては、戦場における軍医早尾乕雄の証言(7)がある。「精神病中尤モ多キハ麻痺性痴呆〔進行麻痺〕及精神乖離症〔精神分裂病〕ナリトス。前者ハ勿論出征ノ為メ心身ノ過労ガ其ノ発病ヲ早カラシメタル感深シ。即チ所謂「パラリーゼンアルター」〔進行麻痺好発年齢〕ニ遥ニ遠キガ故ナリ。即チ三十四五歳ヲ以テセリ。早キハ三〇歳ニ達セザル者サヘアリキ」と早尾はかいている。

「戦争神経症」の定義

東京大空襲による心的外傷後ストレス障害については、野田正彰が証言している（本編第3章）。空襲後一、二年はサイレンの音で空襲体験をおもいだしていたが、その後の生活・仕事ではわすれていた。ところが晩年になってそれがもどってきている。母をたすけられなかった自責感が再燃し、またイワシをやく匂いで黒焦げの死体をおもいだす。本編第4章にいれた蟻塚亮二報告をみても、沖縄戦を経験した市民に高齢になっての心的外傷ストレス障害の遠隔後遺症がみられ、ナチス・ドイツの絶滅収容所の生存者も、高齢で体がよわるにしたがい、収容所の恐怖にひきもどされている。第二次世界大戦は決しておわってはいないのである。

ここで「戦争神経症」の定義にふれておきたい。井村恒郎（一九五五）(8)は、「通例、戦時において軍隊に発生した神経症を、すべて包括している」として、「前線の戦場生活はむろんのこと、基地の勤務や兵営の生活も、多くの兵士にとっては、新しい環境であり、それに順応するためには、いろいろな困難にたえねばならない。

この順応の困難さは個人によってちがうものではあるが、ともかくもそれに堪えられずに破綻した場合が、戦争神経症である」と説明している。ほかのもの（とくに精神医学事典など）をみると、だいたい軍隊にかぎった定義である。西丸四方[9]（一九七四）は、「戦争時の種々の状況による異常精神反応、戦争ヒステリー」とひろく定義している。

だが、戦争は軍隊間だけでおこなわれるというのはかたよった観念にすぎず、戦争はつねに市民をなにほどかにまきこんでいる。その極端なものが沖縄戦であり、東京大空襲であり、広島・長崎であった。

Peters, Uwe Henrik の用語辞典（一九八四）[10]は、Kriegsneurose を、「戦争の影響の直接の結果としてしばしばもちいられる用語」と記述している。これらでつかわれる「神経症（neurosis, Neurose）の語は広義で、心因反応・心因症をふくむ。植松らが「直接空襲に基く反応群」としたものもそこにふくまれる。

戦争と平和の問題をかんがえていくにも、戦争神経症の定義は大事である。そこでわたし（二〇一〇）は、「戦争神経症とは、直接に戦争状況に規定された軍隊内および民間の精神変調である」とすることを提唱した。[11]

ところが、他に所蔵する所もないようなので、『精神障害者問題資料集成　戦前編』（六花出版）に復刻しようと、『心理と医学』第一巻第一号（一九四四）を調査したところ、「従つて今迄戦時精神神経症はその対象が専ら軍隊であつたものが、銃後に於ても問題となつて来た訳である」（黒沢良介）、また第一巻第二号（一九四四）には「持続的の国難に際し、慢性の病的反応を起すのを神経症と申します。特に戦争の場合に起る時は之を戦争神経症と申します」（中脩三）の文章があった。[12]つまり、井村らはそれまで漠然としていた「戦争神経症」をはっきり定義しようとして、その範囲をあまりにせまく規定したのである。

◉第１章注

（1）植松七九郎（一八八八—一九六八）。一九一五年東京帝国大学医学部を卒業。三浦内科についで精神科教室に勤務。つづいて合州国に留学。一九二六—五三年と慶應義塾大学教授（神経科教室）。断種法に反対した。四九年には金子準二とともに東京精神病院協会を設立して、その理事長となった。

（2）塩入円祐（一九〇六—一九九五）。一九三三年慶應義塾大学医学部を卒業。一九四三—五七年と同大学助教授（神経科教室）、のち開業。精神科に関する啓蒙的な著書がおおい。

（3）植松七九郎・塩入円祐「空襲時精神病　第一編　直接空襲に基く反応群」『慶應医学』第二五巻第二・三号（一九四八）

（4）井村恒郎（(8)におなじ）も同様の指摘をしている。和田小夜子「支那事変及び太平洋戦争も含む最近十年間における神経質患者の消長」（精神神経学雑誌、第四九巻第三号、一九四七）によると、東京大学附属病院精神科新来患者中で神経症患者は一九三四年の五三・八％から四三年の三〇・九％へとへった。神経症群を神経衰弱および神経質とヒステリーおよび心因性反応とにわけてみると、前者は四七・一％から一九・二％へとへったのに対し、後者は六・七％から一一・七％へとふえている。井村はさらに神経質・神経衰弱をN、ヒステリー・心因反応をHとし、H／N比（一〇〇倍）を算出してみると、一九三四年の一〇（男で三）が四三年には五一（男で三九）とあがっていた。さらに国府台陸軍病院でH／N比は、四三年には二三六の高値をしめした。

（5）一八九四年六月二〇日（東京）「午後二時頃、ひどい地震。もう一揺れで、東京全市の半ばが廃墟となるところだった。さほど堅固に建てられていなかった石造やれんが造りの家屋のみがやられ、奇妙にも、特に公使館が全部やられた。自宅では、幸いにも、無事だった。日本式と半洋式の木骨家屋は最も被害の少なかったことが判った。それは住宅建築上、一つの教訓となることと思う」（トク・ベルツ編・菅沼竜太郎訳『ベルツの日記』第一部上〔岩波文庫〕、岩波書店・東京、一九五一）。ドイツ人御雇医学教師ベルツ（Baelz, Erwin、一八四九—一九一三）は、このときの自分の心的体験を、“Ueber Emotionslähmung”と題して、一九〇一年四月二一—二三日のドイツ癲狂医学年次集会で報告している（*Allg. Ztschr. f. Psychiatr. und Psychisch-gerichtliche Medicin*, Bd. 58H. 4, 1901）。ベルツの報告は二二日午前におこなわれ、カール・ヴェルニケがそれに討論した。このときの集会に参加した人のなかには、アシャフェンブルク、ボネファ、エルレンマイエル、ガンゼル、ハイルブロネル、ヨリ、カールバウム、クライスト、レール、リープマン、メンデル、メビウス、ニスル、オペンハイム、ピク、フォークト、ヴェストファル、ヴァイガント、といった名がみられる。ベルツがのべているのは、突然のはげしい地震によりおこった、思考は自由自在にうごくのに、感情はまったく消失してしまった、という状態である。ベルツのこの報告は、この種の最初のものとしてその後も引用されるものである。

(6)論文では中島飛行機工場の所在地を三鷹としていたが、武蔵野町がただしいことを、歴史家の川村善二郎氏からご教示いただいた。

(7)早尾乕雄「戦場神経病、精神病並犯罪各論第一編」。早尾乕雄『戦場心理の研究』第二冊、不二出版・東京（二〇〇九）。早尾の仕事については、本書第III編でくわしく紹介する。

(8)井村恒郎『軍隊における異常心理——戦争神経症を中心にして——』、『異常心理学講座』第六回配本、みすず書房・東京（一九五五）

(9)西丸四方編『臨床精神医学辞典』南山堂・東京（一九七四）

(10)Peters, U. H.: *Wörterbuch der Psychiatrie und medizinischen Psychologie.* Urban & Schwarzenberg. München-Wien-Baltimore, 1984.

(11)岡田靖雄「空襲時精神病——植松七九郎・塩入円祐の資料から——」一五年戦争と日本の医学医療研究会会誌、第一〇巻第二号（二〇一〇）

(12)岡田靖雄編『精神障害者問題資料集成　戦前編』第12巻、六花出版・東京（二〇一六）

第2章 塩入円祐・岩佐金次郎による空襲生活調査

先にもふれたことだが、戦争は戦場だけでたたかわれるものではない。近代の総力戦においては市民生活のすべてが戦争遂行にむけられ、戦況によっては「銃後」の市民も戦闘の被害をうける。

第1章にのべた植松・塩入報告の資料には、塩入円祐および岩佐金次郎が一九四六（昭和二一）年八月（敗戦から一年後）におこなった空襲生活調査の資料がはいっていた。調査票の文案、未記入の調査票数枚、記入ずみ調査票二枚、各項目をかぞえあげた表（実数でなくて比率表示）が何枚か、既往者三名の回答の抜き書き、まだ二人によるまとめの文章三種である。塩入は、前述のように神経科教室の助教授であり、岩佐は助手であったろう（のち井之頭病院長）。まえの植松・塩入報告は、いわば突出した空襲精神病をしらべ、塩入・岩佐報告はその基盤にある空襲体験を並行してみきわめようとするもので、その構想はすばらしいものであった。

調査票と調査対象

まず調査票をみておこう（第II編扉裏参照）。

終戦後早くも一年を経過しました。当時を追想しますと誠に感慨無量なるものがあります。あの惨烈を極めた空襲は我々都民の心身の上に如何なる影響をおよぼしたでありませうか。此の未曾有の体験に対して、都民各位は身心の何程かの変化を自覚されましたならば、それを次の項目に就いてご記入下され度く御願ひ申上げます。

昭和二一年八月

調査者　慶應義塾大学医学部神経科教室　塩入円祐　岩佐金次郎

次の事を予めご記入下さい。

1 記入者の性別　男・女。2 年齢　歳。3 学歴　学校卒業、中退。4 空襲時住所　5 空襲当時職業（及前職業）6 職場では責任者であつたか　7 家族の人数　その中、老幼病弱者等要保護者の数　8 家族内で扶養責任者であつたか　9 疎開の有無　その場所　その程度　疎開は家の誰と誰か　10 空襲による被害、爆弾、焼夷弾、機銃掃射、家屋焼失（直撃、延焼）消失家屋は自己の所有か、自身並に家族の負傷、死亡の有無　被害月日　月日。11 空襲をうけた回数は一回きりか、二回から五、六回迄の間か、それ以上か、一回の場合は爆弾か、焼夷弾か、機銃掃射か。12 今迄に罹つた主な疾患、殊に神経衰弱其他精神疾患に関して　13 性質は朗か、内気、或ひはその中間。交際好き、交際嫌ひ、その中間。几帳面、投げ遣り、その中間。過敏で神経を使ふ、無頓着、その中間。勝気、気が弱い、その中間。動作機敏、動作緩慢、その中間。思ひ立つた事をすぐ実行する方か、億劫で容易に実行出来ない方か、その中間。理想主義、現実主義、その中間。其他、大袈裟であるか、我儘であるか、体裁、体面を気にするか

（注意）

1. 本調査は東京都民に就いて行ひたいと思ひます。
2. 疎開して了つた方でも、疎開先（場所を記載して下さい）に於ける体験並びに感想に就て大体上記の項目に就き御記入下さい。
3. 一五歳以上の方に誰方でも一人が一枚宛御記載を願ひます。
4. 尚八歳から一五歳迄（何れも空襲当時の年齢）の児童に就いても調べたいと思ひますが、その年齢に該当す

る児童に就ては保護者が代つてご記入下さい。

5. 記入の仕方は空襲をうけてから、後になつて、下記のような変化が認められましたならば、該当事項の下に━〔下線〕を附して下さい。但しその変化は一時的なものでよく今日迄続いてゐる必要はありません。尚変化が特に著明な場合は＝を附して下さい。例　23. 忘れ易く、計算其他間違へ易く、或は気が散り易くなつた。（之は忘れ易くなり、非常に計算其他を間違ひ易くなつたが、気が散りやすくはならなかつたことを表します）

1. 行動が敏捷になつた、或いは緩慢になつた。
2. そはそはして落着けない様になつた。
3. 睡眠時間が少なくなつた、或は多くなつた。（何時間位？）
4. 空襲の夢或は其他の悲しい夢を見る様になつた。
5. 排尿回数が増した（一日何回から何回位に？）或は少くなつた。
6. 空襲に際して素早く退避したか、ゆつくりしたか、せずにゐたか、敵機を見物してゐたか、仕事をしてゐたか。（主にその中のどれであつたか）
7. 退避中、度々睡くなつた。
8. 警報が鳴ると、体が震へ、動悸がし、又冷汗が出るやうになつた。
9. 警報が鳴ると、小用がはづむやうになり、又大便を催すやうになつた。
10. 警報が鳴ると、物がよく見えず、よく聞えず、手や足に力が入らず、或は腰が立たなくなつた、又言語がしどろもどろとなり、或は口が利けなくなつた。
11. 総ての光や物音に対し敏感になつた。
12. 食欲が無くなり、或は食物に対する嗜好が変つた。

13. 体が疲れ易くなり、体重が減り、浮腫（むくみ）が出た。
14. 性欲が減退し、又、陰萎となつた。
15. 無月経、又、月経不順となつた。
16. 感情が過敏となり、特に驚き易く、臆病となつた。
17. 怒り易く、泣き易く、性急（せつかち）となつた。
18. 感傷的、懐古的、望郷的（ふるさとにかへりたし）となつた。
19. 狐疑逡巡したり、決断がつかなくなつた。
20. 邪推深く、気を廻すやうになつた。
21. 音がないのに音が聞え、人声が聞えることがあつた。又物がないのに物（或は人の姿など）が見える事があつた。
22. 音を聞き間違ひ（サイレンと誤つたり）物を見違へる事が屢々あつた。或は一、二度或は非常に度々あつた。
23. 忘れ易く、計算其他を間違へ易く、或は気が散り易くなつた（落着いて仕事や読書が出来なくなつた）。
24. 誰かに後をつけられてゐるような気がしたり、誰かが自分をねらってゐる、危害を加へやうとしてゐると言つた気がした。
25. 常に恐怖に襲はれてゐる様になり、殊に空襲に対する恐怖が強く、又その為め仕事も手につかず、或は之を拋棄した。
26. 全く絶望的であり、再起不能と思ひ込む様になり或は総て自分に罪があり、何もかも自分が悪い、又人が自分をとがめてゐると思ふようになつた。
27. 全く自信がなくなり、自分の行為が間違つてゐる様に思はれ、何回もやり直ほして見ても未だ安心が出来ない様になつた。又病的と思はれる不愉快な考が、繰返し頭に浮んで来、追払はうとすればする程強くなり、その為めに悩まされるやうになつた。
28. 人に逢ふのが厭はしく、殊に知人に逢ふのを避けるやうになつた。
29. 戦闘意識が益々旺盛になつた。或は敗戦感に襲はれ、元気がなくなつた。
30. 空襲に際し何を一番心配したか、自分の生命・家族の安全、家財、勤務先、東京都或は日本の運命を心配した。
31. 人生は果敢（はか）なく、無常と観ずるやうになつた。或は人生は力があり、闘争であると考へるやうになつた。
32. 家が焼けた場合、その当時失望した、或は失望せず、又は却つてさばさばしたと感じた。其後（数ケ日も経つてから）家屋や家財の焼失をくよくよと考へ、深刻に感じるやうになつた。
33. 以上の諸種の変化があつた場合医者に診て貰つた。入院した（何病院に）。或はその変化は一ケ月以内で消え、或は数ケ月も続き、或は現在迄も続いてゐる（それは何番と何番か）。
34. （其他種々の身心の変化或は人生観の変化に就きご記入下さい）
35. 空襲当時の戦争に対する見透しは、悲観的であつたか、楽観的であつたか、或は一部分悲観的であり。一部分楽観的であつたか。
36. 終戦の詔書を聞いた時の感想は、意外に感じたか、当然に感じたか、或は呆然として何の感想もなかつたか。

以上

この調査票がB４判のわら半紙一枚に印刷されていた。

この調査の狙いの一つは、性格による身心の変化の違いをあきらかにすることである。性格は循環型（Z）、分裂型（S）、てんかん型（E）、ヒステリー的性格（H）、その他とわけられている。調査前半の個人属性部分の項目13が性格票であるが、のこされているメモによると、13にあげられている項目はつぎのような性質をあらわすものである。

朗か（Z）、内気（S）、交際好き（Z）、交際嫌ひ（S）、几帳面（E）、過敏で神経を使ふ（S）、凝り症（E）、勝気（Z）、気が弱い（S）、動作機敏（Z）、緩慢（E）、思ひ立つたことをすぐ実行する（Z）、理想主義（S）、現実主義（Z）、大袈裟（H）、我儘（H）、体裁・体面を気にする（H）。投げ遣り、無頓着、移り気、はかきだされているが、性格との関連づけはしるされていない。

一人の性格に、上記Z、S、E、Hの要素が混在することがおおいが、何項目該当すればZ、S、E、H、あるいはその中間（その他）と評価するか、その基準はしるされていない（項目数がすくないので、ZならZでそろったものを「循環型」としているのかもしれない）。

調査への回答者は、東京都にすむ慶應義塾普通部および都立第十高等女学校の生徒・父兄の計七三九名である。男三七五名、女三六四名、また家屋焼失者三二三名、非焼失者四一六名〈年齢構成、とくに生徒、父兄の別はのこされていない〉。――これからも筆者による意見は〈　〉によりいれる。

上記による性格分類は、循環型二七七名、分裂型八三名、てんかん型三七名、ヒステリー性性格四〇名、その他二九九名である〈不明一名がのこる、男女別はしるされていない、この数字は循環型がおおすぎるという印象をあたえる〉。また、「てんかん型、ヒステリー性性格を除くと戦災者一八〇名、非戦災者一七八名」との記載があるが、それは前記の数字とあわない。この点にはのちにもふれる。

回答結果

I. 全体の数字（調査者のまとめによる）

1. 持続的な身体変化

○睡眠時間減少三五・六%、増加一八・〇%、空襲などのこわい夢一八・〇%

○食欲不振三・九%、体重減少一五・七%、疲れやすさ二四・六%

○排尿回数増加一〇・九%、減少四・一%

○性欲減退三・一%、陰萎〇・七%

○無月経二・七%、月経不順三・二%

2. 行動面の変化

○敏捷四二・九%、緩慢七・七%、おちつかず一五・四%

○待避　速四・八%、緩二四・八%、せず一〇・三%、敵機見物三二・八%、仕事つづける一〇・三%、ときどきねむくなる二七・二%

3. 感受性、感情性、気分などの変化

○音・光に敏感五二・八%

○感情　敏感一八・八%、臆病五・五%、易怒一七・三%、易泣八・八%、恐怖二・三%：対空襲恐怖七・七%

○元気なし八・三%、気がちりやすい二四・一%

○気分　絶望的三・四%、再起不能二・七%：自信なし三・四%、自分がまちがっている二・八%、人がいや二・八%

○知的能力　わすれやすい一〇・四%、計算などまちがいやすい四・五%

4. 空襲への身体的反応

○震え九・六%、動悸一三・〇%、冷や汗三・一%、小用二〇・三%、便意二〇・三%、脱力〇・四%
○心因性視力低下一・二%、心因性聴覚低下一・一%

5. 異常知覚変化
○錯聴三六・七%、錯視五・七%、幻聴一一・五%(人声三・八%)、幻視一・六%

6. 人生観・社会観(戦争への態度をふくむ)
○第一の心配　自分の命・家族の安全六七・一%、家財一〇・〇%、勤め先一七・三%、日本の運命四六・五%
○戦闘意識　旺盛二六・九%、敗戦感一一・一%
○戦局について　悲観的三一・五%、楽観的一五・八%、一部悲観的四〇・七%、一部楽観的三二・五%
○終戦詔書　意外四〇・〇%、当然二二・七%、呆然三九・二%

7. 諸種変化の程度および持続(質問33への答え)
○医師にみてもらった一・二%、そのため入院一・二%、一か月以内できえた四・五%、数か月つづいた四・五%、今もつづいている五・二%〈何番の変化かの数字はのこされていない、時間的経過の数字を合計すると一三・二%にすぎないので、ここにあげられているのは、上記変化のごく一部分のものだろう〉

Ⅱ. 調査者によるまとめ(その一)

ここには内容の重複する三種のまとめがはいっていた。その一つは一九四八年五月の応用心理学会で発表したもののようである。そのまとめにつかわれている数字は、前記「全体の数字」にあげたものとちがっていて、戦災者・非戦災者の違い、性格類型による違いをはっきりさせるために、記載のあいまいなものを除外したと想像される。ここの数字は戦災者・非戦災者別、性格類型別の比率だけのこっていて、しかも一部分かけているので、まとめの三種の文章からまとめておく。

一、一般に**身体的変化**は比較的低率にみとめられるにすぎなかった。睡眠減少は戦災者女に四〇・三%とおおく、非戦災者女では二八・三%（男ではそれぞれ三一・三%と三四・三%）。睡眠増加は戦災者女で一五・五%とすくなく、非戦災者女では二五・八%、苦悶夢は戦災者で一四・一%、非戦災者で二・六%。つまり、戦災者の睡眠は不良になっている。また睡眠不良はヒステリー的性格者、とくに女におおい。

食欲不振は戦災者で一一・八%（男三・六%、女二〇・〇%）、非戦災者で四・〇%（男五・六%、女二・二%）。また食欲不振はヒステリー的性格者におおく、てんかん型者がそれにつぐ。体重減少は戦災者で一八・六%（男一二・〇%、女二五・一%）、非戦災者で一七・二%（男一八・二%、女一一・三%）、またてんかん型者におおい。

排尿回数増加は戦災者女（二五・七%）で非戦災者女（四・八%）よりおおい（男はそれぞれ一〇・四%、一六・三%）。その減少はやはり戦災者女（九・九%）が非戦災者（一・三%）よりおおい。排尿回数の異常をきたす自律神経障害がことに女におおいのである。またヒステリー的性格者に排尿回数の異常がおおい。

性欲障害（減少、陰萎）は戦災者で六・三%（男七・六%、女四・九%）で非戦災者の一・六%（男二・六%、女〇・六%）よりおおい〈女も性欲減退を記入しているのである〉。月経減少・不順は戦災者で一七・一%、非戦災者で七・五%である。

前記身体的変化比率の平均は、戦災者で一六・一%（男一〇・七%、女一九・六%）、非戦災者で一三・一%（男一三・八%、女一〇・九%）。つまり、戦災者女、非戦災者男、非戦災者女、戦災者男の順になっていて、戦災者女で変化がもっともいちじるしかった。

二、**行動面の変化**をみると、敏捷・緩慢ともに戦災者の男がややおおく影響をうけている。敏捷は戦災者平均四一・六%（男四八・一%、女三五・〇%）、非戦災者四五・一%（男四四・三%、女四五・八%）、緩慢は戦災者六・七%（男八・八%、女四・六%）、非戦災者で六・四%（男三・四%、女九・四%）。一般に女のほうがおおく影響をうけるが、非戦災者では一般通則に一致して女の変化はおおい。敏捷には性格による差はみとめられないが、緩慢はヒステリー性性格者におおい。行動の落ち着かなさ（不安）は、戦災者では一五・八％、非戦災者で一七・三％で、男女にわけてもあまり差はみとめられない。だが、ヒステリー性性格者におおく、これは戦災の影響ではなく性格の影響である。

待避の敏捷さは戦災者におおく五五・〇％（男四九・九％、女六〇・〇％）、非戦災者が四二・七％（男三二・七％、女五二・五％）。緩慢は戦災者で一八・九％で、非戦災者の二四・七％よりすくない。戦災者の一般行動はさほど敏捷にならないのに待避は敏捷なのは、虚脱の萌芽がみられるのかもしれない。また待避ではてんかん型者に緩慢がおおかったほかには、性格による特徴はない。

待避中の観戦は、戦災者三六・二％、非戦災者三三・九％で、ほとんど差をみとめないが、性格では循環型者とヒステリー的性格者とにおおく、また男におおい。待避中の眠気は戦災者で二二・五％（男一六・五％、女二八・四％）、被戦災者で三〇・八％（男三六・八％、女二四・八％）で、戦災者男ですくない。またヒステリー的性格者にわずかにおおいほかには、性格による特徴はない。

仕事不能は戦災者で五・九％、非戦災者で三・四％であるが、これは職場焼失によるか。仕事放棄はそれぞれ〇・四％および〇・五％であるが、不能・放棄ともてんかん型者にはなく、ヒステリー的性格者におおい。

行動面の変化比率の平均は、戦災者で二二・四％（男二二・七％、女二二・一％）、非戦災者で二二・七％（男二二・九％、女二二・四％）で、全体としてはほぼ同様なわずかの変化であった。そして、性格との関連で著明な差がみられた。

三、**感受性・感情性での変化**をみると、聴視覚過敏はもっともおおくみとめられる変化の一つで、戦災者で五八・二％（男五八・三％、女五八・一％）、非戦災者で四六・三％（男四七・七％、女四四・八％）。性格面ではてんかん型者にわずかにおおい。

感情過敏は戦災者で二二・三％、非戦災者で二二・一％。臆病は戦災者で七・七％、非戦災者で四・三％。ところが易怒は戦災者で一一・三％、非戦災者で一九・九％で、非戦災者におおい。号泣はそれぞれ四・九％、四・八％で両者に差はない。性格との関連では、感情過敏は循環型者、分裂型者、ヒステリー的性格者におく、てんかん型者にすくない。易怒はてんかん型者にすこしすくないだけで、各性格者にほぼ同様。つねに恐怖的な戦災者は四・九％（男〇・八％、女八・九％）、非戦災者で〇・八％（男〇・九％、女〇・七％）で、戦災者女におおい。またヒステリー的性格者におおく、てんかん型者にはない。対空襲恐怖は戦災者に一二・八％（男一三・五％、女一二・一％）で、非戦災者で四・〇％（男〇・九％、女一一・一％）。性格面ではヒステリー的性格者にわずかにおおいだけで、性格的特徴はない。

元気なしは戦災者で一五・七％（男六・〇％、女二五・四％）、非戦災者で一六・三％（男一三・七％、女一八・八％）で、戦災者男にすくない。易疲労はそれぞれ二六・九％、二八・九％で、両者にほとんど差はない。

前記変化率の平均は、戦災者で一八・三％（男一四・六％、女二二・〇％）、非戦災者で一六・四％（男一三・四％、女一九・三％）であった。聴視覚過敏、感情過敏がもっともおおくみとめられたが、戦災による影響はすくない。戦災者には臆病・対空襲恐怖がおおく、易怒は非戦災者におおかった。

〈気分、知的能力の変化は、まとめてはとりあげられていない。〉

四、**警報による変化**では、震えは戦災者で一二・五％（男六・四％、女一八・六％）、非戦災者で八・四％（男七・四％、女九・五％）で、戦災者女におおい。動悸は戦災者で二二・二％（男一二・七％、女三一・七％）、非戦災者で九・四％（男八・一％、女一〇・七％）で、やはり戦災者女におおい。冷や汗は戦災者で八・一％、非戦災者で四・三％、小用は戦災者で二六・〇％（男二一・〇％、女三〇・四％）、非戦災者で一九・六％（男二一・〇％、女一八・一％）であった。大便は戦災者で三・二％（男〇・五％、女五・五％）、非戦災者で〇・

九％（男一・八％、女〇％）。つまり、戦災者は警戒警報による影響を多分にうけ、自律神経不安定の症状を生じたと理解される。性格面ではヒステリー的性格者におおく、ついで分裂型者、そしててんかん型者にはすくない。

心因性盲は戦災者で一・一％、非戦災者で一・二％。心因性聾はそれぞれ〇・三％、〇・三％であるが、ヒステリー的性格者に顕著にみられる。脱力は戦災者で二・八％（男〇・八％、女四・九）、非戦災者で〇・三％（男〇％、女〇・六％）で、これもヒステリー的性格者に顕著であった。

幻聴は戦災者で一三・七％（男三・二％、女二四・五％）、非戦災者で九・九％（男五・七％、女一四・〇％）。錯聴は戦災者で三九・八％（男二五・九％、女五三・六％）、非戦災者で一四・一％（男二三・九％、女四・二％）。錯視は戦災者で六・三％（男二・四％、女一〇・二％）、非戦災者で四・三％（男四・一％、女四・四％）であった。いずれも戦災者女におおい。性格は幻聴にはあまり影響なく、錯聴、錯視は分裂型者、ヒステリー的性格者におおく、てんかん型者にすくない。

これらの変化の平均比率は、戦災者で一二・四％（男七・四％、女一七・三％）、非戦災者で六・六％（男七・〇％、女六・二％）。これらはもっとも顕著に戦災の影響をしめすものであるが、その比率差はちいさい。つまり、素質を有する少数の者だけが顕著な反応をしめしたということができ、それもおおくは女であり、ヒステリー的性格者である。心因性盲、心因性聾に戦災の影響がないことは、病的変質がもっとも高度なもの（ヒステリー的性格者が圧倒的）が戦災にあわないでも、空襲の体験だけで病的反応を呈しうることをしめすのだろう。なお、ここにみとめられる変化は、主として恐怖的感動にもとづく精神症状であり、また自律神経不安定の症状である。

五、**人生観・社会観の変化**　自己の生命への関心は戦災者で六五・七％（男六二・八％、女六八・五％）、非戦災者で五七・〇％（男五五・六％、女五八・三％）である。勤務先への関心は戦災者で八・六％（男一四・

五％、女二・七％）、非戦災者で九・四％（男一三・二％、女五・五％）。日本の運命への関心は戦災者で四二・九％（男三五・三％、女五〇・四％）、非戦災者で五六・二％（男五五・六％、女五六・七％）。戦災者の関心はまず自己に関するもので、勤務先、日本の運命にはすくない関心をしめす。ヒステリー的性格者、てんかん型者は自己の生命に関心がたかく、日本の運命には循環型者がもっとも関心がつよく、一般に分裂型者は関心がうすい。

戦闘意識旺盛は戦災者で三三・二％、非戦災者で二九・五％、敗戦感はそれぞれ二〇・二％（男一五・九％、女二四・五％）、一〇・五％（男一〇・七％、女一〇・二％）で、ここに性格の影響はみとめない。戦局悲観は戦災者で三七・八％、非戦災者で三一・八％、楽観はそれぞれ九・一％、一六・二％、中間は三五・六％、三五・四％。またてんかん型者がもっとも悲観的で、ヒステリー的性格者および循環型者がもっとも楽観的。

詔書をきいて意外に感じたのは戦災者で四〇・八％、非戦災者で三八・九％とほぼ同率であったが、当然と感じたのは戦災者で三三・五％、非戦災者で二二・七％と戦災者におおかった。呆然としたのはそれぞれ三三・四％、三五・五％で両者ほぼ同率であった。意外はてんかん型者にすくなく、当然はてんかん型者、ついで分裂型者におおく、呆然はヒステリー的性格者、ついで循環型者におおい。

戦災者は関心が自己に限局される傾向をしめし、男女ともに敗北感がつよく、戦局悲観にかたむいていた。詔書を当然と感じたのは戦災者におおくみとめられ、これらの変化は戦災という環境がおよぼした影響とかんがえられる。

Ⅲ　調査者によるまとめ（その二）――性格的分類などによる変化の傾向

まとめのなかから、性格的分類による記述をとりだしてみると、顕著なことは、ヒステリー的性格者が他に比して断然つよい反応をしめしている、つまり、空襲によってつよい影響をうけている点であって、これに反し残余群あるいは中間群はもっとも過不足のない中庸的な反応をしめしている。しかし、質的な特異性がよくみとめられるのは、このほかの三類型、すなわち循環・分裂・てんかんの三型である。これらは調査項目にしたがって、あるいは最高率の反応をしめし、あるいは最低率の反応をしめしつつ、よくこれら三型のあいだの性格的特異性をえがきだしているのである。

循環型者が他に比して目だった点は、待避中に敵機を見物し（三九%）、比較的感情過敏であり（二一%）、日本の運命につよい関心をしめし（五〇%）、戦局見通しは楽観的であり（一八%）、詔書をきいて呆然としている（四一%）。

分裂型者は無月経が他に比しておおい（八・四%）（循環型者では一・四%、てんかん型者では〇、ただしヒステリー的性格者では一〇%）。警報によって震え（一二%）、冷や汗（七%）、尿意促迫（一九%）などのつよい反応をしめし、感情過敏（二五%）、臆病（七%）、なきやすく（九・六%）、つよい疲労感をしめし（三五%）、錯聴ももっとも高率である（四七%）。自己および家族に対し、また勤務先、日本の運命に対する関心はもっともひくい（五一%、七%、四三%）。

てんかん型者は苦悶性の夢（一八%）、食思不振（一三%）、体重減少（二四%）においてたかい率をしめすが、無月経は〇であり、警報による動悸（五%）、尿意促迫はもっともひくく、錯聴もすくなく（二六%）、錯視は〇で、一般にかかる病的現象はすくない。行動面ではその緩慢（四一%）が目だち、仕事不能および仕事放棄は〇で、聴視覚過敏（七一%）であるが、感情過敏はすくなく（一三%）、臆病（〇）、易泣（〇）、易怒（一三%）、恐怖（〇）はともに最低値をしめしている。自己ならびに家族に対する関心はつよく（七一%）、敗戦感が比較的おおく（一六%）、戦局見通しは悲観的で（四二%）、詔書をきいて当然とおもっている。

ヒステリー的性格者はすべてに過敏で、空襲による影響がつよいのであるが、なかでも睡眠時間減少（五三%）、排尿回数増加（二〇%）ならびに減少（一〇%）、陰萎（五%）がおおく、それよりもなお、警報による震え（二三%）、動悸（二八%）、冷や汗（一三%）、便意をもよおす（一三%）、目がみえなくなる（八%）、きこえなくなる（一〇%）、手足の力がぬける（一〇%）、などは断然高率にみとめられる。行動では不安で落ち着きなく（二八%）、仕事を放棄し（五%）、なきやすく（一八%）、つねに恐怖性である（五%）。戦局見通しは楽観的であった（三〇%）。ヒステリー的性格者が他型に比し比較的すくない率あるいは同率をしめしたものは、待避敏速（四〇%）と易怒性（二三%）、つぎに日本の運命に対する関心（四五%）、戦闘意識旺盛（二八%）、戦局悲観（三三%）、詔書をきいての意外（二八%）および当然（二三%）である。すなわち、一般的にはなはだ敏感で、ことに警報の際の病的現象などはことに高率であるが、これに反し、社会に対する関心事は大半が低率をしめしているところに、その特異性がみとめられる。

残余群あるいは中間群は前述のように、過不足なく中庸をえた反応をしめし、ほとんどすべて平均値よりわずかに低率をしめし、かつ、大部分が循環、分裂、てんかんの各型がしめす数値の範囲内にはいるのである。その三型よりもわずかにたかい率をしめすものとしては、睡眠時間の減少（三六%）があり、月経不順（三・二%）、警報による動悸（一四%）、待避敏速（四九%）、戦局見通しの中間的態度（四六%）、詔書に対しての意外（四一%）があり、わずかに低率をしめすものとしては、体重減少（一三%）、性欲減退（一・四%）、警報による冷や汗（〇・四%）、聴視覚過敏（五〇%）、元気欠乏（五%）、疲労感高進（二一%）、戦闘意識旺盛（二三%）、敗戦感（八%）、戦局楽観（九%）があった。これらは高率も低率もどちらも僅差であった。ここにあらわれたことから察するに、本群はもっとも正常なものとみなすことができるとともに、鈍感な型とみなすこともできるのである。

つぎに性別をみれば、一般に女は男に比して敏感であるが、それは身体的変化ならびに行動面の変化においてはわずかに敏感であるにすぎない。これに反して、感受性変化ならびに病的現象においては著明な差をもって過敏をしめすにいたる。たとえば、感情過敏（女二五%対男一二%）、臆病（八・五%対三%）、なきやすい（七%対一%）、空襲に対する恐怖（一二%対四%）、警報による震え（一五%対五%）、動悸（二二%対五%）、尿意促迫（二七%対一四%）、目がみえなくなる（二%対〇・五%）、脱力（四%対二%）、幻聴（一八%対六%）、錯聴（五二％対二二％）、錯視（九％対三％）のごとくである。待避中に眠気をおぼえるもの（三二％対二三％）、自己ならびに家族への関心（八一％対五四％）、戦局楽観（二〇％対一二％）、詔書意外（四七％対三四％）も比較的おおく、ことに詔書に呆然としたものは高率（四八％対二七％）である。

これに反し、男に高率をしめすものとしては、性欲減退（男二・七％対女二・五％）、待避中観戦（三八％対二七％）、仕事放棄（一・一％対〇・六％）、戦闘意欲（二九％対二五％）、詔書に対し当然と反応するもの（二八％対一七％）であって、これらの結果は、男の理知的、積極的なのに対し、女は感情的で病的現象を生じやすく、比較的楽観的であることをしめすものである。

考察(一) 調査結果について

「回答結果」では、調査でえられた結果をほぼそのまま紹介した。ここで、「全体の数字」にあげた数字と「調査者によるまとめ」（その一）、（その二）にあげた数字とが、同傾向ではあるが、くいちがうことが気になる。「全体の数字」のほうは被調査者七三九名を分母としてえられた数字である。「調査者によるまとめ」では、戦災者・非戦災者の違い、また性格による違いを明確にするために、記載に不備のあるものをのぞいたと推定されるが、どういう基準でその基礎になる人達がえらばれたのか、またその実人数が何名であったか、あきらかでない。資料にかきこまれていた「てんかん型・ヒステリー的性格をのぞく戦災者一八六名、非戦災者一七四名」との記載が、「調査者によるまとめ」の対象者をさすとすると、この「まとめ」では全体の五四・五％ほどがえらばれたことになる。(1)

はじめにものべたように、空襲精神病という突出したものと、その基盤にある市民の空襲体験とを並行してしらべるという、慶應義塾大学医学部神経科教室の研究構想はまことにすぐれたものであった。しかも、空襲体験としての身心の変化を比率としてとらえようとしているだけでなく、性格類型による比率の違いもとらえようとしている。ここにつかわれた性格質問表は、今日の目からすると、あまりにおおざっぱにすぎるものではあるが、それでも性格類型による差までつかみとっている点には注目しておきたい。

ところで、調査結果をみると、調査者たちも指摘しているように、持続的な身心の変化が比較的低率であったことが目につく。とくに、体重減少がおこったのは全体の一五・七%にすぎなかったことにはおどろく。わたしは、立津政順の「戦争中の松沢病院入院患者の死亡率」（一九五八）[2]に、一九四五年の患者死亡率が四〇・九%であったことに衝撃をうけ、その後各地における戦争中死亡率をさぐってきた。立津によれば、一九四四年四月にある男病棟の患者の平均体重は四二・〇五kgであったが、四七年七月には五二・六kgに回復していた。わたしが同病院の北島治雄看護主任からききとったところでは[3]、べつの病棟で「〔昭和〕二〇年になるとむくみもなくなりました。やせる一方ですよ。男の平均体重が四一キロぐらいでしたでしょう。体温は三六度以下になり、脈も六〇あればいいほうでした」。

つまり、体重減少は一〇〇%の患者にみられ、成人男の平均体重が五二kgだったとしても、体重減少率は二三%に達する。

調査前半の個人属性調査のなかに負傷、死亡についての設問はあるが、調査者はそれをかぞえあげていない（おそらく、かぞえあげるだけの数値に達しなかったのだろう）。そして結果の全体には、空襲被害報告にただよう、やけこげた屍体の臭いはまったく感じられない。

慶應義塾普通部の所在地は芝区三田綱町（現芝区三田二丁目）、都立第十高等女学校の所在地は豊島区千早四丁目（現在もおなじ、現豊島高等学校）である。慶應義塾普通部の周辺は三分の一ほどが戦災にあっていたろうが、ここに通学していた生徒は東京の山の手にすむ人がおおかったろうし、その居住地の半分あまりが戦災にあっていただろう。しかし、下町のように絨緞爆弾で区のほとんどがやきつくされるようなことはなかったろう。都立第十高等女学校の所在地は豊島区の北端で、北に板橋区（現在の板橋区および練馬区）が接しており、この周辺はほとんど戦災にあっていない[4]。そこで、この調査結果にでているものは、比較的おだやかな空襲体験になっているのだろう。

もう一つの問題は、敗戦後一年という調査時点である。つらかった体験の回想に時間がどう影響するか、この点についてどういう研究がされているか、しらない。敗戦を機に抑圧されていたものが解放され、回想も解放感にいろどられるが、ある期間をへて比較的客観的な回想におちつくといった経過が想定される。とすれば、満一年という時期は回想にどう影響していただろうか。また、戦争中の気分、戦闘意識、戦局観などはさまざまな変化をたどっていただろう。それを一語で評価できるかどうか。

回答結果には、こりかたまった聖戦意識は感じられない。子供に中等教育をうけさせる家族は、中産以上の家庭であったし、知識階級に属する人がおおかったろう。国民一般よりは、戦争に対し冷静であったかもしれない。また、中産家庭であれば、配給外の食糧入手についてもいくらか途はあったろう（すくなくとも、精神病院入院患者とはちがっていた）。都立第十高等女学校周辺にはまだかなりの農地もあった。食糧事情は身心状態の変化だけでなく、戦局観にもかなり影響していたはずである。

考察(二)　後遺症はあったか

調査票の第三三問への回答には、各種変化が一か月以内にきえたのが四・五%、数か月つづいたのが四・五%、今もつづくのが五・二%とあり、約一〇%の人で各種変化がかなりながくつづいたことになる。その変化が何番のものであったか、精神面の変化か身体的変化か、はのこされていない。おそらく何人かは、今日「心的外傷後ストレス症候群（PTSD）」とよばれる状態であったろう。それが戦後の時の経過とともにどう変遷していったか。

　この問題に光を投げかけているのが、東京大空襲（主として三・一〇空襲）体験者についての野田正彰氏の調査[5]、および、沖縄戦を体験した沖縄県民についての當山冨士子氏[6]、蟻塚亮二氏[7]らの調査である。それらは、老年になって不眠、当時の体験の悪夢、魚をやく匂いによる屍体のこげた臭いのよみがえりなどの、いわば遠隔外傷後ストレス症候群というべきものをみいだしている。野田、蟻塚両氏には、その調査結果を本書にかいていただいた。

◉第2章注

(1)全体の性格分類で循環型二七七名、分裂型八三名、てんかん型三七名、ヒステリー的性格四〇名、その他二九九名（不明一名）であるのに対し、「てんかん型、ヒステリー的性格者をのぞく戦災者一八六名、非戦災者一七六名」とあるところから、てんかん型者、ヒステリー的性格者でも戦災者、非戦災者の割合がおなじとすれば、この数字になる。いずれにせよ、これにちかい比率で対象者がえらばれているのだろう。
(2)立津政順「戦争中の松沢病院入院患者の死亡率」精神神経学雑誌、第六〇巻第五号（一九五八）
(3)（岡田靖雄）「癒えざる者の声」『日本残酷物語・現代編1．引き裂かれた時代』平凡社・東京（一九六〇）。〔本書一九一―二一二ページ〕
(4)『コンサイス東京都三五区区分地図・戦災焼失区域表示』（復刻版、元版一九四六）。日地出版株式会社・東京（一九八五）
(5)野田正彰「（東京都大空襲）意見書」（裁判所提出）、野田正彰・京都市（二〇〇八）。
(6)沖縄戦トラウマ研究会（代表當山冨士子）『終戦からの六七年目にみる沖縄戦体験者の精神保健』沖縄戦トラウマ研究会・沖縄県浦添市（二〇一三）
(7)蟻塚亮二「沖縄戦によるストレス症候群（PTSD）」病院・地域精神医学、第五四巻第五号（二〇一一）

第3章 空襲の精神医学

野田正彰

「空襲の精神医学」、なんとおかしい言葉だろう。空襲とか、空爆とか、何気なく使っているが、ほとんどの場合、空襲される被害（人および物）の側を問題にしてきた。ところが空襲という言葉は、航空機によって地上目標を爆弾、焼夷弾、機関砲などで襲撃することを指す。能動的行為を意味する。にもかかわらず私たちは被害者について考察するばかりで、空襲をする兵士、空襲を作戦する軍人、その作戦を承認し推進する政治についての考察はほとんどしていない。

一九四五（昭和二〇）年三月一〇日未明、東京の住宅密集地が大型爆撃機B29によって焼きつくされ、一〇万を超える人びとが殺された。しかし私たちは、これほどの大量殺人を行った実行者、作戦指揮者、組織者、政治家、議会と議員について、精神医学的研究が必要であるとは考えてこなかった。行為者の分析はなぜか行われないのか。

東京大空襲について、わかっていることをまず整理しておこう。

東京大空襲は、ドイツ戦線から太平洋戦線に移動したアメリカ陸軍航空隊のカーティス・ルメイ少将によって、周到な計画、準備のもとで行われた。彼ら陸軍航空隊の隠された欲望は、日本降服の実績を陸軍や海軍でなく航空隊の空爆であげること、それによってルーズベルト大統領から空軍の独立を認めてもらうことだったといわれている。陸軍、海軍と対等な、新しいアメリカ空軍の大将、元帥になることだった。

アメリカ議会では、空爆は昼間に行う軍事施設へのピンポイント爆撃であると説明されていた。それはアメリカ大陸侵略以来続くアメリカ民主主義の欺瞞（原住民の虐殺、黒人奴隷制など）のひとつといえる。おそらく議員のほとんどは「そうではない」と思っていたのであろうが。真珠湾を卑怯な奇襲攻撃した日本に対しては、何をしてもかまわないという心情があったため、政府・軍隊の嘘は黙認される範囲の嘘とされたのであろう。アメリカやロシアなどは今日も、シリアへの空爆による多数の市民の虐殺を、ゼロとかやむをえない許容範囲の事態とか言ってすましている。だが空爆は初めから精密爆撃ではなかったことは、周知の事実である。空爆を初めて行ったイギリスはアフリカ、中東、インドなどの植民地で「航空警察活動」と称して、住居を焼き、家畜を殺し、生活手段を奪い、住民を殺傷することで反乱を鎮圧する手段としてきた。はじめから地域爆撃であり、無差別爆撃であり、しかも優越意識を持って行われてきた（田中利幸『空の戦争史』講談社現代新書、二〇〇八、参照）。

東京大空襲もまた、市民が死ぬことはあっても、それは戦争における許容範囲のこととして、アメリカ民主主義の殿堂である議会に、良心に、キリスト教の神に言い訳をしてすませたのである。一九四五年三月一〇日夜、ルメイらは、人口が密集し木造家屋が建てこむ東京都の墨田川と荒川ぞいの下町を広大な矩形に囲み、まったく防空能力を失っていた東京の空へ低空飛行し、まず縦と横の外縁にそって目視下に新型焼夷弾を確実に落としていった。

続いてこの広い矩形のなかへ、作戦方眼紙に書かれたとおり焼夷弾と石油を投げ込んでいった。焼夷弾は着弾すると黄燐と油脂が混って飛び散り、水をかけても消えず、燃え上がる。にもかかわらず日本政府・東京都はそれまで市民の東京からの脱出を許さず、学童のみ疎開させただけで、粗末な防空壕を掘らせ防火頭巾の着用を推奨していた。こうして広大な下町全体が人間を焼きつくす溶鉱炉となった。劫火は一〇〇〇度を超え、陶磁器さえも溶かし、電柱が突如発火するほどで、墨田川に飛び込んだ人びとの重なった群れの上を火焔が走っていった。黒焦げの死体は小山になって積み重なり、二時間ほどの煙を上げて燃え続け、ところによっては骨の形も残さない灰となった。東京周辺には黒い燃えがらが降り続けて止まなかった。

このような大量殺人の徹底した計画性、実行性は精神病理ではないのか。個人ではなく、集団になれば精神病理とされなくなるのか。また無数の犠牲者が出ることが予測されながら、東京疎開を許さず対策もとらなかった日本政府の職員の精神状態は精神病理学の研究対象になりえないのか。

『空襲通信』（第一六号、二〇一四年八月五日、空襲・戦災を記録する会全国連絡会議会報）に、「マリアナ基地でのカーチス・ルメイ——副官による日誌と評伝から見える人物像」が藤本文昭によって発表されている。副官によるルメイ（当時三八歳）のマリアナ基地での九カ月の日誌（四五年一月一八日から九月二二日）が載っている。

三月九日　作戦に関する打ち合せ。一七：三〇、東京に向う第三一四航空団のB29を見送り、一九：〇〇に本部に戻る。

三月十日　八：三〇、北飛行場に東京から戻ったB29を迎える。

三月十一日　東京大空襲後の東京の様子を撮影した写真が届く。航空機による空襲作戦史上最も大きな被害を与えるものであったことが明らかになった。一六：〇〇、本部でルメイとノースタッド（准将）は記者会見を行う。約三〇人の特派員が集った。二一：三〇、ルメイは全米向けのラジオ放送を行う。この放送で東京空襲の結果について米国民に報告した。一八：〇〇、東京空襲と同じような空襲を名古屋に向けて行うべく三〇〇機以上のB29が発進した。（中略）

三月二十二日　一一：〇〇から作戦会議室で東京、名古屋、大阪、神戸四都市への五回にわたる空襲の総

括会議が行われた。総括に先立ち、今回の作戦で功績のあった者に勲章が授与された。（中略）

なお藤本論文には、「不明だが、これらの会議の席上でルメイは五月二十五日の東京夜間空襲での味方の犠牲を憂い、次回狙う予定であった横浜を夜間攻撃から昼間攻撃へと変更させた。編隊を組んで高高度から目視による焼夷弾空襲を計画したことが、作戦任務報告書No.186の冒頭部分にも記されている」と付記されている。

八月七日　広島に原爆が投下されたとの報告入る。詳細はまだだが、市街地の破壊状況は大きく、人口の約半分が一発の爆弾で死滅したのではとの報告あり。（長崎への原爆投下に関する記述はない）。（中略）

九月一日　七：〇〇　ルメイはグアム島出発、日本時間一七：〇〇（グアム島時間一八：〇〇）に東京到着。

九月二日　グアム島時間一一：三〇、ラジオで降伏文書調印式の中継が放送される。

九月三日　一六：〇〇　ルメイが東京からグアム島参謀本部に帰還。約三時間かけて日本の沿岸を飛び、自分が指揮した焼夷弾空襲の結果を検分したという。この夜、ルメイやスパーツ（戦略航空軍司令官）らは徹夜でポーカーを楽しみ、翌朝六：〇〇に散会した。（後略）

副官Th.ベックマイヤーの上記の日誌、さらにW・コザックの評伝『ルメイ』（二〇〇九年）に書かれた後のルメイの手記や発言においても、民間人大殺戮に対してまったく自責感は見出し得ない、とされている。他方、ルメイは部下に対して厳しい反面、思いやりがあり、自分がもっとましな作戦を立てていたら、あの若者を死なせずにすんだのではないか、と思っていたという。つまり典型的なアメリカ軍人、理想のアメリカ男の像が書かれている。それはアメリカ人男女が共に求めた、正義のアメリカ像でもあった。

侵略戦争国家日本は悪であるが、悪との戦いで自らが行った大量殺戮に自責感をもたないのは正常なのか、病的なのか。もし病的だと前提すれば、ルメイらは「戦争依存症」に生きており、大空襲や原発投下は戦争終結を早めるためのむしろ人道的戦略であり、自国の若者の死傷を少なくしたという、今流行の精神科医の用語を使えば、認知の歪みがあるということになる。ルメイだけでなく、アメリカ大陸侵入以来、アメリカ人なるものは認知の歪みによって繰返し繰返し原住民を殺し、中南アメリカの人びとを殺してきたことになる。自責感を抱くか、否か、この一点で病的かどうか判断するという思考もあってもよいだろう。

それでは三月一〇日、何人が殺されたか。戦時下、遺体は調査されることなく、死体群として処理された。天皇が視察にくるので、見せないようにするために急いで処理されたとも言われている。殺された人の数は関東大震災なみに約一〇万人とされているが、何の根拠もない。一説には二〇万人、三〇万人とも言われている。こうして一家全員が消えると、誰が亡くなったのかさえわからなくなった。生き残った遺族の多くは、家族の遺体を見つけられなくなった。

なお戦後、佐藤栄作首相のとき、日本国は日本空襲と原爆投下を指揮したルメイに対し、勲一等旭日大綬章を叙勲した。日本自衛隊の再建、航空自衛隊の創設に尽くしたとして。アメリカ人は、自国民の大量殺害者に国家最高の名誉で表彰するこの卑屈な日本人の精神をどのように見ているのか。神秘の国なのか、異常なまでに打算の国なのか。叙勲にたずさわった人びと、日本政府は、戦前・戦中・戦後の今にいたるまで、軍人にしか関心がなく、市民の死には関心がないことをよく示している。空爆死の遺族はルメイ勲一等の叙勲を決して忘れていないが、日本人の多くは知らないでいる。

東京大空襲だけでなく、それ以外の多数の空爆加害者についての精神医学的研究もあってしかるべきである。ナチス・ドイツによる原子爆弾開発を恐れ、マンハッタン計画の中心の一人となったJ・R・オッペンハイマー（ロスアラモス研究所長、物理学者）は、原爆投下後、トルーマン大統領（牧師の子）に会ったとき、「私の手は血で汚れている」と言っている。これはきわめて稀な加害者の自覚、罪意識の自覚である。その後、オッペンハイマーは公職を剝奪され、身分保証が停止された。いわゆるオッペンハイマー事件である。

広島原爆投下のとき、天候観測機に乗り後続のB29に「あれが広島だ」と信号を送ったというイーザリー少佐は、罪業妄想をもち強盗犯罪による逮捕と精神病院入院を八回繰り返したと報道されているが、正確なことはわからない。アメリカ軍の空爆に先だって行われた、五年にわたる日本軍の重慶と周辺都市への執拗な爆撃、ベトナム戦争でのアメリカ軍の爆撃、今も続いているシリアへの爆撃。これらの加害者とそれを支持する国民について、精神医学的研究があっていいはずだ。しかし、空爆の精神医学は被害者について考察することさえほとんどできず、対照になっている加害者については皆無と言える。

空爆被害者の精神医学

東京都民の空爆被害者についての貴重な調査が、岡田靖雄によって掘り起こされている。「空襲時精神病――植松七九郎・塩入円祐の資料から」二〇一〇年六月、「塩入円祐・岩佐金次郎による空襲生活調査」二〇一四年三月、の二つである。前者は慶應大学神経科他において、一九四四年一一月から敗戦まで、空襲に直接関連して心因反応にいたった者一六人、間接的に精神病にいたった者一三人を数え出している。多数の死傷者を出した空襲だが、心因反応の数は少ない。ただしその数字にどれほどの意味があるのか、極めて限定されており、評価し難い。

後者の空襲生活調査は、敗戦後の四六年八月、アンケート調査によって東京都民（回収七三九名）について、心身の変化と類型的性格との関連を調べようとしたものである。その視点は興味深いが、被爆体験の理解が表層的であり、そのため意味のある考察になっていない。そこでは、たとえば「ヒステリー的性格者が他に比しつよい反応をしめす」といった凡庸な結論に終わっている。繰り返される空撃と食糧欠乏のもと、市民の精神状態は悪化していたはずだが、総合的に考察する視点を持っていない。

私は戦争から六十数年たってからであるが、「東京大空襲裁判」の弁護団・被爆者より、生き残った原告たちに東京大空襲体験がどのような影響を与えてきたのか、精神医学的考察を求められた（二〇〇七年六月）。そこで空襲とその直後の精神状態、その後の人生における影響、晩年に近づいた最近の精神状態について、一時間半から二時間かけて一三人（空襲孤児八人、家族を喪い傷害を負った人五人）の個別面談を行った。精神医学的鑑定書（A４判、八七頁）にまとめて東京地方裁判所に提出。二〇〇八年一二月一八日、同裁判所で三時間にわたる証言を行った。

鑑定書のまとめとして、年齢によって破局的体験の受けとめ方が大きく違っていること、戦後も続く社会的・医療的援助の欠如による負荷、孤児たちへの虐待、晩年に強化再現する精神的外傷体験の四点を書いて結びとしている。ここでは、晩年に強化される精神的外傷体験について、二人を紹介する。

戸田成正さん（当時一四歳）は、一九四五年四月一三日夜中、東京都荒川区新三河島の自宅で空襲警報が鳴って飛び起き、目の見えない母の手を引いて明治通りに出たとき、焼夷弾が至近距離に落下、火傷を負った。焼夷弾の油脂は母にも彼の顔にも付着した。火のついた油脂が跳ね返り、母の下半身、腰に巻いた貴重品袋に火がついた。飛び散った油脂はいったん着くと取れない。たちまち母の衣服に火が拡がった。焼夷弾が道路に当って跳ね返ることを知らなかったため、母を守れなかった。消防団の人が上着を脱いで母の火を叩き消してくれた。彼も火だるまになり、顔、腿、足首に大火傷を負った。二人が動けなくなっていたところ、助ける人がいて担架で母を東大病院まで運んでくれることになった。周りは真っ赤、ただ怖いだけであったが、彼も必死に母の担架に付いて歩いた。だが途中でついに失神して倒れてしまった。

三カ月ほど意識は朦朧としており、はっきりしたとき頭部が火傷で二倍にふくれ上がっていた。その間に母は亡くなっていた。彼の火傷は化膿して乾かなかった。薬もなく、医師の処置は荒っぽいものだった。へばりついた包帯をビリッとはがされ、その痛さはたまらなかった。顔は二倍にはれ上がり、包帯に巻かれて見えなかった。火傷は腿と足首が酷く、一番酷かったのは顔であった。後にケロイド状になって引きつれた所は、不十分だが皮膚移植を受けた。母の遺骨は預けておいた寺が爆撃を受け、骨も無くなっていた。

父の居所はわからず、板橋の養育院大山分室に入所させられた。ここは食物もなく、脱走して、上野で浮浪児になって乞食をした。

四七年、ようやく母ちがいの姉が受け入れてくれ、日立市で暮らせるようになり、鍛冶の仕事に八年間たずさわった。その後東京へもどり、桜田機械という会社に板金工として就職、六四歳の定年まで働いた。結婚して二人の娘が生まれ、家族の有難さを痛感してきた。

今も顔と腿にケロイドが残る。戦後一〇年ほど、工場のサイレンの音を聞くと、空襲の記憶が蘇り、怖かった。戦災体験は永い間考えないようにしてきたが、六四歳で仕事を辞めてから、再びよく思い出すようになった。とりわけ二〇〇七年二月一八日、妻が亡くなってから、空襲の夢や焼夷弾が飛び交う夢を見るようになった。夜中に飛び起きたこともある。空襲のときの臭いを思い出す。自分が焼けるじりじりという音も聞こえる。夜中にひとり布団に横になっていると浮かんでくる。

頭に浮かんでくるのは逃げまどう場面。どこに逃げればよかったのか、それによっては、母は死なずにすんだのに、と苦しくなる。「あんなにしてもらったのに、自分はお母さんを助けられなかった。お母さんは何も幸せな思いをせずに死んだ。何もしてあげられなかった。何をしてあげればよかったか。ただただ、「悪い」と思い続ける。振り返ると、空襲直後は食物探しに精一杯、母への自責感はなかった。ひたすら悲しかった。一緒に寝ていた母が急にいなくなり、寂しかった。母の死は受け止められなかった。

妻が死んで感情が湧いてこなくなった。妻にはいろいろ苦労をかけた。一所懸命支えてくれたいい妻だった。焼夷弾が飛び交う夢は、妻が亡くなって一カ月くらいしてから見るようになった。イライラする。本当はこうしないといけないのに、何もする気が起こらない。

戦争だったのでやむを得ないと思うこともあるが、軍閥がはびこり、それを抑える者がいなかったことのほうが腹立たしい。軍人への怒りがある。

以上が面接の要約である。戸田さんは被爆後数年、工場のサイレンの音を聞くと、空襲時の体験にもどるなど、ＰＴＳＤ（心的外傷後ストレス傷害）の症状があったものと考えられる。家族、家など寄辺にするもの総てを失った少年は、ほとんど知らなかった母ちがいの姉にやっと助けられる。孤児のときの酷い状況については、抑圧して多くを語らない。その後は鉄工の技術を身につけ、東京へ戻って同じ会社で勤勉に働き続けている。ひたむきに働き、生きることによって、外傷体験の想起は消失していった。失った家族も創りなおした。だが六四歳で仕事を辞めて以降、時間的余裕ができて、再び想起するようになった。妻と二人の生活が、母と二人の当時の生活を思い起こさせたのかもしれない。とりわけ妻が亡くなってから、空襲の場面をよく想起するようになっている。妻がいなくなって一人になった寂しさは、一緒に寝ていたやさしい母が突然いなくなったときの寂しさと同じ感情であったのだろう。そして晩年の想起では、母への自責感が激しくなっている。不眠で、軽い抑うつ状態にあった。

もう一人、東京大空襲を二一歳で体験した清岡美知子さんについて述べよう。彼女は上野忍岡女子商業学校を出て、一九四二年に東京都庁の経済局食糧課に就職し、和文タイプの仕事をしていた。米の配給を担当する部署であり、お国のために頑張らねばならないと仕事に励んでいた。

空襲はだんだん激しくなり、一九四五年になってから警報は毎晩のように鳴っていた。家の外にある防火用水に氷が張るためで、夜空襲があるとその氷を割っておかねばならないので、寝不足の毎日だった。空襲対策といっても、バケツリレーで消せる程度のものしか考えていなかった。「鬼畜米英、一億一心火の玉」だと言われており、空襲があっても逃げることは認められていなかった。

三月一〇日は、宵のうちから風速二〇メートルほどの風が吹いており、姉と寝ながら「今日、空襲があったら大変ね」と話していた。警報が鳴ったので、一度一階へ下りていったが、すぐ解除になった。二度目の警報が鳴ったときは、すでに夜空には光る大きなトンボ（B29、当時そう呼んでいた）がたくさんいた。焼夷弾がばらばらと落ちてきて、とても消せない。風が凄く、飛行機はどんどん来る。父が「逃げろ」と指示した。日頃、逃げるときには荷物を持つなと言われておらず、むしろリュックを避難袋にするように指導されていた。

布団を小脇に抱え、帯芯で作ったリュックに食料や衣類を入れて、家族が一塊になって墨田公園へ逃げた。まだ言問橋《ことといばし》は混雑していなかった。爆弾が凄まじいので、父の指示で言問橋の橋桁の下に逃げ込んだ。そこに荷物を降ろし、ひとまずほっとした。逃げてくる人がみんな荷物をしょってくるので、すぐ荷物に火が付き出した。

父がそれを見て、「川へ入れ」と言った。彼女は両親の手を引いて駆け下りた。川に桟橋があった。桟橋の上は人々が押しあいへしあいしており、落とされないよう命がけでしがみついていた。そのとき「自分が大事」という気持だったのだろう。後で思い出すと辛い気持になる。でもそのときは、足の下は川水、頭の上は勢いの強い炎が走っていた。炎から身を守るため、鉄兜で川から水を掬っては頭から被っていた。朝までそうしていた。煙と炎で眼は開けられなかった。

父はどこへ行ったのか、見渡したが、家族の行方はわからなかった。両親は手をつないでいたはずだった。

夜があけて、明るくなってきた。燃え尽きたのか、煙も少なくなった。コンクリートでできた言問橋は、朝になっても火のアーチになって燃えていた。橋の上の何千人もの人間が燃えていた。鉄兜で水を被り続けていたので、手が上がらなくなり、寒くってたまらず、ここにいても死ぬと思い、階段をふらふら上がっていった。寒い、寒いと思って歩いていると、燃えている火が見えたので、近づいてあたった。よく見ると、それは逃げ遅れた人の死骸が燃えていたのだった。少し暖まると、父、母、姉の三人はどうしたのか、心配になって探しに行った。いたるところに真黒焦げ、半焦げ、河からはい上がって死んでいる人が一杯だった。

川の階段のところに四、五人倒れていた。見ると母がいた。意識はなかった。びしょぬれだったので、さっきの火の所へ引っ張って行こうとしたが、濡れていて重い。困っていたら、男の人が火の所へ運んでくれた。母の心臓は動いていたので、「とにかく暖めなさい」と言って、彼は焼け残った木片を持ってきてくれた。焼け焦げた布団も持って来てくれた。

母を火の傍において、彼女は父と姉を探しに行った。倒れている人を順々に見て歩いたが、見つからなかった。母の所へ戻ると、意識を取り戻していた。そこへ憲兵がきて「浅草橋へ行け」と命じられ、母を支えながら、死体をよけながら浅草橋へ行った。その後、自宅の馬道一丁目へ行ったが、焼け跡に猫が死んでいただけだった。母は誰かがとび口で引き上げてくれたが、父は流れてきた樽につかまって、舫杭のところにいる姉の所へ行こうとして流されていった、それを見たと母が言った。その夜は、浅草寺のお坊さんの家に泊めてもらった。

三日目に、お堀端の東京会館へ移っていた都庁の職場へ行き、帰ると伯父が墨田公園で父と姉の遺体を見つけたという知らせが届いていた。仮埋葬された地面に認識票が並んでいた。借りてきたスコップで掘り出し、二人の髪の毛だけ切って埋め戻すしかなかった。埋め戻そうとすると、二人の顔に鼻血が流れたのを、彼女ははっきり覚えている。この夜、浅草寺のお坊さんの所で髪の毛を供えて通夜をした。一九四八年、遺体は掘り出して火葬された。一九五〇年、都の慰霊堂にあった骨壺を受け取った。氏名不詳の扱いになった人に比べれば、不幸中の幸いと思っている。

四日目、船橋の父のいとこの所へ避難することになった。言問橋を渡るとき、死んだ人のがま口の口金やベルトの留金が散乱し、人間の脂も橋の上にたくさん溜っていた。死骸や自転車・リヤカーの残骸が欄干に届くほど山積みになっていた。

それから母の郷里の長野県松本へ疎開し、近郊の島内村の役場で働き、戦後しばらくして都庁に戻り、一九四八年に退職した。被爆からしばらくは疲れ緊張しており、空襲を思い出すことはなかった。松本へ移って、空襲の夢をよく見るようになった。夢でうなされ、どうして二人を助けられなかったか、と思った。父と姉が助かっており再会する夢をみて、「死んでいなかった」と思ったこともある。ああ良かった。家に帰って格子を開けると、母しかいないという夢もあった。自分が逃げまどう夢は見なかった。

橋の下の黒焦げの人を思い出すこともある。テレビで火災の場面を見ると、隅田川で火のなかにいたことを思い出す。なぜか昔の記憶はない。空襲が始まる前の強い風の音を思い出すことはあるが、逃げる途中の阿鼻《あび》叫喚《きょうかん》の声の記憶はない。

臭いの記憶は強烈で、イワシを焼くような臭いだった。しばらく魚を焼いて食べられなかった。魚を焼く臭いがすると、空襲のことを想い起こし、気分が落ち込み、食欲がなくなる。そんなときは他のことをして気分を紛らせ、その臭いを忘れるようにしていた。

一九六三年四月四日の朝日新聞の「読者のひろば」に、彼女の投書が載った。「終戦の三月、下町の空襲で死んだ人たちのことが思い出されてなりません。戦災者遺族の会を作りたいと思っている方がおられましたら、連絡を」と呼びかけた。父や姉を助けられなかったという自責感は薄らぐことなく、老いて最後にしなければならないという思いが、さらに強くなった。彼女の投書に結ばれて東京都戦災受難者遺族会が創られた。彼女は父や姉だけでなく、大空襲で亡くなったすべての人びとに、生き残った者がしなければならない務めが残っていると思っている。それは、戦後社会がしなければならなかった務めを、大空襲を生き残った人びとが自責感という形で引き受けているかのようだ。

二人の「晩年になって再び想起される精神的外傷体験」について、述べた。この精神現象は長期間極限の暴力を受けた人びとにも見られる。私は二〇〇七年から〇八年、中国海南島、および山西省孟県における日本軍性暴力被害者を診察し、晩年になっての侵入性想起の悪化に印象づけられた。

二〇〇九年三月二六日、中国海南島における戦時性暴力被害の訴えに対し、東京高等裁判所判決が出た。これまでの戦後補償裁判の最高裁判所判決と同じく、一九七二年の日中共同声明によって請求権が放棄されているとして、控訴棄却となった。ただし私が提出した六人の精神鑑定書はすべて認められ、五人の老いた女性はいずれも「破局的体験後の持続的人格変化」に苦しんでおり、他の一人の女性は今なお精神的外傷後ストレス障害に罹患していると判断した。そして「軍の力により威圧しあるいは脅迫して自己の性欲を満足させるために凌辱の限りを尽した軍人らの本件加害行為は、極めて卑劣な行為であって、厳しい非難を受けるべきである」、「刑法又は陸軍刑法及び海軍刑法所定の強姦罪等により処断される重大な犯罪行為であったというべきである。

このような本件加害行為により本件被害女性らが受けた被害は誠に深刻であって、これが既に癒されたとか、償われたとかいうことができないことは本件の経緯から明らかである」と判決文に書いている（拙著『虜囚の記憶』みすず書房、二〇〇九年六月）。

東京大空襲の被害者の極限体験は、海南島や山西省の性奴隷のように長期間の暴力に曝されたわけではない。海南島・山西省の性奴隷のＰＴＳＤ症状は生涯持続しており、ただ晩年において強くなっている。当り前のことだが、極限体験の強度と持続時間に、その後の症状は相関している。

アウシュヴィッツからの生還者についても、同じ精神現象が見られる。ユダヤ系イタリア人の作家、プリーモ・レーヴィが、六八歳になって自殺したのも、晩年に強化される精神的外傷体験の想起であった。彼は、「母は癌を病んで苦しんでおり、その姿を見ていると、アウシュヴィッツで板寝台に横たわっていた人びとの顔が重なってしまう。もう、どう生きていけばよいのか、わからない。こういう生にはこれ以上耐えられない」と友人に電話した後、自殺したといわれている。

このように戦争空襲を生き残った人びとの何十人か、何百人かは自殺していったであろう。沈黙のうちに苦しんでいる人は多いであろう。うつ病として誤診され、誰にも理解されないという思いを抱いて耐えているかもしれない。戦争孤児は生きのびた手段、売春やヤクザの手先だったことを抑圧し、沈黙している。

私は二〇一六年一二月、中国重慶爆撃の被害者の精神鑑定を行った。二〇一八年七月には、四川省成都と楽山の爆撃被害者の診察も行った。日本陸・海軍は一九三八年一二月から五年間にわたって、重慶および四川省・雲南省・貴州省の各都市の爆撃を繰り返した。これが、アメリカ陸軍による日本都市爆撃の正当化の理由になっている。小編隊による重点爆撃、絨毯爆撃、奇襲爆撃、終わったと見せかけて引き返してくる欺騙爆撃、夜間不定刻爆撃、眠らさない働かさないための疲労爆撃など、幼稚な知恵をふりしぼって爆撃を続けた。日本軍航空機が太平洋戦線に移動することによって、やっと重慶の市民は空からの恐怖をまぬがれたのであった。重慶では被爆生存者一七人を診察し、一〇人に重い抑うつ状態、あるいはPTSDの持続を認めた。彼らのなかにも、未来が縮小し、切り開く気力が衰えたとき、昔の耐えがたかった体験の想起が激しくなっていく精神現象があった。

本論考では述べる余裕がないが、東京大空襲では多数が孤児になった。政府は本土決戦にそなえて、四四年六月三〇日、「学童疎開促進要項」を閣議決定した。今の中学生に当る生徒は学徒動員され、すでに工場で働かされていた。その下の国民学校三年生から六年生の学童について、「学童疎開は防空の足手まといをなくし防空を強化する。次代の戦力を培養することを目的とする」として——つまり子どもの生命を守るではなく——、学校単位で強制疎開させた。東京・横浜・川崎・横須賀・名古屋・大阪・神戸・尼崎・門司・小倉・八幡・若松の一二地区が第一次となり、四五年四月より広島・呉・舞鶴・京都が追加され、さらに一年生からすべての学童が疎開された。その数、一〇三万人ともされる。

三月一〇日の東京大空襲によって親が殺され、家が焼かれ、疎開していた小学生が子どもたちが孤児となった。どれだけの子どもが孤児となったか、不明である。一九四八年二月一日、GHQの指示で厚生省が行った全国一斉調査では、一二万三五一一人となっている。ただし浮浪児は調査できず、住所不明のため除外。養子に出された子ども（親がいるとして）、沖縄の孤児、「満州」（中国東北地方）などに置き去りにされた孤児も実数に入っていない。

これら孤児の多くが浮浪児となり、多くが死んでいった。東京都職員は、孤児を助けるどころか、「浮浪児狩り」といわれる作業を行い、軽トラックに積んで山のなかに捨てに行った。あるいは、東京板橋にあった「養育院」に収容された。金網で囲われた施設内で裸にされ、ホースで水をかけられ、逃亡を防ぐためにボロ衣さえ奪われた。食物はほとんど与えられず、通路に子どもの死体が転がっていたという。自分もあんな姿になると知った子どもたちは、張り巡らされた金網を破って、なんとか逃げ出そうとした（二〇一七年七月に刊行された星野光世『もしも魔法が使えたら――戦争孤児11人の記憶』。私も解説を書いている）。

本論は「空襲の精神医学」を加害者と被害者、その実行と後遺症にわけ、俯瞰したものである。俯瞰すると同時に、被爆者個人の実存を伝えたかった。

（二〇一七年一〇月、のち一部分補記）

第4章

沖縄戦による晩発性のＰＴＳＤ

蟻塚亮二

はじめに

二〇一〇（平成二二）年一二月のことであった。沖縄県那覇市の病院で高齢者の「奇妙な不眠」に立て続けに出会った。あえて「奇妙な不眠」と思ったのは、うつ病型の中途覚醒を呈しながら必ずしもうつ病のサインが認められなかったからだ。この「奇妙な不眠」は、そのころ同時並行で読んでいたアウシュヴィッツからの生還者の精神症状に関する論文の記載と酷似していた[1]。

そこで「奇妙な不眠」の患者さんに、「沖縄戦のときにはどこにおられましたか」と聞いた。すると、彼らが子どものころに戦場を逃げ歩いた体験者であり、彼らには「奇妙な不眠」のみならず、幼いころに体験した戦時記憶の増大や、不安発作やパニック発作、解離性もうろうなどの症状が認められた。かくして「奇妙な不眠」が、沖縄戦のトラウマの後遺症であり、なかんずく晩年に発症した心的外傷後ストレス障害（ＰＴＳＤ）のサインだと知った。

しかし私はそのときまで、ＰＴＳＤについてもトラウマについてもよく知らなかった。また六五年前の戦時記憶が原因となって、過覚醒型不眠と記憶の再想起を呈していることは間違いないが、かくも長い潜伏期間をへてＰＴＳＤが晩年に現れるなどと聞いたことがない。これを報告すると、私は詐欺師や嘘つきだと言われはしないかと恐れた。

その後国内での幾つかの集まりに「沖縄戦による晩発性ＰＴＳＤ」（late-onset PTSD）として報告し、拙著[2]や雑誌[3]等に書いた。メディアでの反響は大きかったが、医学界からの反応はほとんどなかった。

先の大戦と敗戦後の混乱の中では、兵士も「銃後の民」も「満州」や外地からの引き揚げ者も巨大なトラウマを負ったに違いなく、その心理的影響は多方面に及んだはずである。しかし、そうした戦争にまつわるトラウマ体験やＰＴＳＤについて、日本の精神医学ではあまり取り上げられなかった。

しかし最近の米国復員軍人局のホームページでは、五〇年前のベトナム戦争に従軍した兵士が老年期になって発症するＰＴＳＤ症状を晩発性ストレス症候群（Late-Onset Stress Symptomatology）と呼んで警告している[4]。戦時体験から何十年もの潜伏期間をおいて晩年に発症した沖縄戦高齢者と同様の症状が、ベトナム帰還兵に発生している可能性がある。

この稿では、こうした動向とあわせて沖縄戦による晩発性ＰＴＳＤの事例を紹介し、それらについて考察したい。

沖縄戦によるストレス・トラウマ反応

最初に「奇妙な不眠」つまり過覚醒不眠を手掛かりに、次のような簡単な診断指標を作り、これまで同病院心療内科に通院中の方たちの症状と診断とを再吟味した。その結果、戦争後遺症とみられる症状の方が続々と見つかった。多いときは一週間に四～五名にも上った。彼らはそれまで不眠や不安を呈して通院されていたが、戦争トラウマとの関連については歴代のどの医師からも問われることはなかった。

〈沖縄戦トラウマについての簡単な診断指標〉

1　七〇～七五歳以上の者
2　戦時体験があり、晩年に戦時記憶の増大や、回避、不眠などの症状を呈する
3　過覚醒型の不眠を呈する
4　それらの症状は近親死や仕事からの引退によりしばしば誘発・増悪される
5　発作性不安、解離性もうろうなど外傷性精神障害に特徴的なサインを伴う
6　気難しさ、不機嫌、孤独などの人格傾向を見ることがある
7　ときに身体化障害、うつ病なども併発する

そのうちに沖縄戦トラウマに関連する多くの事例が見つかったので、それらの事例を次のように「沖縄戦の精神的被害のサブタイプ」としてまとめた。

〈沖縄戦の精神的被害のサブタイプ〉

1　晩発性PTSD
2　命日反応型うつ状態
3　匂いの記憶のフラッシュバック
4　パニック発作と中年からの心気的愁訴
5　身体表現性障害（身体化障害）
6　戦争記憶の世代間伝達
7　破局体験後の持続的人格変化および精神病エピソード
8　認知症に現れる戦争記憶
9　非精神病性幻聴、色覚異常、幻視、幽霊（再体験記憶）

晩年になって発症したPTSDを「沖縄戦による晩発性PTSD」と名付けた。「晩発性」とは、「青壮年期には何事もなく、晩年になって発症する」という意味である。

ところでPTSDや、ストレス・トラウマ反応の診断のポイントは、経験的には過覚醒不眠の評価である。つまり極度の入眠困難、あるいは毎日の不眠のパターンがひどく不規則であること、頻回な中途覚醒などを聞き出すことによってトラウマ反応であるか否かの見当がつく。

不眠のパターンの不規則さとは、「月曜は一睡もせず」「火曜は朝の四時から二〜三時間眠った」「水曜の夜は頻回に中途覚醒」「木曜は一睡もせず」という具合に毎晩の不眠のパターンが不規則なことである。

頻回の中途覚醒とは、たとえば「二時、三時、五時」に覚醒するような睡眠である。これらの特徴的な不眠を診たならトラウマ反応を疑うべきである。そしてトラウマとなりうる生活歴や家族歴を聞いていく。

事例の紹介

（以下に事例を紹介するが、「戦争記憶の世代間伝達」は晩発性のＰＴＳＤとは別の範疇の問題なので、今回は省略した。）

《晩発性ＰＴＳＤ》

（Ａ―１）七六歳・男性。若いころは同業者に先駆けて北海道から沖縄に牛を導入し酪農を拡大し、農業委員も務めた。仕事を息子に譲り気になっていた母や妹の入る立派な墓を作った。その後から、入眠困難と夜間の頻回な覚醒、運転中にどこにいるかわからなくなるという解離性せん妄、沖縄戦のときに亡くなった妹のうなり苦しむ場面や、日本兵による住民の斬殺の場面などのフラッシュバックなどが出現してきた。

子供のころの戦時トラウマ記憶が、壮年期には現れず、仕事を息子に譲り立派なお墓を作って一安心した後に、晩発性ＰＴＳＤとして発症した。

（Ａ―２）七六歳・男性。最近、耳鳴り、不眠、それを紛らわすための大量飲酒、酔ったあげく「死にたい」との激越感情を呈するようになった。妻の話では、親戚との土地相続をめぐるトラブルを契機に精神不安定になったという。戦時記憶についてお話を伺うと、彼は七歳のときに沖縄戦の猛烈な艦砲射撃から身を守るため、家族とともに壕のなかに隠れていた。しかし壕のなかにいて目の前で家族五人を亡くしたという。

その後彼は長じて不動産屋としてそれなりに成功し、妻子とともに安定した生活を送っていた。毎朝、仏壇を拝むときに体が戦慄するという。アメリカとかクリスマスといった米軍や米国を連想させる言葉を聞くと体がざわざわするという。

この事例は、七歳の時に壕に隠れていて米軍の攻撃で家族五人が亡くなったというトラウマ的な記憶が、晩年に土地相続という近親者とのトラブルによって引き出され、晩発性ＰＴＳＤとして発症したものと考えられる。

（A―3）七一歳・男性。サトウキビ農家を経営して、それまでまったく健康に働いていて那覇マラソンにも出たことがある。ところが六〇歳の頃から中途覚醒型の不眠と、「心臓が悪くなるのではないかという不安」が出現するようになった。気分が落ち込むことはない。

そこで「戦争のとき、どこにいました？」と聞いてみた。すると彼は五歳のときにお母さんに背負われて逃げたが、お母さんが機関銃で殺されて、死んだ母親の背中にくくられて一晩泥水のなかで泣いていた。そして戦争孤児として収容されたのちにおばさんが見つけてくれたという。そして、戦争当時の場面だけが切り取ったように思い出されてくるという。冗談めかして「こんなに記憶が良ければ大学教授もできる」という。

この方の場合は、戦時の悲惨な体験と孤児となったトラウマ記憶によって、その直接の契機は不明だが晩発性ＰＴＳＤとして発症したものと思われる。

《晩発性ＰＴＳＤ》《身体化障害》

（A―4）七八歳・女性。「本土」で働いていた息子の訃報を受け取った途端、不眠と抑うつ状態となり、足に力が入らず車いすの生活に入った。夜にはかつて戦場を逃げたときの死体の匂いがする。夜中に人が現れ

「自分の足を触る」。幻聴さえ聴こえた。それから八年後に筆者の外来に受診し、戦争トラウマによる後遺症と診断して一年後に軽快した。同時に足の力が回復して歩けるようになった。

家族とともに死体の転がる道路を北部に向けて逃げた時のトラウマ記憶が先行して、晩年に息子の訃報を受けた時に、晩発性PTSDとして発症したものと考えられる。足に力が入らないという症状もトラウマによる身体化障害だったと思われる。それも回復して八年の車いす生活を卒業した。

《命日反応型うつ状態》

（B―1）七〇代・女性。戦争孤児となり、「私は誰？」というテレビドキュメントにも登場した方である。その後結婚し娘をもうけた。時々、病院の待合室のソファで娘や孫たちとにぎやかにして待っているのを見かける。その彼女から、「毎年沖縄戦の慰霊祭の六月二三日が近付いてくると、不眠とウツが一か月くらい続く」と訴えられた。

戦時あるいは孤児としてのつらい記憶が、毎年の戦争慰霊祭のころになるとよみがえる命日反応（anniversary reaction）である。命日反応とは、親しかった故人の命日を迎えたときに、その人の思い出や、別れに伴う悲哀感情を想起して、悲哀・抑うつ体験に襲われることである。記念日反応と訳してもいい。

《匂いの記憶のフラッシュバック》《晩発性ＰＴＳＤ》

（C―1）七五歳・男性。一〇歳のころフィリピンで、敗走する日本軍と一緒に銃弾の下を逃げた。その後沖縄に帰って結婚して生活は安定していた。晩年になってから、毎年お盆のころに一カ月間、夜に死体の匂いと強烈な不眠を呈した。あちこちの耳鼻科に受診したが原因がわからなかった。同時に彼は、日の丸や自衛隊を見ると、激しい生理的身体的な戦慄や、嫌悪感をおぼえた。私の外来に受診して、幼いころに戦場を家族とともに逃げたときのトラウマ体験が原因だとわかった。

足が柔らかい死体にめり込み、その足を持ち上げると腐敗した肉がべっとりとくっついてくる感覚を、彼は語ってくれた。その後の治療によって、この匂いの記憶から解放されたと思っていた矢先、亡くなった兄の法事に出ることがあった。法事で親戚から、戦時体験のことをいっぱい聞かされて帰宅した。彼はたちまちその夜から、死体の匂いのフラッシュバックと不眠と、抑うつと不安に襲われた。つまり、彼のトラウマ反応は近親死や戦争の話によって再浮上するのだった。

この方は、フィリピンでの戦争トラウマがもとになって、七〇歳のころから匂いの記憶がフラッシュバックしてきた晩発性ＰＴＳＤである。それは近親死などによって容易に再発する。

《パニック発作と三〇歳代からの心気的愁訴》

（Ｄ―１）七〇歳代・女性。不眠を訴えて診察に来られた彼女は、実は三〇歳代のころから動悸、不安などのパニック発作に苦しんでおられた。少しストレスがかかると、すぐ動悸や不安などを訴えるので、「弱虫母さん」と子どもたちから呼ばれていた。晩年になってトラウマ後に見られる、過覚醒型不眠を呈して受診されたので、「戦争のときにはどこにおられましたか」と聞いた。家族とともに摩文仁の丘を逃げたという。

この方は、戦時記憶がトラウマとなり、三〇歳代のころから不安・パニック発作などのトラウマ反応を呈した。そして晩年に過覚醒不眠を呈した。このようにトラウマ反応の発症年齢が三〇歳代と、早いケースもある。

《身体化障害》《中年の危機に発症》

（E―1）八一歳・女性。彼女は父母と妹と生活していたが、艦砲射撃が激しくなり、死体が散乱する道を親戚のいる南部半島の集落に向かった。そこで壕に入れてもらったが、ある朝、五人の日本兵が壕に飛び込んできた。曹長が大声で、「今日からこの壕は軍が使用することになった。お前たちは今すぐ出ていけ」といった。父は土下座をして額を土につけ、「どうか夕方まで片隅においてください」と頼んだ。彼女も一緒に土下座をし、頭を土につけた。すると「恐れ多くも天皇陛下の命に背くのか。この非国民め、叩き斬ってやろうか」と曹長はガチャガチャと刀を鳴らした。結局、彼女たち一家は壕を出た。今も彼女の耳には、曹長の「非国民め」との声がこびりついて離れない。

後年、優秀な教員となり「復帰運動」や平和運動に参加した彼女は、五五歳にして原因不明の足の裏の灼熱痛に襲われた。足の裏がカーッと熱くなり、その灼熱感が身体の上に上がってくる。沖縄や東京に医者を訪ね回ったが原因不明だった。さらに中国の針麻酔まで試したが、その灼熱感は消えなかった。

彼女は、当時の皇民化教育のなかで学校を代表して校旗を持つほど優秀な少女だった。「我こそは天皇の赤子たらん」という思いの軍国少女であったが、いきなり「非国民め」と言われ、信じられない屈辱感を味わったものと思われる。彼女自身は「死体を踏んだ罰が当たったから、足が痛くなった」と考えていた。

近隣の心療内科から不眠とうつ病として紹介されたが、トラウマ反応特有の過覚醒不眠を認めたので、他の身体愁訴と合わせて戦争トラウマによる身体化障害と診断した。治療開始して一〇カ月くらいで症状は改善し、やがて杖がなくても歩けるようになった。

この方は、戦争トラウマが五五歳という「中年の危機（midlife crisis）」といわれる年齢で、身体化障害として発症したものと思われる。当時父が亡くなるなどの家庭的な不幸や、職場でのストレスも重なった。

この年代で発症した戦争後遺症は別の事例でも認められた。

《中年の危機に発症》

（E―2）七九歳・女性。一九四四年、台湾の高雄で戦火を避けていた。しかしそこで姉が亡くなり、母が亡くなり、妹と弟が亡くなった。こうして二年間の間に家族四人を亡くすという苦痛を体験した。沖縄に戻り、大学を出て教員となった。五〇歳ころ学童を引率して宿泊訓練をしていたとき、子どものころに米軍機に機銃掃射されたときの機銃音がフラッシュバックしてきた。同時にそのころより眠れなくなり、発作性に動悸するようになった。

この方は、子どものころの戦時記憶がトラウマとなり、五〇歳ころより過覚醒不眠と、不安パニック発作が続くようになった。これも「中年の危機」という人生時間に発症したトラウマ反応である。

《破局体験後の持続的人格変化および精神病エピソード》

（F―1）七〇歳代・女性。肺炎で入院したが、「急に興奮したり怒ったりする、不眠、独語、幻聴、家族を叩く、無断で病院から出ていく」などの行動があり、内科医からの依頼によって診察した。やや粗雑な感情反応を示すが、決して感情が鈍麻しているわけではない。沖縄戦で親を失い、小学三年のときから弟妹たちを育てるために自分の面倒はそっちのけで頑張って生きてきた。しかし言動が男のように荒っぽいので、周囲はそのような彼女に距離をおいて接してきた。

一〇年前に、息子が死んでから夢を見て眠れなくなり、外出できなくなった。自室にいて、頭のなかにさまざまな嫌な考えがフラッシュバックして入ってくるようになり、手が震えて動悸して泣いて、死んだほう

がましだと思う毎日が続いた。そしてたまたま肺炎で入院した
入院後に、それまで経験しなかった幻聴が出現し、不眠、独り言の世界に没入するようになり、周囲が敵に見えたので他人と娘たちに暴力をふるって、無断で病院を脱走した。娘たちから話を伺うと、沖縄戦のときには、死体の上を超えて逃げたという。壕のなかに隠れていたところ、米兵から「デテコイ、デテコイ」との呼びかけを受けて捕虜になった。彼女の親や親戚の大人たちはみな死んで、彼女とその兄弟だけが生き残った。

彼女が男のように荒っぽい言動を示したのは、戦争トラウマによる人格変化によるものと思われる。そして、晩年に息子の死という近親死に衝撃を受けて、戦場体験がフラッシュバックしてきて自宅で泣いて暮らすようになった。さらに入院という環境変化とふだん経験しない刺激のなかで、幻聴や不眠、被害妄想を呈して精神病的な言動を呈した。

内服治療によって、彼女の精神病エピソードは速やかに消失した。彼女が暴力をふるってまでして病院からの脱走を図ったのは、病院という環境のなかで、戦場体験がフラッシュバックして、「必死で『病院という修羅場』から逃げようとした」のかもしれない。

《認知症に現れる戦争記憶》

（G－1）九八歳の女性が、背中におもちゃの赤ん坊を背負って外来に来られた。娘の話では、三カ月になる「背中の赤ん坊」にミルクをあげなければいけない、と言い張って老人施設から脱走しようとするのだという。話を聞くと、五人いた子どものうち、今日ついてきた娘以外の四人を戦場で亡くしたという。若いときは家族のために頑張って生活してきたが、九八歳になり、認知症で老人施設に入ってからこのような奇異な言動

を呈した。

認知症というのは、過去の記憶の脱落が主たる内容の疾患である。しかし、戦争トラウマのように痛みを伴った記憶は、むしろ突出し、先鋭化してくる。だから、痛みを伴う記憶に限っては認知症になることによって「記憶は良くなる」のである。

この女性は、認知症になることによって、それまで潜在させていた戦時記憶がむしろ表面化したものと思われる。背中の、おもちゃの赤ん坊は沖縄戦で亡くした子ども（たち）かもしれない。

毎年六月二三日に摩文仁の慰霊祭に通っていた沖縄戦体験者が、あるときからぷっつりと行かなくなったという話を聞いた。おそらく高齢化によって、トラウマ記憶が突出してきて、つらくて行けなくなったのだろう。本人は何も言わないが、高齢化してから肉を食べなくなった、眠れなくなった、花火の音を異様に怖がるようになったなどという行動変化の背後に、過去のトラウマ記憶の亢進が潜んでいる可能性がある。

沖縄戦によるPTSDの発症の時期などについての考察

以上の事例にみられるように、戦争トラウマの記憶は人生時間全体を貫いて持続する。そして老年期や「中年の危機」等の折節に表面化する。また典型的なPTSDの症状として現れる場合もあれば、パニック障害や身体化障害として現れる場合もある。

沖縄戦のトラウマ記憶が六〇年以上も過ぎてから表面化してきた理由を、私は次のように考えている。ひとつは、戦争によるトラウマ記憶は通常の生活の枠内の刺激によっては再想起されにくいことである。戦時に日本兵が住民を斬殺した場面を見たという人はおられるが、その後の実生活体験のなかで、その場面の記憶を呼び起こすに足るだけの深刻な感情体験に直面することはほぼありえない。

もちろん、沖縄戦を体験した高齢者は、東日本大震災の被災地のテレビ映像を見ないとか、交通事故の画像を見ない、夏祭りの花火を避けるなどの回避行動を不断にとってトラウマ記憶の再想起を防いでおられる、と言うこともある。

二つ目には、幼いころのトラウマ記憶が、成人以後の実生活体験によって隠蔽されることである。彼らは、生きていくための目前の計画や実行に没頭するので、非日常的な戦時記憶は思考の隅に追いやられて声を上げない。一時的に戦時記憶は実社会体験の前で、「寝たふり」をする。

しかし、そのトラウマ記憶は消えたわけではないので、晩年に定年退職とか、息子に家業を譲るなどして、トラウマ記憶を隠ぺいしていた実生活への関心が縮小すると、近親死などの激しい衝撃や体験によって、容易に表面化してくるのである。

三つ目には、老いるということが、過去の痛み体験に再度直面する過程であることである。老いるということは、若いときの体力や気力、社会的な地位や役割、家庭内での役割、経済力、ときには友人や肉親を失うという、喪失のプロセスを受け入れることである。この「老いという喪失のプロセス」を受け入れるにあたって、人はそれまでの来し方を振り返り、改めて自分のいまを確認し、これからの老年期の心の在り方を再構成する。このときに、過去の人生時間のなかにある痛み記憶と、再度直面することになる。

米国の復員軍人局（Veteran's Ministry）のＰＴＳＤセンター（National Center for PTSD）のホームページの「高齢の復員軍人と、心的外傷後ストレス症状」（Aging Veterans and Posttraumatic Stress Symptoms）には、「戦時の記憶が、戦闘に従事した後からずっと長く、心をとらえていることがあります」「老いるとともに、過去の軍隊経験がいろんな形であなたの人生に影響を与える可能性があります」とある。そして「戦時体験から五〇年以上たっても、多くの高齢の退役軍人にＰＴＳＤ症状が見られます」として、悪夢、その場面にいるかのような体験、戦時記憶を思い出させる出来事の回避、びっくりしやすいこと、活動することへの意欲低下などの症状をあげている(4)。

同センターは、このようなPTSD症状が高齢化に伴って増強することの理由として、次のような項目をあげているが、筆者が上記に挙げた老年期の発症の理由と重なる部分が多い。

1　引退によって、そのことを考える時間が増えるし、そのことから気をそらすものが少なくなるので、仕事からの引退は症状を悪くする。
2　病気をしたり、昔よりも衰えたという感覚は症状を増やす。
3　テレビで不快なニュースをみたり、いま起きている戦争の情景をみると、不快な記憶が戻る可能性がある。
4　アルコールや薬物を用いて過去にストレスを減らそうとした人は、別の対処法を用いるのでなければ、晩年に酒をやめたりすることでPTSDは悪化する。

また、PTSDはトラウマ的な出来事の直後に発症するが、必ずしもそうとは限らないとして、PTSDの次のような発症と経過のパターンをあげている。

1　戦場から帰還してすぐに発症し、老年期まで症状が持続する場合がある。
2　晩年になってPTSDを発症する復員軍人たちがいる。
3　なかには戦時体験直後に症状がピークに達し、数年かけて症状が消褪し、晩年に再び悪化する場合もある。

この1のパターンは、ベトナム帰還兵に当初発見されたPTSDであろう。

筆者の報告した沖縄戦によるPTSDの事例について、同様に発症と経過のパターンをあげると次のようになる。

1　三〇歳代で不安発作やパニック障害を引き起こし、晩年に過覚醒不眠を発症。
2　五〇歳ころの「中年の危機」の時期に、PTSDや過覚醒不眠を発症。
3　老年期になって過覚醒不眠とともにPTSDが発症。

高齢になって発症する場合が多いのは米国復員軍人と共通するが、そのほかは微妙に異なる。しかし沖縄でも、精神病院に長期入院歴のある患者さんで、もしかしたら1の「若年に発症し、老年期まで症状を引っ張る」事例や、3の「戦時体験直後に症状がピークに達し、数年かけて症状が消褪し、晩年に再び悪化する」という事例も存在するかもしれない。今後の調査を要する課題である。

ところで米国のPTSDセンターは、老年期に戦時記憶について多く考えて感情的になる傾向を、晩発性ストレス症候群（LOSS：Late-Onset Stress Symptomatology）と呼んでいる。

米国のCookは、「高齢者においては、感覚機能や運動能力の低下、身体的な衰え、収入や金銭的な不如意、友人や社会的なつながりの喪失、孤立、住まいの変更、多量の薬、あちこちの病気、不健康、退職、（女性の場合）未亡人になること、認知機能の低下やセルフケアがおろそかになることなどがストレス要因となる」というう[5]。

残念ながら、筆者はCookが指摘したような高齢者の心理的・身体的・社会経済的な困難との関わりで、沖縄の高齢者を考察することはできなかった。今後の課題としたい。

さらにCookは、古い戦争トラウマが老年期に影響することが第二次大戦兵士と朝鮮戦争の捕虜の場合に認められているという。そしてホロコーストの生還者にせよ戦闘体験をした兵士であろうと、次のトラウマに対する高度の感受性をもつので、遠い時代の重いトラウマが高齢者にもたらす影響についてもっと注目する必要があると指摘している。

いっぽうBramsenらは、オランダで戦後五〇年を経て、戦争体験者の調査を行った。その結果、戦争体験高齢者の四・六％に現在もPTSDが認められた。その内訳では、ヨーロッパの強制収容所からの生還者の場合に一一・八％、インドネシアの日本軍収容所からの生還者では一三・二％、退役軍人の場合に七・一％、それ以外の市民では四・〇％、レジスタンス参加者だった人たちで三・八％の者に現在もPTSDが認められた。またPTSD以外にも、不安や怒り、抑うつや身体的愁訴などの面において問題が認められた(6)。

このオランダの調査は、戦後五〇年経っても戦争体験が心の中に強く持続し続けることを示している。これと匹敵するものとして、當山冨士子らが戦後六七年後に沖縄戦体験高齢者について行った同様の調査がある(7)。「沖縄戦を体験した高齢者の心への影響について」というこの調査では、四〇一人を解析対象とした。その約八割は女性である。

PTSDのスクリーニング目的で行った出来事インパクト指数改訂版（IES－R）において、PTSDのリスクが高いとされる二五点以上の者の比率は三九・三％であった（有効回答三五九人）。IES－RはPTSDの症状をスクリーニングする目的で使用され、その有意のカットオフポイントは二五点である（八八点満点）。

このように沖縄戦体験高齢者の約四割がPTSDのハイリスクである事実は、ベトナム帰還兵のPTSD有病率が、男性帰還兵で一五・二％（女性帰還兵で八・五％）だった（一九八八年調査(8)）。高齢者においてはトラウマ記憶が先鋭化するのでPTSDの発症率は高いとされるが、それにしても単純に比較して沖縄戦高齢者のトラウマの程度は高い。

どうして沖縄戦PTSDのハイリスク群がこのように高いのだろうか？

一つは、戦争体験者たちの体験内容の強烈さである。

當山によると、ＰＴＳＤの発生要因の一つである「身近な方やその他の人が危険な目にあうのを目撃しましたか」という質問に対して、四三・四％の人が「目撃した」と答えた。目撃した対象の内訳は「その他の人、親戚、親」の順で多かった。激戦地だった糸満市では、なんと七七・五％のも人が「目撃した」と答えている。「戦時中または戦後一年以内に身内で亡くなった人がいるか」という質問では、六九・一％の人が「亡くなった人がいる」と回答し、その内訳は親（二四・七％）、兄弟姉妹（三四・二％）、親戚（二九・四％）が多かった。「身内が亡くなった」原因としては、「弾丸（二三・七％）、栄養失調（一五・七％）」とあり、「沖縄戦が一般住民を巻き込んで行われたことを物語っている」。

このように沖縄戦の体験者は、死者を目撃し、親や兄弟姉妹などの身内を亡くし、死亡理由としては弾丸によるなど、そのトラウマ体験がまるで従軍兵士のように至近距離で起き、したがって内容が強烈であり、住民が兵士と同じ程度のトラウマ体験を味わったのではないかと考えられる。

そのため、「現在、沖縄戦のことをどの程度おもいだしますか」という質問では、七三・六％の人が「非常に覚えている」と回答している。また七七・八％の人が「思い出す」「時々思い出す」と答えている。そして四七・一％の人が「これまでの人生の中で一番つらかった出来事」は戦争と答えている。

このように沖縄戦体験高齢者においては、戦争から六七年経っても戦争記憶が強く持続している。當山はその理由の一つを、「沖縄戦から引き続いて米軍基地が今もおかれ、米兵による事件事故が絶えない」ことにあると示唆する。そこに、沖縄戦に由来する晩発性ＰＴＳＤが発症する理由もあるのではないかと考えられる。

おわりに

若いときのトラウマ記憶は人生時間を貫いて持続し、その人の心身に影響を与える。また老年期における、社会的・経済的・身体的・心理的な喪失等を契機として、それらは意識の上に浮上し、ＰＴＳＤとして不眠やフラッシュバック、あるいは身体の痛みとして作用する。

米国の退役軍人省が五〇年前のベトナム戦争に従事したことのある高齢者に、晩発性ストレス症候群というＰＴＳＤ類似の症状の起こる可能性について警告し、オランダでも、戦争体験者に戦後五〇年を経ても戦争トラウマの影響をみるという。沖縄でも、戦後六七年経っても戦争体験高齢者の約四割がＰＴＳＤのハイリスクを有し、戦争の記憶が強く持続している。

このように戦時記憶は五〇年も六〇年も持続し、老年期においてＰＴＳＤまたはその類似の症状を呈することがあると言える。

Bramsen によるオランダの論文を読み、「戦時中の日本軍が行った行為によるＰＴＳＤをオランダの学者が調査しているのに、日本の学者はアジアで日本軍が行った戦争にまつわるＰＴＳＤを調べようともしない」ことにあらためて思いがいたった。我々日本人はつくづく志が低く、鎖国を今も続けていると思う。明治維新から一五〇年だというがまったく国際的に開けていない。

二〇一〇年に勤務していた病院は生活協同組合を母体とした総合病院であった。病院の基盤となる組合員の地域分布は那覇市を中心に豊見城市・南城市・糸満市など、沖縄戦の激戦地となった地域にぴたりと重なっていた。そのことによって多くの戦争体験高齢者と出会うことができ、晩発性ＰＴＳＤの「発見」につながったのかもしれない。

その後、筆者の怠惰によって定量的な論文にまとめることができず忸怩たる思いでいた。そんなときに、今回本稿をまとめる機会を与えていただき、あらためて英語文献にあたることもできた。岡田靖雄先生に心から感謝をいたします。

◉第4章注

（1）J. Rosen et al. Sleep Disturbances in Survivors of the Nazi Holocaust. *Am J Psychiatry*, 148: 1, 1991
（2）蟻塚亮二『沖縄戦と心の傷』大月書店（二〇一四）
（3）蟻塚亮二・當山冨士子「沖縄戦のトラウマによるストレス症候群と精神保健」社会精神医学、二五巻二号（二〇一六）
（4）Veteran's Ministry, Aging Veterans and Posttraumatic Stress Symptoms, https://www.ptsd.va.gov/public/types/war/ptsd-older-vets.asp
（5）Joan M. Cook, Posttraumatic Stress Disorder in older adults, *PTSD Research Quaterly*, Vol.12, No.3, 2001
（6）Bramsen: Fifty years later: The long-term psychological adjustment of ageing World War II survivors, (*Acta Psychiatrica Scandinavica*, No.100, 350-358, 1999)
（7）沖縄戦トラウマ研究会「終戦から67年目にみる沖縄戦体験者の精神保健」二〇一三年三月
（8）鈴木滋、メンタル・ヘルスをめぐる米軍の現状と課題――「戦闘ストレス障害」の問題を中心に――、レファレンス、三七頁、二〇〇九年八月、国立国会図書館 http://www.ndl.go.jp/jp/diet/publication/refer/200908_703/070302.pdf#search=%27%E5%9B%BD%E4%BC%9A%E5%9B%B3%E6%9B%B8%E9%A4%A8+%E9%88%B4%E6%9C%A8%E6%BB%8B+%E7%B1%B3%E8%BB%8D+%E3%82%B3%E3%83%B3%E3%83%90%E3%83%83%E3%83%88%E3%83%BB%E3%82%B9%E3%83%88%E3%83%AC%E3%82%B9%27

第5章 原子爆弾投下による精神障碍者・市民の被害

中澤正夫

はじめに

一九四五（昭和二〇）年八月六日（広島）、八月九日（長崎）に投下された原子爆弾による死者は広島が一四万人（プラスマイナス一万人）、長崎が七万人（プラスマイナス一万人）、ほぼ同数の重軽傷者（同年一二月までを計算）とされているが、正確にはわかっていない。熱線、爆風、放射線による複合死である。爆心部では蒸発し、影さえ残さなかった者も多い。現在、「被爆者」とされているものは、法による規定に合致していると届け出をした「生存者」である。これらの人が浴びた放射線量は、チェルノブイリや福島第一原発苛烈事故で問題になっている被曝者に比べれば、桁違いに大きい。

法による規定とは、①市内（被爆者援護法に定める地域）での直爆者、②二週間以内に二キロメートル以内地域に立ち入った人、③死体処理・救援などに従事した人、および、①②③の被爆者の胎児である。しかも被爆者手帳を持っている者である。手帳申請をして取得しなかった者は被爆者として扱われない（兵士たちに多い）。しかし、放射性物質を多量に含んだ「黒い雨」ひとつとっても、市内を越えて遠く島根県にまで降っている。被爆者は、もっとずっと多いはずである。

原爆投下は、米軍のいう戦争早期終結といった戦術的なものでなく、終戦後の世界支配を狙った戦略的なものであり、それ以上に、きわめて周到に計画された「軍事科学的、社会学的」実験であった。東京をはじめ、地方都市までが軒並み焼夷弾絨毯爆撃に曝されているなか、軍都でありながら、扇状地形をなす広島は無傷のまま残されていた。原爆の投下実験用に温存されていたのである（長崎は第二目標であり、第一目標の小倉上空の視界が悪かったために長崎に投下された）。戦時中とはいえ、そこには市民の日常生活が展開されていた。中学生は軍需工場へ通い、女学生は建物疎開を手伝い、病院もあり、捕虜収容所もあった。もちろん、精神科病院もあった。しかしながら、どんな精神科病院がどこにあったのか、どうなったのかの記録は乏しい*。

長崎医科大学は爆心に近く、多くの学生、教職員、患者が即死し、壊滅状態となった。精神科病棟も含め、その惨憺たる様子は『原爆復興五十周年記念、長崎医科大学原爆記録集』に収められている。ちなみに精神科病棟では入院二四名、付添人八名中、死亡者二一名である。

投下直後から東京大学、京都大学などから調査団が出されているが、敗戦後、素早く乗り込んできた米軍調査団の下に組み入れられた。九月一九日にはGHQがプレスコードを発令。米軍は、被爆の惨状をしっかり見て世界に伝えるべしとの朝日新聞や外国プレスの声を封じてしまう（朝日新聞は一時、発行禁止となる）。

ファーレル准将は「九月上旬現在において、広島、長崎では死すべきものは死んでしまい、原爆放射能のために苦しんでいる者はいない」と発表、以後、原爆報道は激減している。しかし市民の多くは廃墟となった自宅跡地に住み続けるのであるが（当然、高い残留放射能や二次放射能に曝され、今なら緊急避難レベルである）、コンクリートの建物などの遮蔽で生き残った人々も、急性期症状（出血、発熱、下痢、紫斑、脱毛）により死んでいった。これらの症状は、疫痢と間違われ、伝染病扱いもされている。これらが一段落するのが一九四五年一二月なので、ここまでの死者を原爆直接死としている。その後、放射線被曝による本格的後症状、白血病、癌が生存者をさらに苦しめることになる。

＊「精神病者収容施設調」（厚生省予防局　昭和一五年一月一日現在）によると、広島には広島脳病院（七二床、広島西田中町六二）、長崎には山里脳病院（四三床、山里町一四）、長崎脳神経科病院（一九四一年、杠葉《ゆずりは》病院と改名、七〇床、南山手町一四）、長崎保養院（四二床、竹ノ久保町二四二）とある。杠葉病院以外は爆心に近く、被害甚大な地区にあったためか、記録を追うことはできなかった。杠葉病院については二代目院長杠葉竹二氏（一九四三年長崎医専卒）へのインタヴュー（「杠葉病院設立前後について——杠葉竹二先生に聞く」長崎大学精神科教室同門会幹事長吉浦一成二〇〇二年三月一三日）が残されている。それによれば、杠葉病院は南山手の洋館五棟（各館が別棟）からなっていたが、一棟は原爆で崩壊し、残りもその後、壊して建て替えたとある。

寥寥たる精神科的研究

原爆被害は「からだ」「こころ」「せいかつ」の全般にわたるものである。被災後、いろいろなところで企てられた「被害調査研究」はみな、この三つに分けて記述されている。圧倒的に多いのは「からだ」の被害であり、次は「せいかつ」（貧困、救済法の遅滞、偏見など）である。「こころ」の被害に関する部門は寥寥《りょうりょう》としている。ところが被爆者に聞くと、もっとも厳しいのは「こころの被害」であると異口同音に答える。この場合、「こころの被害」とは、精神障害や精神不調を意味していない。被爆者の言う「こころの被害」とは、被爆体験そのものを意味している。多くの肉親・知己を失い、生き残った罪悪感にあえぎ、押し寄せる歳と癌の再発におびえながら、核廃絶に賭ける日常／現存在そのものを意味している。

精神科的研究は、やはり広島大学や長崎大学に多い。一読する限り、それらは被爆者の言う「こころの被害」に寄り添ったものとは言えない。しかし、貴重なものである。

以下に紹介する論文の多くは、故小沼十寸穂先生（元広島大学精神科教授）から、手持ちの論文一切を贈与されたものである（その一部はガリ版刷りであった）。

1「ぶらぶら病」をめぐって

精神医学的論文がなぜかくも少ないのか。それには三つほどの原因があると考えている。一つはわが国の当時の精神医学研究の主流は、脳病理学や組織学であり、後に述べるR・リフトンが拠った精神分析学や了解人間学的アプローチはなかったことである。二つ目はABCC（原爆傷害調査委員会）にも心理学的アプローチ部門を欠いていたこと、三つ目は人類史上初の災害が新しい精神疾患を発生させたのではないかという検討が優先したためである。その結実がいわゆる「ぶらぶら病」である。その紹介に入る前に被爆直後の報告や調査を挙げておこう。

肥田舜太郎（広島、軍医、八月五日夜、郊外へ往診に出かけ直爆を免れ、投下直後入市、救護所にて救護に当たる）によれば、「投下二日ほど後、B29が飛来して、〃また来た！〃とみなが騒ぎ出し、パニック状態になった時、女学生が素っ裸になって走り回った、目の前で狂ってしまった。同じような例はほかでも聞いた」という。これは、驚愕による錯乱反応であろう。

奥村仁吉ら[1]の報告によれば、大村の海軍病院に収容された被曝者五〇名を三カ月間、問診・診察した結果、被爆直後の一カ月では、「情緒混迷参例、起立御匐不能一例以外には放射能による一般症状だけであった」としている。これらは、情緒混迷による驚愕反応と言っている。後期には環境悪化、身体症状の悪化による「神経症」「精神病」への発展を認めたといっている。

白木博次ら[2]は三七例の原爆屍脳について検索し、細胞病理学上では原子爆弾に特有なものはなかった、中枢神経系の臨床症状は意外に少なく、脳死ではなく、造血器管の損傷による二次的効果を重視している。

築城士郎ら[3]は被曝による精神神経障害の発生率や有病率の増加を調べているが、原爆症の強かったものほど精神神経症状が強いとしている。その症状とは、疲れやすさ・無気力・内向的・記憶減退などである（これは、学会報告の抄録であり、詳細な検討はなされていない)。

急性期症状の一段落後、外傷や血液疾患などはないのに、体のだるさ、無気力、意欲のなさなど、不定愁訴を訴える被爆者が急増した。この状態像は注目され、これぞ原爆が生んだ新しい「精神病」とされ、「ぶらぶら病」(bura-bura disease)と名付けられ海外まで喧伝されていった。内科領域では、操坦道ら[4]が原爆症に継発あるいは罹患しやすい病気として神経衰弱ないし、神経症を挙げている。都築正男[5]は、この特徴のない「諸症状」を詳述し、「慢性原爆症」と言っている。四〜六キロメートルで被爆の人、入市被爆の人に多いのは、二次放射能、残留放射能の影響が合わせ加わったためではないかと推察している。精神科領域では小沼十寸穂の一連の詳細な研究[6][7]がある。小沼の結論は、造血器官破壊による二次的「間脳症」である。しかし小沼は、自らの研究の欠点(対象例を欠く)を挙げ、「解釈の域を出ない」としている。

このように少ないながらも、原爆由来の新病「ぶらぶら病」に対する疑義・研究が行われたのに、一人歩きしてしまったのである。

仁志川種雄[8]は一九五六年、長崎大学各科合同の被爆者検診で七二九七名の被爆者を検診している。これを、被爆直後、急性期症状のあった群となかった群に分けると、神経症様症状(神経衰弱・不安神経症・反応性うつ病など)を呈した人は前者に圧倒的に多く、狭義の精神病者は一パーセントであったと報告している。そして、被曝に関する精神神経学的論文は、この仁志川論文以降途絶えている。

筆者ら[9]は一九八七年、代々木病院精神科外来受診中の三七例の被爆者の報告を行った。三七名の内訳は、内因性疾患(統合失調症、感情障害)一四名、パラノイア三名、不安身体症状群一一名(いわゆる、ぶらぶら病六名を含む)、器質性精神病七名、人格障害二名であった。結論として、

- 病像が非定型的、かつ絶えず変遷する。全例が身体病を持っている。

●全例にぶらぶら病症状が見られたが、その時期、期間、重症度は一定しない。
●いずれも身体的データを欠いている。初診時、ぶらぶら病とされた六名も、身体病データが悪化して認知症などが出てくる。
●東京に移住した症例、三〇年以上生き抜いた強い個体という対象例の片寄りのため、結論にバイアスがかかっている。

このため、この三七例を一九九七年まで、一〇年間追跡調査した。一〇年間で一一名死亡（うち自殺一名）。精神病群では九例が死亡しているが、不安身体化症候群での死亡は二名にとどまっている。一〇年の追跡の中で、「ぶらぶら病」新病説を否定した。いわゆる、ぶらぶら状態は誰でも経験しており、時期の差があっても誰もが陥る「プロトタイプ」として位置づけた。その理由は、

●愁訴を裏付けるデータがないとされているが、データを追っていくうちにしだいに境界線から、異常値となる。
●そのうちに、他の身体、精神疾患が飛び出してくる。
●ぶらぶら病典型例とされた症例が寡症状性の統合失調症と判明したり、生活困難から了解可能な症状と判明したりした例が多い。
●被爆直後の急性症状が見落とされていたり、記憶されていなかったりすることが多い。

以上から、著者らは「ぶらぶら病」新精神病説を否定、被爆者なら、誰でもなりうる経過の一つ、原形と規定した。折からチェルノブイリのリクビダトール（事故後原発の清掃作業にあった人）のなかから、慢性疲労、集中困難、関節痛、消化不良など「ぶらぶら病」類似症状を訴える症例が報告されている。

2　R・リフトンの業績

アメリカの精神分析医リフトン(10)は、広島に住み込んで被爆者の聞き取り調査を行った。それをもとに書かれたのが一九六七年の *Death in Life: Survivors of Hiroshima*（邦訳『死の内の生命——ヒロシマの生存者』）である。その内容は、被爆者のいう「こころの被害」を初めて正面から受けとめ構造化したものといえる。リフトンは無差別に抽出した第一次集団三一名と、原爆問題に強い主張をもつ第二次集団二一名の被爆者に面接を重ね、被爆当時の体験と被爆後一七年たった現在の「恐怖、克服の仕方、被爆者意識」などについて、力動精神医学的手法で、被爆者の「現存在」を分析している。リフトンは、ナチスの強制収容所の生存者と比べながら、被爆者の精神的被害を理解する鍵概念を提示している。それは「死の呪縛」「罪の同心円」「精神的麻痺」とくくることができる。

「死の呪縛」とは文字どおり「無期限の、いつ来るかわからぬ自分の死」であり、「罪の同心円」とは無傷な人は病者に、入市被爆者は直爆被爆者に、直爆被爆者は死者に、自分が生き残ったことに対する罪の意識を持っているということである。「精神的麻痺」とは日々生きてゆくためには、これらのことを「棚上げする」＝精神を麻痺させざるを得ないことである。これは、人間に備わっている安全装置であり恥ずべきことではないのであるが、忘却や棚上げにも悩んでいるのである。この「棚上げ」によって意識下の葛藤はかえって高まり、無気力、疲れやすさ、身体不調にこだわる不定愁訴の温床化するとの見解をとっている。同じことが、アウシュヴィッツの生存者にも起こったことを挙げている（強制収容所症候群）。

リフトンの功績は、原爆による「こころ」の被害、とくに生存被爆者の「生きていくうえで背負っている悩み・痛み・苦しみ」を言語化、構造化したことにあり、解決への道や「未来」を指示したものではない。原爆投下当時、彼我の陣営の精神医学者に欠如していた見解が、被爆後二二年目にようやく実ったということである。すでに、力動精神医学や現存在分析などは、わが国に知られていたが、わが国の精神科医には被爆者に対する関心は薄かったのであろう。リフトンは、アウシュヴィッツからの生還者やその二世に対する影響も調査している。またベトナム帰還兵に起こった、戦闘や加害、恐怖などの「罪の意識を伴った体験」の賦活再燃現象をＰＴＳＤ（Post Traumatic Stress Disorders）として、治療対象とするよう奔走している（のちに治療対処の正式病名となった）。

この項を借りて、二つのことを紹介しておこう。一つはこの本の題名である。直訳すれば「生の中の死、命に居座っている死」、意訳すれば「生きた屍」であろう。翻訳者は、命の甦りを賭けて「死の内の生命」としたと後記している。もう一つは、原爆投下に参加した側にも被害がでていることである。広島への投下時の天候偵察機長はじめ、少なからず兵士が狂気（多くは統合失調症として扱われている）に陥ったり、累犯者になったりして、長期入院や監視下におかれている。

３　一橋グループの調査研究

石田忠らは、早くから精力的に、被爆者の生活実態調査に研究室挙げて取り組んでいる。そのなかから被爆者の苦しみ・悩み・哀しみなどを追っている。リフトンとは別の社会調査という手法で「心の被害」の解明を試みたといって差し支えない。おもなフィールドは長崎であったが、石田が一橋大学在職中に築き上げた「社会調査室」は、厚生省の「原子爆弾被害者実態調査」に一九六五年、七五年、八五年と三度かかわり、また、七七年のＮＧＯ主催「被爆の実相とその後遺・被爆者の実情に関する国際シンポジュム」において、日本準備委員会による被爆者調査（一斉調査と生活史調査）を担った。一九七九年に退官後もその活動は衰えることなく、八〇年、退官記念論文『原爆・戦争体験と想像力』を刊行、『原爆被害の全体像に関する実証的研究』（代表研究者）を発行、さらに日本原水爆被害者団体協議会（日本被団協）による「原爆死没者・遺族調査」の集計・分析（一九八三—八五年）、「原爆被害者調査（一九八五—八六年、全国一万規模）の企画分析を手掛けている。たえず日本被団協との協働の姿勢を崩さず被爆者の立場に立ちきるこの調査室は、わが国の原爆被害の社会科学的研究のメッカとなっていった。

石田の業績は、たんに調査・分析にとどまらず、その結果から「被爆体験の思想化」を図ったことである。それは、研究のスタートの地、長崎における被爆者との深い交わりであり、生活史の聞き取りや闘う被爆者からの学びから啓発されたと考えられる。「原爆は人間らしく生きることも、死ぬことも許さなかった」という、共通の地平——「原爆は、人間にとってなんであるのか」——から、この「人間」の視点から、被爆者は「原爆の本質」を見つめ返す。そこに見えてきたものは、「原爆被害」の強い人ほど、長き漂流（逡巡）の果てに「抵抗」に立ち上がらざるを得ない必然性、すなわち原爆と対峙し、原爆を乗り越えてゆく思想性の醸成を被爆者の中に見出し、反原爆の哲学へと「止揚」している。日本被団協の二つの要求、「二度とヒバクシャをつくらない（そのことは全人類共有の願いに資する）」、「これまでのことを国として謝罪せよ」の原型ともなった「哲学」である。石田は、被害の実態調査から発して、被爆者を被害者としてのみ見るのではなく、生き方、生きる意味、未来開拓者としての「生」を吹き込んだのである。

石田の業績・思潮を知るには、「反原発——長崎被爆者の生活史」[11]が入り口である。「原爆体験の思想化」[12]および「原爆被害者援護法」[13]は、活動を始めてからの二〇年間に書き留め、あるいは発表した論文をテーマごとに編集したものである。編者は石田に育てられた濱谷正晴、栗原淑江、高橋真司の三氏で、いずれも「反原発」の第一線で活躍中である。濱谷[14]は一橋大で石田の後を継ぎ、『原爆体験』の大著がある。栗原は日本被団協勤務。定年退職後ともに、「ノーモアヒバクシャ記憶遺産継承の会」（ヒバクシャの記憶・書き残したものや発行したもの、闘いや活動の記録などを蒐集・継承するＮＰＯ）で中心的役割を担っている。

４　ＰＴＳＤ問題

阪神・淡路大震災（一九九五年一月）以来、ＰＴＳＤ（心的外傷後ストレス障害）というコトバが、一般に人口に膾炙し、太田保之[15]は一九九九年、トラウマが高いと思われる「原子爆弾被曝未指定地域住民」三一二人に対してＣＡＰＳによる構造化面接を行った。その結果、ＰＴＳＤ生涯有病率は六・四％（男六・七％、女六・三％）、ＰＴＳＤ不全型の生涯有病率は一八・三％（男一七・三％、女一八・六％）であった。これは被爆指定地範囲外の調査である。これを受けて二〇〇一年、国も同様な調査を行い、「被爆体験者」という概念をつくった。「被爆体験者」とは、「被爆体験によるトラウマ（心的外傷）は認めるが、放射能被害とは無関係であるもの」である。これは、従来から強かった被爆指定地外に住む（あるいは、移住した）被爆者を救済せよという要求に応えたものであるが、放射能との関係を否定したため、被爆者には不評であった。ＰＴＳＤを調べるのなら、すでに認定されているすべての被爆者を調べるべきである。

二〇〇三年三月、長崎市が行った健康意識調査は被爆者手帳保持者全員（四万八八六七人）を対象としたもので、回収率は七二・二％と精度の高いものである。調査項目に、ＩＥＳ－Ｒ（ＰＴＳＤ判定の簡易テスト）が入っている。その結果（長崎市「健康意識調査報告書」二〇〇四年四月）は、①被爆時七－一六歳の被爆者では三〇％、爆心近くで被爆した人は約四〇％と高い　②被爆当時一七歳以上の被爆者は約三〇％、爆心近くで被爆したひとは約三五％であった。筆者もかかわったＮＨＫ広島の調査（二〇〇六年、全国無作為調査、回答者三〇〇〇人）でも、約三〇％であった。

長崎のこの調査を担当した太田保之ら[16]は、長崎のＩＥＳ－Ｒ高得点者（男三一・二％、女三二・四％）を、第二次世界大戦のオランダ人レジスタンス参加者の四〇年後のPTSD有病率五五・八%、ナチスの強制収容所抑留者の五〇年後の有病率（二五・五%）、ベトナム帰還兵の二〇年後（二三・七%）、阪神・淡路大震災（三九・五%）、地下鉄サリン事件（二九・五%）など、興味あるデータをあげ比較している。また二〇〇八年に行われた在韓被爆者調査結果は三〇・三%と長崎のデータと酷似していたという。PTSDはすでに、「超長期継続する」ものととらえられているのである。IES－Rという簡易チェックリストは、わずか二週間の出来事を問うものである。それがチェックリストとして有効であると、太田は言っている。

PTSDという概念は、本来、「トラウマ、フラッシュバック、消退」までそう長い期間を想定していなかった。被爆者にみられるそれは、七〇年間をこえて、いまも息づいている。しかも放射能被害はいつまでも追いかけてくる。それはPTSDの概念の変更を迫っているともいえよう。出現率では、オランダ人のレジスタンスに及ばないが、被爆者は今も命の安全の保証なき、レジスタンスを続けているのである。だから、被爆者は、「こころ」の障害をPTSDに一元化することに反対である。私も同じである。ただ、「語りや手記」ではなく、「からだ」や「せいかつ」の被害と同じく、数量化することにより、「誰にでもわかってもらえるもの」、共有概念化させた意義は大きい。

「被爆者の心の被害を追って」——筆者の見解

一九七九年、代々木病院精神科に赴任してより、被爆者治療だけでなく、あらゆる職種からなる被爆者支援チームに加わった。当時、代々木病院には被爆医療科があり、都内在住の被爆者の医療センターの一つであった。被曝医療科（担当、千葉正子医師）からは絶えず精神不安定な患者が送られてきており、アドバイスも求められ、日本被団協や石田忠、肥田先生ら院外の関係者をも加わった症例検討会も盛んであった。そこでは、「こころ」の障害の解明がたえず求められていた。

現在、被爆者の平均年齢は八〇歳を超え、あの投下時の惨状を体験・記憶している人は少なくなり、幼児期被爆者や二世が活動の中心になってきている。以下に述べることは、著者がこれまで経験した症例、出来事から考えている「こころ」の傷である。内容的には前節と重複しているところが多い。ＰＴＳＤにこだわる理由も「こころの被害」を普遍化、共有化し、他の被害との間にブリッジを架けたいからである。より詳しくは拙著『ヒバクシャの心の傷を追って』[17]を参照されたい。

１　記憶の障害から、迫る「心の傷」

被爆直後の地獄の惨状を聴いたり、読んだりした人は多いであろう。しかし、記憶がまったくない人、欠損しているひとのことは、あまり知られていない。ある時間、ときには半日以上、記憶がない人もいる。失神していたのではない（同行者の証言あり）。身体的被害によるものではなく、見たモノの保存を拒否する自己防衛反応が作動したとしか思えない。よく覚えている人の中にも、肝心なコト・場面（惨状）は、他人からの伝聞として語る人もいる。ほとんどの人に断片的記憶欠損が起こっている。これは、異常なことではなく、パニック場面に遭遇した人たちに起こる正常な現象である。それだけ目の前に展開されている現象が「異様だった」ということである。惨状をしっかり記憶しているほうが「異常」なのである。語ってくれる人は、何度語っても慣れることはないため、語りに省略、加工、強化などが起こっている。それでも、語りに応じてくれる人は、被爆者の一割にも満たず、語らずに終えてゆく人のほうが多い（サイレント・マジョリティ）。語ればフラッシュバックが起こることをアプリオリに感じているのかもしれない。

2 「見捨て体験」と自責感の発生

被爆から日が経ってくると、「あの日」無意識に、本能的にとってしまった自分の行動が思い出されてくる。その行動は、人間としてどうであったかを自問するものとなる。自問の対象はやがて二つの行動に収斂されてくる。一つは「見捨て体験」であり、もう一つはそれよりやや遅れてくる「無感情体験」である。被爆者は、自分が生き延びるために、救助が必要な多くの人を見捨ててきている。それは、下敷きになって身動きのつかない肉親であったり、子守を頼まれていた隣人の子どもであったり、「水、みずを……」と足にしがみついてきた見知らぬ人であったりいろいろである。いずれにせよ自分も傷つき、自分が逃げるのが精一杯で、とても救助の力も手段もない状況なのであるが、何もしてやれなかったことを、ずっと悔いている。ときには、そのときの光景が悪夢となって甦る。それは「自分が生き残った罪」へと、つながってゆくのである。「あの状況ではやむを得なかった」と「自分の個人的体験がもたらす情感」との間がいつまでたっても折り合いがつかないでいる。「原爆は、人間が人間として生きることも、死ぬことも許さなかった」という所以である。

3 見ても感じない――広範に起きた感情麻痺の自己査定

「見捨て体験」の後、通常では涙なしには行えないことを、多くの被爆者は物体を処理するように、淡々として行ったと語っている。母を業火の中に見捨てた人は、自分一人で数日後掘り出している。自分一人生き残った青年は、三日がかりで、家族の遺体を全部掘り出して荼毘に付している。死体処理に当たった兵士達は、物品を処理するように淡々と作業していたと述べている。その間、喜怒哀楽の感情がまったく湧かず、淡々と処理したという。

この感情麻痺ともいうべき状態は広範に起こっている。それは感覚（五感）麻痺ではなく、喜怒哀楽や人間

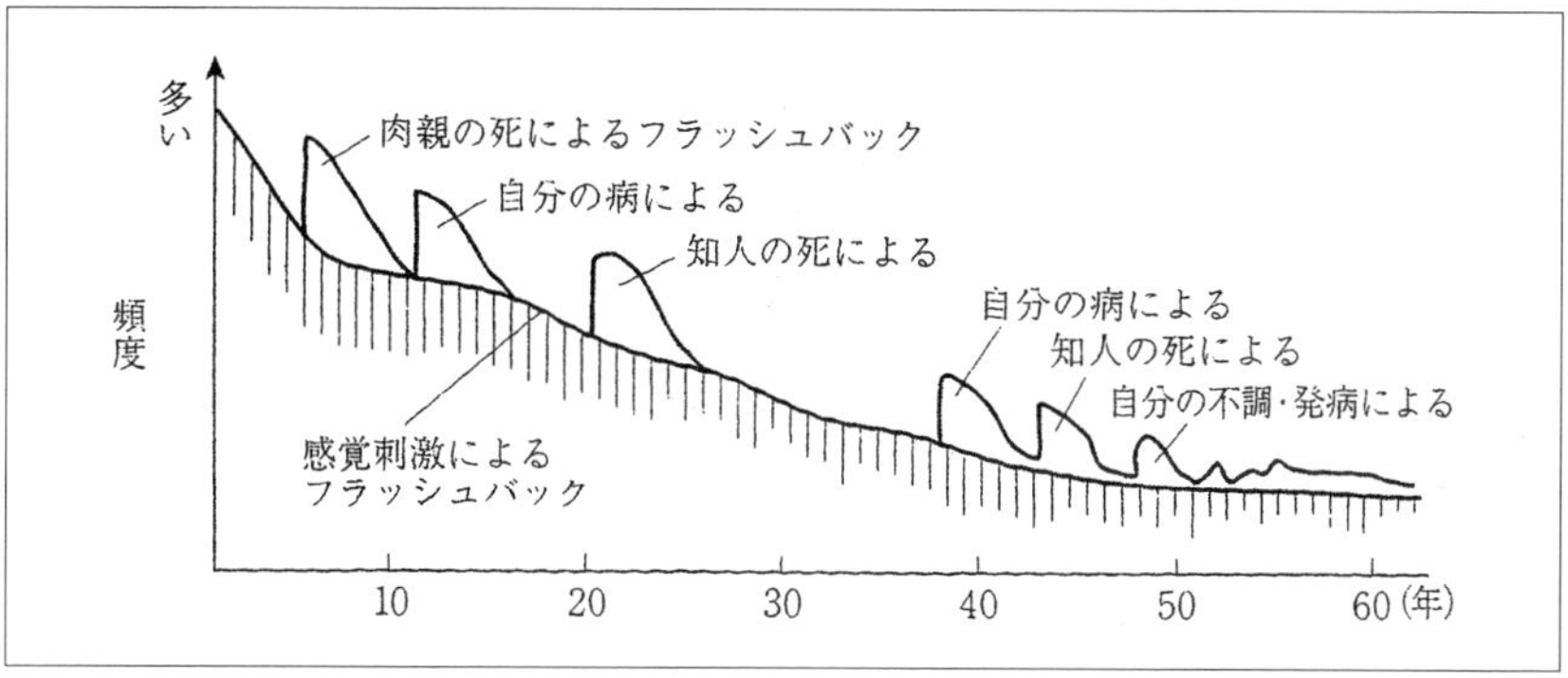

図３　ひとりの被爆者にみるフラッシュバックの頻度
年々、感覚刺激によるフラッシュバックは減っていくが、肉親の死や自分の病など、さまざまなキッカケの生じるたびに頻度が突出する

らしい感覚（同情、共感、思いやりなど）の麻痺・喪失である。

この感情麻痺のため、通常では考えられない行為をしたことは後になって気づくのである。その行為の自己査定は、そのまま自責感へと転化し、深い心の傷を形成する。

４　今も起こっている「引き戻され体験――フラッシュバック」

前節でふれたごとく、今でも「あの日」の地獄の惨状に引き戻される人は、統計以上に多い。被曝の日々が映像のようによみがえるだけでなく、発汗や心悸亢進などの自律神経症状や恐怖を伴って、再現するのである。きっかけになる出来事は、さまざまである。こちらは感覚のすべてが関係する。大きな突然の物音、いきなり浴びる閃光（稲光など）、（死体を焼くときの）匂い、禿頭の人、（死体と同じ）ぐにゃっ！　としたものを踏んだときなど、個々別々である。

被爆者は、そういった刺激を避ける生き方をえらんでいるが、知人・親戚の死はもっとも厳しいトリガーである。次は、自分！と思うからである。したがって、自分が病んだときにはもっともフラッシュバックの危険性があがると考えられる（**図３**）。同様に自らの被爆体験を語ること、手記を書くことは、もっとも厳しいトリガーであることがわかる。それまで過去に蓋をして生きてきた人が、自ら蓋を外すのだからである。

また、フラッシュバックする情景も、経年的に見ると変化してゆくのがわかる。はじめは投下直後の廃墟と化した街の風景や「ズルむけた」焼けた皮膚を垂らした人の群れなどであるが、しだいに個人的な贖罪対象へと変わってゆく。たとえば、家族から死者が出ているのに、甦ってくるのは逃げる途中一緒になった傷ついた女学生を病院に置き去りにした情景（女学生は一緒に連れて行って！　と懇願したという）。これは、贖罪の対象が、より個人的なものへと収斂してしまうからであろう。この人はいまも時間があれば、その娘さんの行方を調べている。

原爆の「こころ」の被害とは

PTSDについて

被爆者にPTSDがあることは、事実である。それも人類が遭遇したことのない原爆被害という厳しいトラウマに起因する「史上最悪のもの」である。だが「ぶらぶら病」がそうであったごとく、一つの疾患、病態をもって、「こころ」の被害とすることはできない。PTSDもまた同じである。そのPTSDも教科書にあるような単純なものではない。トラウマも意識されたものから意識下にあるものまで、七〇年を超えて息づいている。その様子を示しておく（**図4**）。

被爆者にはその後、ケロイド、白血病、さらに癌や白内障などの後障害が襲いかかっている。体を病めば、心も当然病む。また、国の救済の遅れから多くの被爆者は生活苦に悩み、「伝染する」などの差別・偏見に曝され、就職や結婚に支障を来している。これらの要因は、被爆者全体が心気症や神経症のハイリスク・グループであることを示している。

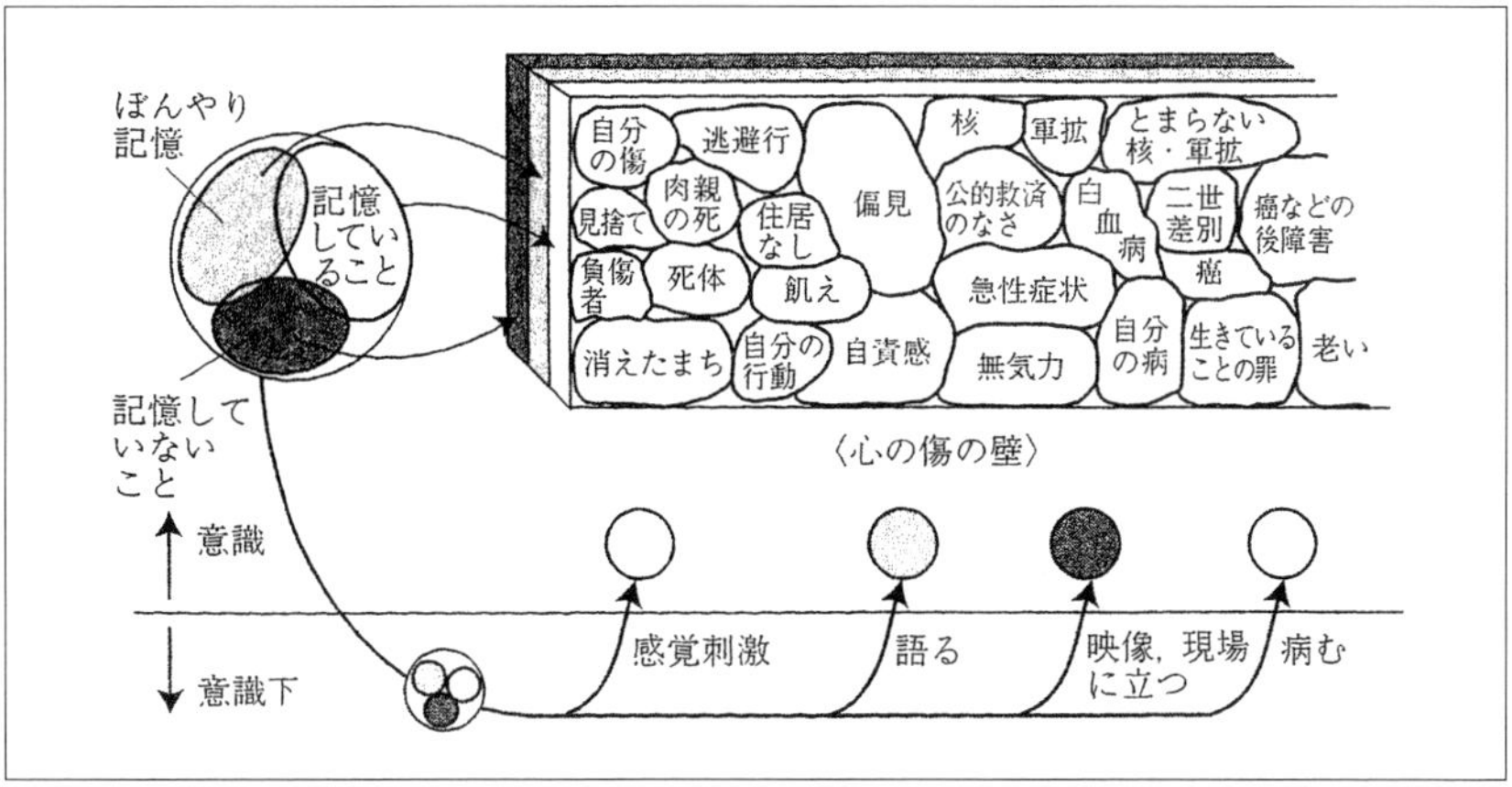

図４　心の傷のイメージ

〈心の傷の壁〉は、記憶していること以外にぼんやり記憶や記憶していないものの３層構造になっている。ふだんは意識下にあるが、感覚刺激や病むことにより記憶していることが、語ることでぼんやり記憶が、意識にのぼってくる。映像や現場に立つことで、記憶していないものまでが意識にのぼってくる

一九五五年、日本被団協が結成され、被爆者援護の闘い、国家責任の追及をはじめてなおいっそうその悲惨な実態が明らかになった。医療費無料化は実現したが、医療技術的に原爆症を治す手立てはまだ不十分なのである。被爆ＰＴＳＤもまたしかりである。被爆者は歳をとり、もう先がない。いま、各自がここまで生き残らされた意味を自問している。最後にきた「こころ」の被害と言えるかもしれない。二〇一七年、国連で「核兵器禁止条約」が圧倒的多数で採決された。しかし、核保有国である常任理事国は加わっていないし、唯一の被爆国である日本も加わっていないし、未だ批准もしていない。これは、もっと厳しい「こころの傷」であろう。

なかなかうまくいかなかった二世への橋渡しは、ここにきて改善しつつあるが、二世・三世問題は、本当には解決していない。継続している二世の遺伝子調査（放影研―ＡＢＣＣの後継機関）では、異常なしの報告が続いているが、このまま異常なしが続くともおもえない。広島でいえば、原爆直後に人口は

約三万人と激減したが、一年後には約一八・五万人に増えている。爆心地から一キロメートル以内に六五〇〇人、二キロメートル以内に三万四〇〇〇人、三キロメートル以内に七万人、三キロメートル以外に七万五〇〇〇人である。福島原発事故を経験した現在、遺伝子異常に基づく新たなる障害・疾病の発生を否定できる人はいないであろう。

◉第5章注

(1)奥村仁吉ほか「原子爆弾罹災者についての精神医学的調査成績」九州神経精神医学、第一巻第一号、五〇―五二頁（一九四九）
(2)白木博次ほか「原子爆弾症脳髄の病理」精神神経学雑誌、第五三巻第四号（特別号）、一四七―一六八頁（一九五一）
(3)「終戦後5カ年間の長崎医大精神科教室における経験　築城士郎・上野謙吉・瀬川耕逸・鏑木重美　長崎医大精神科」精神神経学雑誌、第五三巻第六号（一九五一）
(4)操坦道ほか「原子爆弾被爆者について」日本医事新報、第一五七〇号、二二〇四頁（一九五四）
(5)都築正男「慢性原子爆症について」日本医事新報、第一五五六号、七八三頁（一九五四）
(6)小沼十寸穂「原子爆弾後遺症としての間脳症候群」日本医事新報、第一五四七号、四八五三頁（一九五三）
(7)小沼十寸穂「原爆後遺症に関する精神神経科の問題」原子医学、金原出版、八四頁（一九六三）
(8)仁志川種雄ほか「原子爆弾被災者についての精神医学的調査」長崎医学会雑誌、第三六号、七一七頁（一九六一）
(9)野中猛・中澤正夫ほか「被ばく者37例にみられた精神障害――被爆後40年の調査」精神医学、第二九号、七二五頁（一九八六）
(10)R・リフトン『死の内の生命――ヒロシマの生存者』湯浅信行ほか訳、朝日新聞社（一九七一）
(11)石田忠『反原発――長崎被爆者の生活史』未来社（一九七三）
(12)石田忠『原発体験の思想化』未来社（一九八六）
(13)石田忠『原爆被害者援護法』未来社（一九八六）

(14)濱谷正晴『原爆体験』岩波書店（二〇〇五）
(15)太田保之「原子爆弾被曝住民の長期経過後の精神的影響」臨床精神医学、増刊号、一四六－一五一頁（二〇〇二）
(16)太田保之・三根真理子「長崎市の原爆被害者における長期経過後の精神的影響」精神医学、第五四巻、八七一頁（二〇一二）
(17)中澤正夫『ヒバクシャの心の傷を追って』岩波書店（二〇〇七）

III

戦争のなかの精神医学研究

1937年、出征前の早尾乕雄軍医官

前列左より　呉秀三、早尾乕雄
後列左より　おそらく早尾ヒロヱ、
　　　　　　松原三郎

第1章

戦場心理の研究――早尾乕雄による日中全面戦争従軍の記録

精神医学者で金沢医科大学教授（一九二七―一九四一）であった早尾乕雄《とらお》（一八九〇―一九六八）は一九三七―三九年と召集されて、中国に一年、国府台陸軍病院に一年いた。戦場犯罪調査の任務をおわされていて、陸軍医部へ六通、陸軍法務部へ三通の報告書を提出していた。それらのうち六通の下書きあるいは控えと、敗戦時に文部省へ提出した一通の控えとが、一九六一（昭和三六）年一〇月二五日に防衛研修所戦史室に寄贈されていた。それら七冊の内容および関連論文を紹介し、早尾の生涯を概観し、戦場報告に関連したかれの生涯の謎を解明していこう。

日中全面戦争のなかの早尾

まず、早尾の報告にもとづいて、日中全面戦争のなかでのかれの動きをおってみる（早尾に関する事項は頭に「○」を付した）。

一九三七（昭和一二）年七月七日　盧溝橋事件
八月一三日　上海で交戦開始
八月一四日　全面戦争開始
一一月五日　杭州湾北岸に上陸作戦（上海戦線の背後をつく）

○一一月七日　早尾に召集令状（四七歳）
　第一師団野砲兵第一連隊、戦場犯罪を調査する任務をおわされた
一一月九―一一日ごろ　上海から中国軍退却
○早尾は一二月にはいるとすぐに上海から前線にむかって出発、はじめは患者輸送班
一二月一三日　南京陥落
○一二月二〇日　早尾南京入城
一九三八（昭和一三）年　○早尾は南京から戦傷兵六〇〇名の江上輸送で上海にむかう
一月一六日　近衛文麿首相、国民党政府を相手にせずの声明
三月二八日　中華民国維新政府成立（南京）
四月一日　国家総動員令
○四月から上海の兵站病院が早尾の本拠となる（一〇月には精神病棟ができた）
五月一九日　徐州占領
六月一五日　大本営、武漢作戦、広州作戦の実施を決定
八月二二日　武漢作戦命令
一〇月二二日　武漢三鎮占領
○年末までに早尾は国府台陸軍病院（諏訪敬三郎院長）にうつる
○一九三九（昭和一四）年四月三日　早尾は日本精神神経学会総会で宿題報告「戦場における精神分裂病」（軍服姿で）
一一月四日　○早尾召集解除

図５　中国中南部

戦場報告の内容

早尾による戦場報告および関連論文の内容を、それらがかかれた順にみていこう。

1.『戦場神経症竝ニ犯罪ニ就テ』（タイプ打ち孔版印刷、五二ペイジ）

昭和十三年四月　於上海第一兵站病院
金沢医科大学教授　予備陸軍軍医中尉
早尾乕雄

「緒言」には、長期にわたる過度の精神緊張は精神機能を疲労におとしいらせて、緊張過度は精神病ならびに神経病の誘因となり、精神弛緩時は犯罪がこれにともなう、これらの発生をすくなくするには、その予防策をさぐる必要がある、とのべられている。

第一章「戦場神経症」では、(1) 懐郷病（神経衰弱）、(2) 恐怖症、(3) 反応性神経症、(4) 外傷性神経症、がとりあげられている。「懐郷病若クハ神経衰弱症」の発病経過が、「予後備軍人ガ召集ヲ受ケシ刹那ハ大多数ニ於テ「シマッタ」ト考ヘシト聞ケリ」と書きだされていることからもわかるように、早尾は陸軍軍人のあり様を率直にえがきだしている。

第二章「戦場精神病ニ就テ」では、躁鬱病、早発性痴呆（精神乖離症）〔統合失調症〕、進行性麻痺性痴呆、酒精中毒性精神病、伝染病による精神病、急性錯乱症（アメンチア）がとりあげられている。早尾は、戦場に酒精を無制限に配布することの誤りを指摘している。

第三章「戦場ニ於ケル犯罪ニ就テ」には、「今時ノ事変中将兵中ニ頻発セル犯罪事実ハ其ノ数極メテ多ク其ノ原因ニツキテモ種々講究スルノ要ヲ感シ命ニヨリ法務部及憲兵隊ト連絡ヲトリ（中略）調査ヲ実施」した、とある。軍隊での「員数ヲツケル」ことの問題点、常人と精神病者との「中間者」の問題、「支那人強姦例ハ殆ト数ヲ挙ケ得サル程ノ多数」にのぼった点、飲酒上傷害、上海の犯罪都市化などを早尾は指摘し、「慰安所ヲ閉鎖シ遊郭ニ改ムルコト」の提案もしている。最後に、軍人軍属における説諭の統計、司法処分をうけた犯罪の統計が付けられている。

中国に派遣されて四、五か月でこれだけのものをまとめている点にもおどろかされる。

2.『昭和十三年五月　戦場心理ノ研究（総論）』（手書き、本文九七ペイジ、早尾蔵書印、丸秘印）

昭和十三年五月　於上海第一兵站病院
予備陸軍軍医中尉　金沢医科大学教授
早尾乕雄

これは、あちこちにおおきな訂正があり、また欄外の書き込みもおおく、おそらく提出報告の下書きであろう。最後は「昭和十三年五月末日脱稿」とあり、また第一一章「総括及結論」には、「余ハ前章迄ノ内容ニ就テハ悉ク自ラ見聞セル事実ニ基イテ記述シタノデアッテ実例ニ於テハ遠慮ナク発表シタ積リデアル」とある。

構成は、緒言、第一章「戦場興奮ノ起源」、第二章「敵前ニ於ケル心理状態」、第三章「第一線将兵ノ心理」、第四章「第二線将兵ノ心理」、第五章「後方兵站部隊ノ心理」、第六章「戦功ノ心理」、第七章「勝利者ノ心理」、第八章「戦場病者ノ心理」、第九章「戦争ト性欲」、第一〇章「犯罪者ノ心理」、第一一章「総括及結論」、となっている。

死に際に「天皇陛下万歳」をさけぶ者はすくなく、妻子の名をよぶ者がおおい。将校が先頭にたって機関銃をもって銀行をおそう。かの中山陵をあらし、「孫文ノ像ノ鼻ヲ拳銃弾ニヨリカイタ。更ニ頭カラ「インキ」ヲカケタ」。余が南京にはいって、「其ノ中ニ正規兵ノ捕虜ノ処置ガ始マリ海軍側ハ機関銃ヲ以テ陸軍ハ斬殺、銃殺ヲ行ヒ其ノ屍体ヲ揚子江ヘ投ジタ。死ニ切レナイ者ハ下流ニ泣キ叫ビツヽ泳ギユクヲ更ニ射撃スル。是ヲ見テモ遊戯位ニシカ感ジナイ」。上海は兵により犯罪都市化した。慰安所は兵にはたかすぎて、強姦はやまない。強姦された支那人看護婦が部隊長にうったえたところ、「皇軍ノ兵士ニ強姦サレタラ光栄ニ思ヘ」とどなられた。戦功にはしって、かえって兵をおおく損傷する将校がいる。「今次変《ママ》ニ於テ目立ッタ軍部ノ副業ノ一ツニ慰安所ナルモノガアッタ（中略）如此将兵ノ性欲ノ吐《ママ》ケ場所ヲ何人ガ考ヘ出シタノカト其ノ経営者ニ問フタトコロ現文相荒木大将閣下ナリト答エタ（中略）其ノ設置ニ当ル者ハ本科ノ将校デ（中略）女ヲ選ビ商売ニ適不適ヲ決定スル者ハ軍医デアル」。「今事変ハ殆ンド予備役ノ編成デアルカラ将校ヨリ兵ノ方ガ年齢ガ長ジテ居ル」。「就中兵ノ気分ヲ害スルノハ将校ノ酒癖ト不品行デアル」。「軍規ノ紊乱ハ将校ガ作ッテル結果トナル」。

早尾の文章から目につくところをかきぬいた。早尾はもちろん皇軍将兵の美点もあげている。だが、全体としては、光栄ある帝国軍人にはにつかわぬ姿を早尾の筆は容赦なくえぐりだしている。

3.『戦場神経病・精神病及犯罪　各論第一編』（手書き、本文二四二ペイジ）

於上海第十兵站病院

予備陸軍軍医中尉　金沢医科大学教授

早尾乕雄

昭和十三年六月起稿（昭和13年9月末終稿）

「緒言」に、「症例ハ昭和十三年二月以降小官ガ臨床ニ関係シテ得タルモノニテ其ノ大部分ハ上海第一兵站病院ニ於テシ其他ハ第二、第三兵站病院ニテ診断セシモノナリ。犯罪者ニ就テハ上海ヲ主トシ是ニ南京、蘇州、杭州其他ノ地方ニ於ケルモノヲモ加ヘ一々精神検査ヲ行ヘルモノナリ」とある。

構成は、「緒言」につづき、つぎのようになっている。

第一章「戦場神経症」

1戦場ヒステリー症（症例二）、2反応性神経症（症例五）、3疲労困憊性神経症（症例六）、4懐郷性神経症（症例一）、附「恐怖症ニ就テ」、附2「性病ト神経症」（症例四）、5外傷性神経症（症例六）、6神経衰弱及ビヒステリー症、附「『アビタミノーゼ』ト神経病」（症例三）。

第二章「戦場ニ於ケル精神病」

1進行性麻痺性痴呆（症例八、比較として反応性精神病症例一）、2精神乖離症（シゾフレニー）（症例一〇、附症例三）、3躁鬱病（症例一）躁病（症例五）、附「戦場ヒステリー症ニ就テ（精神病ノ形ヲトリシモノ）」（症例一）、附「マラリア」ト精神病（症例九、マラリア精神病と他精神病との合併症症例四、マラリア幻覚症症例一）、附「酒精精神病」（症例四）。

結論。所感、希望。

戦場報告中の最長のものであるが、みられるように、表題に反して犯罪の項目はない（提出された報告書の題名は「戦場ニ於ケル神経病並精神病（各論）」であったろう）。

平常なら診断容易な疾患が戦場では鑑別困難なことがある（病歴不明、器具不備のため）。反応性神経症は早発痴呆との鑑別を要することがある。懐郷病を慰安所によって解決しようとするのは下劣で、日本のなすべきことではない。恐怖は戦場にあっては当然。売笑婦からうけた将兵の花柳病はあまりにおおい。「今事変ニ於ケル前線ノ食料供給ハ予想外ニ悪シク其ノ結果来ル偏食ハ一般的ニ亙レリ（中略）如此給養ハ甚シク上下ノ差異烈シク不平等ナリ」（早尾がいっているのは、対中戦争初期のことである）。精神病、ことにてんかんの既往症あるものが召集されたのは遺憾である。

精神病では進行性麻痺性痴呆および精神乖離症がおおい。前者は出征の心身過労が発病をはやめた感がつよい。精神乖離症の初発はすくなく、寛解にあったもののシュープがほとんど、内地でかんがえられるよりは予後は不良でない。マラリア精神病は安慶作戦後に増加。マラリアにかかると幻覚妄想がはげしくなり、下熱後も妄想がつづいて慢性の妄想型となるものがある（同種の研究がすくないだけに、早尾によるマラリア精神病の記載はきわめて貴重である）。躁うつ病は予想外にすくなく、とくに定型的うつ憂状態は僅少であった。

「結論」に、「今事変ニ応召シ初メ輸送班ニ配属シ前線ノ状況ヲ観察シタル後最後方ニアル深谷部隊ニ置カレタル精神病棟ニアルコト半ケ年此間ニ診療セシ該患者及神経病患者ノ数ハ多数ニ上リ別表ニ示スガ如キモ内地ニ於ケル予想トハ著シク異ル所アリ」とあるが、もっとも興味をひくこの「別表」はのこされていない。

4．『中支戦線に於ける精神鑑定著』（同一書記役による手書きで、全体をまとめた目次がつけられている、本文一九〇ペイジ、丸秘印）

表紙には、“Psychiatric Judgement (8 criminal cases in the field) During Chino- Japanese War. (Ordered by Superior Army Courts.) by Dr. Torao Hayao Prof. of Kanazawa Medical College” の紙がは

りつけてある。

内容は、傷害致死（後備上等兵、寝惚発作）、傷害致死（脳黴毒）、傷害致死・傷害（航空二等兵、飲酒による酩酊で軽度心神耗弱）、逃亡（予備役陸軍鍛工軍曹、魯鈍）、殺人・殺人未遂・賭博（殺人・殺人未遂は土民に対し、後備役歩兵一等兵、高度の魯鈍もしくは軽度の痴愚）、軍律違反（支那人の警戒地域侵入、てんかん性精神発作による夢中遊行）、傷害致死（補充役輜重特務一等兵、支那人に対し、酒精急性中毒で幻覚をともない、心神喪失）、用兵器暴行・上官侮辱（補充兵役陸軍輜重特殊一等兵、低脳者の飲酒時異常病的反応）の八件。

期間は昭和一三年二月二日より同一〇月三〇日。早尾の肩書きは、金沢医科大学教授精神病学担当・予備陸軍軍医中尉、予備役陸軍軍医中尉・金沢医科大学教授、中支派遣軍畑部隊深谷部隊予備役陸軍軍医中尉・金沢医科大学教授、中支派遣軍畑部隊深谷部隊附予備役陸軍軍医中尉。

5. 戦場に於ける自殺企図に就て（手書き、本文四八枚、丸秘印）

最後に、「此の稿を起すにあたり諏訪国府台陸軍病院長殿の多大なる御厚意に浴した。此処に深甚の謝意を表す　於国府台陸軍病院里見分院　予備陸軍軍医中尉早尾虎雄　昭和十四年一月末日」とある。

緒言、第一章「原因」、第二章「誘因詳論」、第三章「症例」、第四章「自殺観念の精神分析」、第五章「予防」、の構成になっている。緒言には、「兵站病院にあっては将兵の自傷並自殺行為には相当に多く遭遇し」た、とある。原因としては、先天的素質、環境の支配、反応性素質、誘因をあげ、誘因はつぎのように大別できる。
（1）業務執行に関係あるもの

（イ）作戦予想にはずれて戦果に非難ありし場合
（ロ）協同動作中他に戦功を奪はれし場合
（ハ）部下より犯罪者を出した場合
（ニ）誤って友軍に損害を与へし場合
（ホ）誤って敵の術中に陥り部下に犠牲を出せし場合
（ヘ）捕虜となりし場合
（２）勤務と関係あるもの
上官との折合旨く行かぬ場合
同僚との折合旨く行かぬ場合
（３）過失
違法的行為を敢てなした場合（大小の犯罪行為）
（４）戦病にかかりし場合
（５）詐病の疑を受けし場合
（６）懐郷病に罹りし場合
（７）熱病に罹り心神の衰弱せる場合（マラリア）

第二章は上記の詳論である。第三章であげられている症例は一五で、うち将校五、マラリアにかかった兵および軍属は四。第四章の「精神分析」は心理の分析である。

この報告書で目だつのは、本文中の棒引きあるいはバッテンによる抹消で、その欄外には「抹消は上官による著者記」、「此の行の抹消は上官院長のやりしことだ赤い印も同様である著者記」などとある。その抹消箇所は、「戦功累積に余念のない部隊長」、「軍隊は要領よく（中略）進級をよくする」、酒での暴行で「其の結果は死者は戦死となり加害者は正当防衛となり納った」などである。また、戦傷の恩給手続き上の不利な扱いが厭世自殺の原因となったが、その直後に取り扱い法がかわって、それによればこの例も一等症になりえた、手続き上の不備から不幸をまねいたのはいけない、という長文もけされている。これらの抹消をおこなった諏訪敬三郎院長はわりあい自由な考えの人で、のちの左翼よりの精神科医からもしたわれていた。これから察するに、早尾の戦場体験報告には上部からかなりの訂正圧力がくわわったことだろう。

6.『戦場ニ於ケル特殊現象ト其対策　戦場心理ノ研究各論』（手書き、本文一〇三枚、早尾蔵書印、丸秘印）

昭和十四年六月稿ヲ終ル
　於国府台陸軍病院附
　　陸軍軍医中尉　金沢医科大学教授
　　　　早尾乕雄

表紙は二枚あり、その上のものには「自昭和十二年十一月至十四年十一月戦場ニ於ケル特殊現象ト其対策」とある。早尾は一九三九（昭和一四）年一一月四日に召集解除されているので、これが自分の戦場報告の最終まとめだというつもりで、あとからかかれたのだろう。これに対応してだろう、二枚目の表紙のつぎにはさみこまれた紙片にはつぎのようにある。

支那事変応召中ニ提出セル論文
（自昭和十二年十一月至十四年十一月）

一、戦場心理ノ研究　総論
二、戦場ニ於ケル特殊現象ト其対策（右各論）
三、戦場ニ於ケル神経症並精神病（総論）
四、同右（各論）
五、戦場ニ於ケル自殺企図ニ就テ
六、中支ニアリシ支那人精神病院ニ於ケル調査書
（一〜六）軍軍医部依嘱
七、戦場ニ於ケル犯罪ニ就テ（総論）
八、同右（各論）
九、戦場ニ於ケル精神鑑定例
（七〜九）軍法務部依嘱

本論文での**1**は三に、**2**は一に、**3**は四に、**4**は九に、**5**は五に、**6**は二にあたる。そして六、七、八はのこされていないことが、なんともおしい。

「緒言」には、「戦地唯一ノ精神病棟ハ上海陸軍病院内ニアル是ハ昭和十三年十月カラ開設セラレタ従ッテ専門ノ専任軍医ガアル」とある。構成は「緒言」につづく「戦場生活ニ於ケル特異現象」として、灯火管制、細菌戦、毒物投入及注入、毒瓦斯、爆撃、便衣兵ト正規兵、敵襲、徴発ト掠奪、防諜ト「スパイ」、上官脅迫ト抗命、詐病、戦場ト懐郷、戦傷ト戦病、敵前又ハ陣中逃亡、憲兵ノ活躍、後送ト内地還送、飲酒ト傷害、性欲ト強姦、戦争ト虚言症、戦争ト妄想幻覚、戦争ト予期願望、戦争ト迷信、戦争ト希死、の項目があげられている。これらの項目名だけからも、日本陸軍のあり方に対する早尾のきびしい視線がうかがえよう。

ここには、彼我ともに催涙ガスを使用したことがしるされている。ウィスキーを常用していた将校が急性譫

妄で敵襲を幻視した。金銀財宝まで徴発といってもちさって平然たるものがある。上官脅迫・抗命は予想外におおい（症例一一）が、まず幹部の品格に関係がある。詐病はまれである。「陣中逃亡ニ属スル実例ハ戦場犯罪ヲ調査スル任務ヲ持ッタ私ニハ容易ニ知ルコトヲ得タ」。「日本ノ将兵ハ時ニハ実ニダラシガ無イガ一度起チ上ルト実ニ立派ナモノダ是ダカラ強イノダ」。酒の上の傷害致死や殺人は相当の数にのぼる。強姦例がおおい。「軍経営ノ慰安所ヲ旺ンニ設ケテ軍人ノ為メニ賤業婦ヲ提供シタリシテ娼婦カラ性病ヲ軍人間ニ蔓延セシメタリシテ遂ニ其レノミヲ収容スル兵站病院ヲ作ル必要ヲ生ジタ」。

7.「診断確定せざりし神経症数例（戦場体験より）」『日本医事新報』九一八号（一九四〇年四月一三日）

ここにあげられているのは、新鮮野菜の不足および過度の疲労の条件で発症した筋麻痺の三例、おなじく疼痛のための運動障害の一例である。病後歴をたしかめていないが、同僚大里教授（大里俊吾、金沢医科大学教授、第二内科）の助言によれば急性脚気とみられる。「序言」には、関連する「疲労困憊性神経症」（わたしが名づけた）」につき、「軍部にとっては好ましからぬ病名として採用されなかった」とある。この「疲労困憊性神経症」は3にでてくるものであるが、3がさらに修正をしいられたということであろう。

この論文は、「診断確定せざりし神経病数例（戦場経験より）」の題で、一九四〇年四月六日第三九回日本精神神経学会総会でも発表されている（『精神神経学雑誌』第四九巻第六号）。また、上記筋麻痺の三例は、3の「アビタミノーゼ」ト神経症」の項でとりあげられたものとおなじである。

8.『戦争心理ノ研究ヲ終了スルト共ニ将来ヘ希望ス』（手書き、目次とも本文一〇二ペイジ、丸秘印）

「昭和二十年八月十五日ノ大屈辱ヲ忘レザランコトヲ誓ヒテ此ノ小論文ヲ綴ル是ヲ文部省ヘ提出ス」

前金沢医科大学教授並陸軍嘱託（航技研附）厚生省嘱託　　早尾𠮷雄

昭和二十年八月　日

「緒言」には、「私ハ引キ続キ無償挺身ヲ実行シタ。主トシテ北陸地方ヲ観察地区ニ撰定シタ。ソレハ表日本ノ軍管理工場ハ相次デ該地区ヘ疎開シツヽアルカラデアル」。「然ルニ五月二十五日ノ夜間空襲ニヨリ私ノ家ハ全焼シ小サナ私設研究室ヲ失ッタ。是ニヨリ研究資料ハ勿論ノコト書籍ヲ初メ長年苦心シツヽ蒐集シタ研究材料ハ悉ク焼失シテシマッタ」とある。

緒言、工場疎開ト能率、戦争ト国民道徳心、戦争ト恐怖、戦争ト勤労、戦争ト国民思想、医療ト薬物、附戦争ト適正配置問題、終戦後ノ対策、結論、の項目よりなる。軍部批判は予想されるよりはすくない（対象が「銃後」であったためか、まだ心の整理が充分にできていなかったか）。

「終戦後ノ対策」中の「㈣吏道ヘ望ム」の「軍人モ官吏ノ一部デハナイカ」に早尾の怨念が凝縮しているのかもしれない。

「軍閥ニ代ッテ再ビ官僚ノ隆盛時代ガ来ルノデハアルマイカ」とは、早尾のおそるべき予見であった。「（研究ノ）進ムベキ道ヲ階級制度ガハバムニ於テハ放棄セザルヲ」得なくなった（これらの報告書のことを念頭においてか）。さらに、官吏の階級意識をさるためには位階勲等をのぞくことにつづけて、「（学位制度モ同ジ）」とある点にも注目するべきだろう（学位制度の問題点にはふれていないが）。

9.「思い出」『第二次大戦における精神神経学的体験——国府台陸軍病院を中心として——』、国立国府台病院、市川市（一九六六）

元陸軍軍医中尉　元金沢医科大学教授

早尾乕雄

上海兵站病院であつかった患者何人かと国府台陸軍病院で再会したことを中心にかいている。兵站病院にははじめ精神病棟がなくて、精神患者は内科のあいたベッドにねかせたので、興奮患者が入院すると大変だった。マラリア精神病に関しては、多少新知見を報告した。

一九三九年四月三日の日本精神神経学会総会における宿題報告「戦場における精神分裂病」は、『精神神経学雑誌』に掲載されておらず、当時の医学雑誌でこの内容をつたえているものはない。『戦場神経病・精神病及犯罪　各論第一編』中で精神乖離症にのべていることからすると、陸軍上層部の目からしても無難な内容であったろう。あるいは、このときに早尾はですぎたことをいってしまったのだろうか。

さて、1の『戦場神経症竝ニ犯罪ニ就テ』は、タイプ印刷されたものを高崎隆治が入手し、それが不二出版の『軍医官の戦場報告意見集』（十五年戦争重要文献シリーズ①）[1]に、一九九〇年に復刻されている。おそらくこれは、完成された論文として陸軍の関係部門に配布されたのだろう。2、3、4、5、6、8は二〇〇九年に四分冊で不二出版から復刻された。[2]これらは、原形からさらに上級者により手をくわえられ訂正されたものが最後の報告書になったのだろう。それらがどうあつかわれたかは、わからない。

早尾の報告は、日中戦争史をみるうえで、きわめて重要な資料とおもう。だが、これらをつかった研究のあることをしらない。

早尾乕雄さんの略歴

では、こういう報告書をかいた早尾さん（これからは、その箇所により「早尾さん」と記す）。早尾さんはわたしの先輩で、東京都立松沢病院か東京大学医学部精神医学教室の同窓会で、その顔を二、三回みている。話しをしたという記憶はない。しっている先輩のなかではスマートすぎるという印象をもった。なくなられたときは、精神科の医局長だったので、臺弘教授とともに下落合のお宅にご焼香にあがった。先輩方の話しに早尾さんの名がでたことはなかった。

『戦場神経症竝ニ犯罪ニ就テ』をよんだとき、早尾さんは身ぢかになった。吉見義明編『従軍慰安婦資料集』（大月書店・東京、一九九二）に『戦場ニ於ケル特殊現象ト其対策　戦場心理ノ研究各論』が紹介されているのをみて、わたしが二〇〇〇年に当時の防衛研究所の図書室をおとずれたときは、その複写はたいへん面倒な手続きが必要で、その使用にきびしい制限がつけられていた。[3] 目録にのっていたのは、前記と「戦場ニ於ケル神経病並精神病（総論）」との二つだけであった。それがいつか、早尾寄贈文書のすべてが公開され、その使用についての制限もなくなった。そして不二出版が『戦場心理の研究』復刻版をだすにあたり、解説[4]執筆を依頼されたので、息進《しん》氏の妻早尾寿枝さんの話しをうかがい（ほかに早尾さんを直接にしる人はいなくなっていた）、またその生家をたずねた。伝記はその解説中にかいたので、要点をかいておこう。

早尾乕雄は一八九〇（明治二三）年九月二三日、千葉県山武郡大富村（現山武市早船一三六九番地）にうまれた。総武本線成東駅から二、三キロメートル、ほそながい九十九里平野が隆起しはじめるところ、成田空港の南にあたる。乕は虎の俗字とされる。履歴書などは乕をつかっているが、論文ではおおく虎をつかっている。

父海雄《わたお》（一八四三―一八九四）は、そこの武社《むさ》（その辺りの古名）早尾神社の第三四代の神主であった。早尾神社は各地にあるが、その中心は滋賀県大津市にある日吉《ひえ》大社の中七社の一つ早尾神社（祭神は素戔嗚尊）である。武社早尾神社は日本武尊および彦忍人命を合祀している。その創建は白鳳時代（七世紀後半から八世紀初頭まで）とつたえられている。早尾家は藤原家をひいていたらしい。伊藤姓だったともいう。近所の人からは「伊賀様」とよばれていたともいう。海雄は松尾藩から伊賀正兵部《いがのしょうひょうぶ》の名乗りをみとめられていた。一八七三（明治六）年の戸籍法施行のさい、早尾姓を名のった。早尾神社中興の祖といわれる海雄は、安房神社宮司、日光二荒山神社宮司（このとき一八八一年東照宮宮司だった松平容保とならんだ写真がある）、日光東照宮宮司代行、伊勢皇太神宮禰宜《ねぎ》などを歴任した。階段をのぼった拝殿前庭からは九十九里平野が一望できる。拝殿からさらにあがった本殿は樹齢何百年かの大木にかこまれていて、ふるい本殿にはそれをおおう鞘殿が一九九二年に早尾一族の寄付で建てられた。

海雄には与志（今井氏）とのあいだに一男が、かね（山崎氏）とのあいだに六男三女があった。乕雄は第九子。乕雄三歳の一八九四年六月一二日に父海雄は五〇歳でなくなり、下には当時二歳になったばかりの弟がいた。同胞がおおかったので、生活は楽でなかったろう。何歳のときかに同姓の家に養子にだされたが、そのあと養父母に女子がうまれた。養子にだされたことで傷ついたのか、のちに姉たちがたずねてきても応対するのは妻で、しかし兄弟とは仲よくしていたという。本籍地は東京府豊多摩郡中野町中野二三九五番地であるが、これが養家の所であったかどうかは不明である。

一九〇七（明治四〇）年七月東京高等師範学校附属中学校卒業、同年九月第二高等学校第三部入学。一九一〇年七月同校を卒業し、同年九月東京帝国大学医科大学医学部に入学（このとき陸軍給費生だった）。一九一四（大正三）年一二月に同学部を卒業した。同学年（一四八名）には木村哲二、小酒井光二、小宮悦造、橋本寛敏がいた。

卒業するとすぐに同年一二月に現役見習軍医として歩兵第一八連隊に入隊。一九一五年三月一一日医籍登録第三五九一六号。同年六月陸軍二等軍医。一九一六（大正五）年一二月依願休職、一九一七年六月予備役。一九一七年七月東京帝国大学医学部副手、精神病学教室勤務、東京府巣鴨病院医員。同一〇月東京帝国大学医学部助手。当時巣鴨病院（精神病学教室は当時本郷構内ではなくて、こちらにあった）にいたのは呉秀三院長、三宅鉱一副院長、下田光造、大成潔、谷口本事、林道倫、植松七九郎、佐藤淳一であった。一九一九年一月より東京帝国大学医学部眼科学教室で眼底検査を専攻。同年八月同大学医学部副手となり、三浦内科に勤務した。このあたりで、千葉県において結婚し、そして離婚している（養家との関係は不明）。

一九二〇年一月（二九歳）、文部省嘱託として留学（私費、岩崎家の援助もあってかなりの金をつかった）。まず合州国はニュージャージ州立病院長Dr. Curryについて臨床を見学し、同院研究室主任Dr. Donner（フランス人）につき七か月間神経病理をまなんだ。ついでパリに四か月滞在して、パリおよびスイスの大学、研究所を視察。一〇月から翌年三月まではロンドンのモーヅレイ病院付属研究室で主任モット（Sir F. Mott）について神経病理を研究して、「早発性痴呆ノ病理中卵巣ノ変化ニ就キ」をかき、また推薦されてthe Royal Society of England（『大日本博士録』記載のまま）の名誉会員となった。

モット（Frederick Walker Mott, 1853-1926）はWebb Haymaker (ed.) “*The Founders of Neurology*” (1953) がとりあげた一三三人のなかにはいっている人で、神経解剖学者、神経生理学者で精神医学者。モーヅレイ（Henry Maudsley）の親友で、モーヅレイ病院はかれの勧めで設立された。病院の建物に、ロンドンの精神科病院のための中央病理検査所（the Central Pathological Laboratory）をおかせた。晩年には、早発性痴呆および躁うつ病と形態学的、化学的、内分泌学的変化との関連に関心をもっていた。

一九二一年六月帰朝、七月東京府立松沢病院医員（東京府巣鴨病院は一九一九年府下松沢村に移転していた）、二二年一一月二八日（三二歳）、東京帝国大学医学部教授会審査により医学博士の学位を授与された。主論文「小脳性失調ヲ示セル一患者ノ中枢神経ニ於ケル興味アル変化」ほか参考論文三。

帰国後に玉置《たまき》ヒロヱと結婚、妻の実家は和歌山で林業をいとなむ財産家で、父玉置正視は和歌山県会議員、下落合に家はあり、夫婦はそこでくらしていた。生活費も主として妻の実家の財産によっていて、給料のほとんどは自分でつかえた。

一九二三年四月金沢医科大学附属医科専門部講師（↓五月教授）、同大学附属医院精神科医長、――松原三郎教授留学中。

一九二五年三月、松原教授帰国にともない、前記教授および科長を辞職。同六月東京府立松沢病院医長、七月東京帝国大学医学部講師（非常勤、松沢病院医長就任にともなう）。

松原教授辞職にともない、一九二七（昭和二）年三月三一日（三六歳）、金沢医科大学教授に任ぜられた。一九三二年五月―三四年五月には金沢医科大学附属医院長。

診療面で前任者松原は客観的表出症状を重視して患者の主観面にほとんどたちいらなかったが、早尾は患者がかたる体験症状を重視した。教室における研究は、時代の当然として組織病理学的なものが中心で、精神神経疾患における血液像や血液脳関門の研究もおこなわれた。早発性痴呆患者の性腺の検索がされた、それも男患者の去勢という手荒な手段によって（こういうことが批判されない時代であった）。

松原は初代教授で、辞職とともに松原病院を開設した。松原の辞職とともにおおかたの教室員がさり、少数の教室員の診療上の負担は並み大抵ではなかった。教授出張中に医局長が病気で、助教授と一人の医局員とで外来および入院の診療にあたることもあった。松沢病院医員であった遠藤義雄を一九二八年一月に講師に、二九年六月に初代助教授にした。遠藤は勉強家でがんばり屋で面倒みがいい人徳家と、他の医局員から評価されていたが、三一年六月には金沢をさった。遠藤自身は思想的にはやや右寄りの人だったが、早尾の外遊中に左翼的思想の医局員が痔疾で手術したあと精神科病室に入院させたことが問題となったらしい。秋田の赤石鉱山労働争議に関係したゴタゴタが教室内にあり、そこに左翼弾圧の風潮がつよまったのである。

早尾ははじめ妻子とともに赴任していたが、教育熱心な妻は子とともに東京へもどり（金沢は結核の人がおおいから、ともいっていた）、早尾は一時期病棟内の一室に起居して、東京と往復していた。病室に寝泊まりしていた頃、当直医と飲みにでておそくなり、門衛にみつからぬように鉄柵をのぼってかえったこともある。このように教室員にとけこもうと努力はしたが、「端正すぎて逸話がすくない」、「あの人はやはり自分の境地をもっておられたね、金沢におられても」と昔の医局員は回顧している。どうも教室の雰囲気づくりがうまくいかなかったようである（権力をふるう人ではなかった）。

はじめにかいたように、早尾は一九三七年一一月七日（四七歳）、召集されて、三九年一一月四日召集解除。その間三九年四月三日、日本精神神経学会総会第二日に「精神分裂病」の宿題報告。その第一席が斎藤玉男「精神分裂病の遺伝生物学」、第二席早尾「戦場における精神分裂病」、第三席林暲・秋元波留夫「精神分裂病の予後及び治療」。三浦岱栄は「時変下〔ママ〕にふさはしい軍服に身を固められた早尾教授」と総会記（精神神経学雑誌、第四三巻第四号、一九三九）にしるしているが、早尾講演の内容は記録にまったくのこっていない。また、北海道帝国大学の大熊泰治教授は召集されてもすぐにかえされた。早尾は満二年召集されていて、昇進もしていない。

早尾は大学にもどったものの、学校には三か月に一回ぐらい顔をだすだけ。ほとんど東京にいて、助教授に「明日の講義をたのむ」を連発。そして、一九四一年六月（五〇歳）に「依願免本官（病気ノ為メ）」。退官願いには、慢性腸胃加答児兼神経衰弱症との、東京帝国大学医学部教授坂口康蔵名の診断書がつけられていた。家族からみて病気はなかった。

『戦争心理ノ研究ヲ終了スルト共ニ将来へ希望ス』にかいた肩書き「陸軍嘱託航技研附」の「航技研」とは航空技術研究所だろう。そこでおこなわれていた研究をつまびらかにしないが、精神医学者はそこで航空関係者の適性検査および航空にともなう心身の変化の研究にたずさわっていたはずである。この論文に適性医学のことがでていることからすると、適性検査にたずさわっていたのだろうか。また、北陸地方に疎開していた軍管理工場を観察する無償挺身にあたっていた。だが、私設研究室もおかれていた東京都淀橋区下落合一丁目四二五の自宅は、一九四五年五月二五日戦災（池袋から目白にかけて、東京都では三・一〇戦災につぐ大規模なもの）にあい、資料もやけた。

戦後の歩みを隙間なくたどることはできない。いくつかの名簿の記載などをつなぎあわせると、敗戦後間もなくはGHQの行刑課に関係しており、一九五四年当時は関東医療少年院長（住所府中市荒井）、一九五五－一九五六年と聖路加病院神経科に勤務（土居健郎の留学中のこと）。当時の橋本寛敏院長は前述のように医科大学医学部の同級生であった。そこをやめると、合州国にわたった（東京大学医学部薬学科を卒業した息進がニュージャージ付近の製薬会社の研究所につとめていた）。一九六〇年当時は東京地方裁判所に勤務していた）。六一年当時は聖路加短期大学教授（住所新宿区下落合一－四一五、なくなったときもここだったろう）。

一九六八（昭和四三）年一月二三日、脳血栓で死去（七七歳）。葬儀は神式でおこなわれた。

その研究業績をみると、東京時代は脳の組織病理学的探索が中心であった。金沢時代には、早発性痴呆の病態発生には内分泌面、ことに生殖腺の変化がおおきく関与していると信じ、ホルモン療法も手びろくおこなっていた。注目するべきものとして、筆頭著者で赤申吉、天海健次郎との共著「震災ニヨル精神病」（十全会雑誌、第二八巻第一二号、一九二三）がある。大震災を経験して入院した五例、――虚脱性譫妄、ヒステリー性躁病、虚脱性譫妄か、躁病周期性型、躁病――についての報告で、シェル・ショックにつきかなりくわしく論じていて、のちの戦場報告にも関連するものである。もう一つは谷野亮一との共著の「故松原三郎博士脳髄ノ病理組織学的所見」（精神神経学雑誌、第四一巻第一一号、一九三七）は、前教授の脳病変として老人性変化、小脳萎縮（系統疾患）、小脳脳膜髄膜腫がみいだされたとしている。

かれをめぐる謎　四七歳の国立医科大学教授が対中国戦争の初期（はやい段階の勝利がみこされていた時期）に召集されて、一時は第一線にちかいところにおかれ、召集解除は二年後だったというのは、異例のことだったようである。しかも、その後二年たらずで退官した。いったいどうしたのだろうか。

早尾さんはどんな人だったか、教室員のかたるところをきこう。(5)教室の『六十年の歩み』中の「思い出断片」で西本知治は、「早尾教授が金沢に赴任された時はアメリカからの帰朝早々で、松原先生（坊主頭でとおした――岡田）とは対照的でアチラ仕込のスタイル。寸分の隙もない。田舎の都会には見られない紳士で朝昼夜ネクタイが変る。他は推して知るべく、奥さんに至ってはこれまた看護婦連中のあこがれの的だった」とのべている。

おなじく「先輩を囲む会」での猪原清、岡良一、福田博、小西直秀の証言をひろっていくと、はくのは絹の靴下、靴は四八足、他人にみがかせず、みがくと木の型を一足ずついれていた。金沢市にはじめてダンスホールができたとき常連だった。猪原にどこかうまいもんくわす所をというので、猪原が「私の行くところはどこでもついて来ますか」と念をおして「どこへでも」の返事をえて、なわのれんをくぐろうとすると、「これは……」ととうとうはいらなかった。酒はつよくて、お宅ではかならずウィスキーがでた。

ヒロヱ夫人は社交好きな派手な人で、こまごましたことはしなかった。前記のように、生活費は夫人の実家からのものでたりて、給料は自分でつかった。しかし贅沢はしなかった。おとなしい人だった。だが、早尾寿枝さんが夫からきいていたところでは、金沢では机をあげてあばれたこともあった。おなじく寿枝さんによると、外国の小物をよくあつめていた。ハンカチはガラス戸にはりつけてのばし、自分でアイロンをかけていた。うちでは絵をかき書をこのみ、俳句をつくっていた。『大日本博士録』には、趣味嗜好として音楽、絵画（洋画）、写真、旅行などとある。また一九二八年には十全会（金沢医科大学の）役員として音楽部長になっていた。

わたしの手許に、一九六五年呉秀三先生顕彰会発起人となることを承諾してくださったときの葉書がある。そこに「弟子のため水ごもりして教授会」の句がしるされている。この俳句を正橋剛二氏（金沢大学の精神科にいたことがある、わたしよりすこし年上）におみせしたら、谷野亮一氏（正橋氏の先輩）夫人からきいていたことをおもいだして、これは谷野氏のことだったのではないか、とかたられた。ところで、「水ごもり」とは、水中で声のくぐもることである。ここは「水垢離《みずごり》とりて」とするべきだったろう。

こういう人となりの早尾さんだったが……

当時講師（のち助教授）だった猪原清は「先輩を囲む会」で、早尾さんが召集解除後二年にもならぬうちに教授をやめた事情をたずねられて、「それをぼくはあまりしゃべりたくないんだ」といってから、シェル・ショック〔戦役による神経症〕についての宿題報告の原稿に「陸軍省の検閲があったんです。もうはじめからしまいまでずっと全く消してしまって、しゃべることがなくなったものですから、そういう話をして発表しなかったんです。発表させなかったということですね」とかたっている。(6) 猪原はまた、「帰られたけれども、それから何か精神的な一つのショックでもあったのか、先生はほとんど大学に来ていませんです」、「先生戦争から帰って大学へ来ても東京に行っちまって、私のところに「明日の講義頼む、明日の講義頼む」と言って、ほとんど講義しておられません。三月に一ぺんずつちょこっと来られて」ともはなしている。

宿題報告はシェル・ショックについてではなく、精神分裂病についてであったが、その内容に「陸軍省」（といっても直接には諏訪敬三郎院長）からみて公表されたくないことがあったのだろう。戦場報告の内容をみても、早尾さんの目はするどすぎた。早尾さんは宿題報告当時は国府台陸軍病院にいた。召集解除後の早尾さんにつき猪原が「何か精神的な一つのショックでもあったのか」とみたことは、陸軍省の上層部が早尾さんを警戒してなんらかの圧迫をくわえていたことをしめすのではなかろうか。

猪原はまた『七十年の歩み』中の回想録で、教授の留守中にインシュリンショック療法、ついで電気ショック療法がおこなわれるようになった、「またこの変化が……、早尾先生が除隊されて帰ってきたら、教室で新しい治療をどんどんやっている……。そんなことも先生がその後、金沢から遠ざかる原因の一つではなかったかと私は思っています」とのべている。教授がおしすすめていたホルモン療法は見向きもされなくなっていたのだろう。

こうして、上からの圧力と、教室づくりが充分にできていなかったなかで教室員への権威をうしなったことが、早尾さんのやる気をなくさせたのだろう。

では、四七歳の国立医科大学教授が、戦争初期に召集されて二年も（その半分は外地の前線ちかくで）軍務に服させられたのはどうしてか？　このながいあいだの謎は、なくなるすこしまえの加藤正明東京医科大学名誉教授[7]にうかがって、とけた。東京帝国大学医科大学学生のときに陸軍給費生だったのに、はやく予備役にしりぞいたから、懲罰的なものだった、とのことである（給費生に何年ぐらいの軍務義務があったのかは、たしかめていない）。また、中国戦線から国府台陸軍病院にうつったのは、諏訪院長にたのみこみ、ひきとってもらったからだ、とのことであった（加藤軍医少尉は早尾軍医中尉と同時期に国府台陸軍病院に勤務していた）。諏訪院長も早尾さんをかばいきれなかったようにもみえる。それにしても、こういう札付きの予備役中尉に犯罪調査を命じたのはどうしてだろうか？　札付きだから特別任務をおわせたのか。早尾さんをめぐる謎はつきない。

◉第1章注

（1）高崎隆治編・解説『軍医官の戦場報告意見集』（十五年戦争重要文献シリーズ①）、不二出版・東京（一九九〇）

（2）岡田靖雄解説『戦場心理の研究』（十五年戦争極秘資料集補巻32』（第1－4冊）、不二出版・東京（二〇〇九）〔これには早尾乕雄の著者名をはっきりだすべきところだが、この十五年戦争極秘資料集にいれられたものの多くに著者名がはいっていなかったのだろう、解説者名が表にだされている〕。

第1冊にはいっているのは、『昭和十三年五月戦場心理ノ研究総論』『戦場ニ於ケル特殊現象ト其対策　戦場心理ノ研究各論』

第2冊にはいっているのは、『戦場神経病・精神病及犯罪　各論第一編』

第3冊にはいっているのは、『中支戦線に於ける精神鑑定書』

第4冊にはいっているのは、『戦場に於ける自殺企図に就て』『戦争心理ノ研究ヲ終了スルト共ニ将来へ希望ス』である。

（3）このときは、遺族の承諾をえることという条件がつけられ、しかも遺族についての情報は提供されなかったように記憶している。また吉見義明編『従軍慰安婦資料集』が早尾論文を紹介したのは、約束違反だと、当時の担当者はいかっていた。どういう理由でか、早尾論文の利用はきびしい制約のもとにあった。

（4）岡田靖雄「早尾乕雄小伝——解説をかねて」『戦場心理の研究』第1冊（二〇〇九）

（5）『金沢大学医学部神経精神医学教室六十年の歩み』、金沢大学医学部神経精神医学教室（一九七〇）（本文中では『六十年の歩み』と略記、またこのなかの「金沢大学医学部神経精神医学教室の先輩を囲む会」は「先輩を囲む会」と略記）および、『金沢大学医学部神経精神医学教室七十年の歩み』、金沢大学医学部神経精神医学教室（一九七九）（本文中および写真では『七十年の歩み』と略記）。

（6）報告書の整理を依頼されたと猪原はいっている。また「小泉近彦《ママ》は〔わが天皇に、大和民族には〕ノイローゼになるような者はおりません、というようなことを上奏したんだそうです」とも発言している。宿題報告のとき早尾に、国府台陸軍病院から何日も金沢にきて、猪原に講演のための資料整理を依頼する時間的余裕はゆるされなかったろう。猪原は召集解除後の早尾から報告書の整理を依頼されて、整理されたものが、前記のような態度をとる陸軍上層部により抹消されていく過程を自分も体験した、とみることが妥当であろう。それはおもいだしたくもない体験だっただけに記憶の混乱を生じたのであろう。

(7) 加藤正明（一九一三―二〇〇三）。東京商科大学（現・一橋大学）中退。一九三七年東京医学専門学校を卒業して、東京帝国大学医学部精神医学教室に入局。国立下総療養所、国府台陸軍病院（→国立国府台病院）に勤務。五五年国立精神衛生研究所部長となる。七四年東京医科大学教授。一九七七―一九八三年国立精神衛生研究所長。わたしの『日本精神科医療史』は、この人にささげられている。

〔追加〕中村江里『戦争とトラウマ　不可視化された日本兵の戦争神経症』（吉川弘文館・東京、二〇一七）が写真としてかかげる『読売新聞』一九三九年四月五日号の記事見出し「大戦名物の〝砲弾病〟／皇軍には皆無／早尾博士頼母しい発表」のなかの発表要旨はつぎのようなものである。

早尾博士は軍医中尉として軍務に服する傍らこの精神病について約七ケ月中支全線《ママ》に於て精神病患者の調査治療を行った結果平時に一度精神病にかかつたことのあるものが戦争で再発したもの、またマラリアの高熱のため精神分離症と思へる症状を呈したもの、又は頭をぶつける等の外傷のために精神症状を呈したものなどもあつたが
あの『西部戦線異状なし』に描写されてゐるやうな戦争を恐怖した結果から起る精神病、いはゆる〝**砲弾病**〟はわが皇軍には全然なく、〝戦争恐怖症〟という言葉は皇軍に関する限り黙殺されることが明かとなつた

というものである。最後の部分は、これまで紹介してきた早尾報告からはでてこない（演題ともあわない）。かれは、心にもないことを報告するよう、軍上層部に強要されたようである。とすると、宿題報告について陸軍省の検閲があったという猪原の証言がただしいのだろうか。検閲も、諏訪院長よりも上の人によるものであったかもしれない。

第2章　『精神神経学雑誌』における研究主題の変遷

現日本精神神経学会の前身日本神経学会は、精神病学者呉秀三および内科学者三浦謹之助を主幹として、一九〇二（明治三五）年に発足し、『神経学雑誌』をその機関誌としていた。「神経」を冠したのは、「精神」の語の、ある意味合いをともなった重さと、精神病学研究において精神病の医学的基体である脳神経が重視されたことによる。[1] 学会活動において精神病学者の研究と神経科医（内科医）の研究とはほぼ対等の地位をしめていたが、三浦の没後、神経科医の活動はすこしおとろえていた。精神病学側には有力な中堅教授たちがそだってきた。そして一九三五（昭和一〇）年四月の学会総会で、学会名は日本精神神経学会と改称された。機関誌は同年七月発行の号から、『精神神経学雑誌』と改称して巻数もあらためられた。

一九四五年には機関誌発行は不可能であった。一九四六年発行の第四九巻第一号から四八年五月発行の第五〇巻第六号までは、東京都立松沢病院作業科の作業印刷所で製作されていた。なお、戦後内科側の神経科医の研究活動がさかんになって、神経学会を精神神経学会から分割独立させる案がだされたが、これは精神神経学会首脳部のいれるところとならず、六〇年に日本臨床神経学会が発足して、それが日本神経学会となっている。現在の日本精神神経学会では神経学的研究はまったくおこなわれていないにもかかわらず、この学会は「神経」を冠しつづけている。

さてここでは、戦中・戦後を比較するために、第三九—四三巻（一九三五—三九年）、第四四—四八巻（一九四〇—四四年）、第四九—五三巻（一九四六—五二年三月）、第五四—五八巻（一九五二年四月—五六年）と時期を四分して、その間の原著論文の主題項目をかぞえた。

戦後のある時期まで、精神病学教室（精神神経学教室、神経精神病学教室、ならびにこれらに対応する診療科）では、かなり多くの神経疾患をあつかっており、末梢神経疾患をあつかっている教室もあった。また、精神疾患・神経疾患の境界はおおきくかわってきている。かつて四大精神病の一つにかぞえられていたてんかんは、精神科医の手をほとんどはなれている。失語・失認・失行などを主とする大脳皮質の局所症状は、精神医学的研究の花であったが、これらは現在、主として神経学者によって研究されている。ここで神経学の項目にいれたものは、発表当時の神経学の概念にそっているもので、今の見方からすると、あまりにせまくなっているだろう。

残りをすべて精神医学とおおきくくくったが、このなかには脳の解剖学・組織学・脳生理学もいれられている。精神医学的研究では、脳の組織病理学的研究がおおきな地位をしめていて、その基礎的研究として脳の解剖学的研究・組織学的研究も重要であった。「臨床—基礎」の項目にいれたのは、たとえば「〇〇病における赤血球の変化」といったように、臨床的主題の一部分を基礎医学的につきつめているものである。治療は今日の薬物療法登場直前の時期である。脳外科的治療法は一般治療からはきりはなしてかぞえた。

研究主題は一項目におさまりきれるものではない。ここでは、それぞれの中心的主題項目をかぞえたが、そこにはかなりの無理がある。そこで、戦争との関連、時代的変遷をはっきりさせるために、いくつかの副項目をえらんである。

まとめたのが**表11**である。ここからいくつかの流れをひろってみたい。全四期を通じて精神疾患の臨床的研究がおおいのは、当然である。それにくらべて精神疾患の治療に関する研究はすくない。精神外科的手術（いわゆるロボトミー）の報告は、一九四一年にはじまり、戦後にその報告がふえる。パーキンソン病、アテトーゼなど（これらは今日では完全に神経疾患であるが、四〇年まえぐらいまでは精神科でみられることがおおかった）に対する脳深部手術器についての報告は一九五一年にはじまった。

脳生理学的研究では、戦後に脳波技術が発達し、形態学的研究（解剖学・組織学）、生理学的研究、生化学的研究が足並みをそろえることになった。

国民優生法は一九四〇年に成立していたが、そこにいたる論議・審議の過程では、日本人における精神疾患の有病率、遺伝関係についてデータのないことがくりかえし指摘され、ドイツにおける調査結果が引用されていた。国民優生法に事後的学術的裏付けをあたえる形で、大規模な疫学調査、遺伝学的調査の結果が一九四〇年からつぎつぎと発表されていった。双生児法は四一年に登場して、遺伝学的研究に新生面をひらくことになった。

文化精神医学的研究のうち三編のアイヌに関するもののほかは、外地（植民地・占領地・戦地）におけるものである。もっともアイヌ研究においても、研究者の目は同胞に対するものではなかった。

最後に、戦争に直接関連する論文内容をあげておこう。

表11　戦時および戦後における『精神神経学雑誌』原著論文の内容比較
（項目数、（　）内は精神医学関係論文中の比率、〔　〕内は副項目数およびその比率）

内容項目		第39-43巻[1]	第44-48巻[2]	第49-53巻[3]	第54-58巻[4]
神経学		29	34	31	22
精神医学	臨床	60[5]（35.3%）	51[7]（38.3）	29[10]（25.9）	59[16]（37.8）
	臨床—基礎	12（7.1）	8（6.0）	6[11]（5.4）	8（5.1）
	治療	7（4.1）	6（4.5）	4（3.8）	4（2.5）
	脳外科	1（0.6）	6（4.5）	7（6.3）	8（5.1）
	病理	27（15.9）	12（9.0）	7[12]（6.3）	15（9.6）
	脳写	8（4.7）	1（0.8）	0	0
	生化学	8（4.7）	5（3.2）	10（8.9）	23（14.0）
	解剖・組織	14（8.3）	9（6.8）	9（8.0）	12（7.6）
	脳生理（脳波）	1（0.6）	1（0.8）	18（16.0）	10（6.4）
	心理	4（2.4）	0	6[13]（5.4）	6[17]（3.8）〔2（1.7）〕
	文化精神医学	4[6]（2.4）	11[8]（8.3）	2[14]（1.9）	0
	遺伝学	0〔2（1.2）〕	7（5.3）〔4（3.0）〕	2[15]（1.9）〔4（3.8）〕	0〔4（2.8）〕
	疫学	0	3（2.3）	0	0
	社会精神医学	3（1.8）	1（0.8）	0	0
	司法精神医学	3（1.8）	1[9]（0.8）	3（2.7）	6[18]（3.8）
	小児	2（1.2）	2（1.5）	0	0
	動物実験	8（4.7）	6（4.5）	9（8.0）	3（1.9）
	薬理	6（3.5）	2（1.5）	0	2（1.7）
	歴史	2（1.2）	1（0.8）	0	1（0.6）
	計	170（100）	133（100）	112（100）	157（100）

刊行年月は[1] 1935年7月－1939年12月、[2] 1940年1月－1944年7月、[3] 1946年6月－1952年3月、[4] 1952年4月－1956年12月

副項目等は[5] 遺伝学2、戦争関連2、[6] うち2はアイヌ研究、[7] 遺伝学3、戦争関連2、[8] うち1はアイヌ研究、[9] 双生児法による遺伝学、[10] 戦争関連2、[11] 戦争関連1、[12] 戦争関連2、[13] 双生児法による遺伝学、[14] 戦争関連1、[15] 双生児法1、[16] 双生児法による遺伝学3、遺伝学3、心理2、[17] 双生児法1、[18] 心理1、戦争関連1

拘禁された日本共産党員などにみられた拘禁性精神病、精神乖離症〔精神分裂病〕(二編)(一九三七年)
頭部戦傷者の症状(一九四二年、四三年各一編)
戦時における神経質発現の変遷(一九四七年)
ビルマ戦線における文化精神医学的研究(一九四七年)
航空医学的意識障害研究(一九四八年)
頭部戦傷後遺症(一九四九年)
頭部戦傷後遺症(一九五〇年)
受刑者の戦争末期および戦争直後における犯罪の特殊性(一九五〇年)
原子爆弾症脳の病理(一九五一年)
戦後少年非行の特殊性(一九五四年)

戦争中精神病院における死亡率に関する論文があらわれるのはこののちで、総じては戦争関連の精神医学的研究は充分でなかったように感じる。

◉第2章注

(1)戦争中に中等教育のなかばをおえたわたしにとっても、「精神」は個人をこえて、ある方向づけられた意味をもっている。心療内科があるのでこの語はつかえないが、精神医学でなく「心療医学」といいたい(現に多くの精神科診療所は、心療内科・精神科を標榜している)。

IV

戦争の周辺で

長山泰政

被災前の中宮病院病棟

禁野火薬庫爆発後の病棟

（1939年）

暴露した恐怖の精神病院

餓死患者數十名か

白骨化した三死体発見

乱れた病院の内幕

〝亡霊に悩まされた〟

朝日新聞（1948年9月10日付）

第1章　大阪府立中宮病院と禁野火薬庫爆発

大阪府立中宮《なかみや》病院（現大阪精神医療センター）は、一九二六（大正一五）年四月一五日に、大阪府北河内郡山田村中宮（現枚方市）に開院した。一九一九年制定の精神病院法にもとづき、はじめて建設された公立精神病院である。定床三〇〇床、病院敷地は約三万坪。山田村中宮は大阪の東北端で人家もとぼしかった。「大阪のチベットに病院をたてた」といわれた。

長山泰政という人

長山泰政[1]は一八九三（明治二六）年、大阪市南区の開業医長山泰春の第一子としてうまれた。一九一二年ごろ大阪府立高等医学校（のち府立大阪医科大学、大阪帝国大学医学部の前身）、一九年府立大阪医科大学を卒業。父は臨床医学をまなぶことをのぞんでいたが、母校で解剖学、ついで東京にでて病理学を専攻。

一九二二年大阪にもどる。母校では父の弟の小幡亀寿が外科学教授であったが、二三年府立大阪医科大学神経科医員となって神経病理学を専攻した。教室は精神病学教室、その和田豊種教授の妹が小幡の妻であった。

一九二六―二九年と大阪府立中宮病院に勤務。二九年、帰国後助教授をほぼ約束されてドイツ留学にたった（費用は父が支出）。ところが長山はドイツでの作業療法、院外保護の実態に感銘をうけて、精神病医のあるべき姿を体得した。三〇年末帰国した長山の将来をめぐって、父、叔父、和田教授との関係が悪化した。

一九三一年一月大阪府立中宮病院医長（院長につぐ地位）となり、作業療法に積極的にとりくみだした。作業療法も病室内作業から屋外作業に重点をうつしていった。三六年から長山は、入院患者を病棟から外にだしてゴザにすわらせた状態でおこなう病棟外医長回診をはじめた。同年長山は個人として、退院患者を対象とした院外保護を開始した。三七年春からは、長山の提唱で、入院患者ほぼ全員を病院運動場で行進させる集団行動（「軍歌行進」）がはじめられた。

ところで、長山の作業療法に対する小関光尚院長の理解はとぼしかった。開院以来事務長をつとめておきな権力をもっていた西谷義磨は、警部補の職のあと初代事務長についた人である。事務関係の多くも警察官だった人でしめられていた。病院公用車にも警察の紋がはいっており、「中宮病院は警察の出張所のようなものだった」とかたられている。離院は業務上過失として、自殺は業務上過失致死として、警察からの取り調べがあった。「作業やったら（患者が）にげる」ぐらいの認識が院内では一般的だったのである。

一九三九年三月一日(2)

当日の在院患者四四三名（男二六一、女一八二）、重症者および起床困難であった者は男五名、女三名、当時在院した従業員は医員五、事務五、薬剤員一、看護員五六（男一五、女四一）、その他の従業員は二七、計一〇四名〔従業員数は原文のまま〕。患者に直接していたのは医員および看護員の六一名で、患者七名に一人の割合となる。

三月一日午後二時四〇分ごろ一発の爆音。この地域でこうした音響はききなれていて、この爆音を意に介することはなかった。しかし、すこししてサイレンがひびき、長山が運動場にでて北面すると、間ぢかに東風にあおられる火焔をみた。

そこで長山は、（一）作業患者は即刻病室にひきあげること、（二）非番看護員は担当病棟に集合待機することを命じ、（三）電話室より各病棟に、（イ）患者を人員点呼のうえ、いつでも避難できるよう適当な場所に集合させておくこと、（ロ）蒲団をできるだけおおくもちだしておくこと、（ハ）重症患者は適当に処置したうえ蒲団にくるめおくこと、などを命じ、ついで（四）看護長に手分けして火の始末と避難地は東南隅の窪地であること〔病棟は敷き地の西半部にあり、東半部が空地で運動場、作業場などにあてられていた〕を病棟に通知させた。

長山自身に聞こう。

「右の如くそれぐ手配をして運動場に行つた刹那大地も崩るゝかと思はるゝ第一発の大轟音あり、火は天に冲し天地晦明となる。実に凄壮なる光景を目のあたり見た。その後間髪を入れず第二、第三と連続大爆音は轟き渡り、大音響の轟く度びに地は一瞬水平に激しく震動するを感じた」

中宮病院から八〇〇メートルの地に陸軍工廠禁野火薬庫があった。これは陸軍により日清戦争を契機に、北河内郡牧野村に一八九六（明治二九）年に設置された。一九一一年、三三年に拡張されて大弾薬庫となり、さらに三八（昭和一三）年に、禁野火薬庫の東隣りに枚方製造所が開設された。この製造所は日本で最大の砲弾製造所であった。三九年の爆発で、禁野火薬庫の全部と枚方製造所の一部とが焼失したのである。

「第一発の大爆音轟くと見るまに各病館より看護員と患者は転ぶが如く一団となって飛出し来り、東南隅の窪地及び底地の松樹林へと避難集合した。

「その後引切りなしに続く大爆音と共に異様なる音響をたてゝ頻りに飛来するものゝあるを知つた。一松樹はこれが為に一瞬にして半折し、又畔には盛んに火煙の立つのを見て甚だしく危険を覚へ、吾々は一層の安全地帯を求める必要を感じた。

「病院の東境に沿ふて南北に走る一条の村道を村人が列をつくつて南へ〳〵と身を以て逃れ行く有様は、驚愕と恐怖とに怯えてゐる患者をして愈々騒然たらしめ、漸く収拾の困難となり来るを憂へしめた。「危険は刻々加はるのみ。遂に意を決して東南隅に於て鉄条網三ケ所を破壊し患者を順次構外に救出しはじめた。四時頃であったと思ふ」

病院の境界は、大阪府道に接する北界はコンクリート塀、東および南の境は高さ三メートルにおよぶ数段の鉄条網よりなっていた。中宮病院に期待されたのは、患者の治療ではなくてその治安的収容であった。長山手記に「小関院長来着後は一糸乱れない行動が始まつた。私はホツとした」の文がでてくるのは、かなりあとなので、院長がでてきたのは夜にはいってからかと察しられる。

長山が最初の爆音のあとだした命令に対し、「早手廻しですな」との声もでていた。第一発目の大爆発では病院建物への被害はほとんどなかったが、第二発目で病棟は大破した。書記および警護の二名により鉄条網は破壊され、患者は三々五々のがれていき、看護員は先頭にたち、また列中に適宜はいって患者を擁護誘導していった。避難に応じない患者、おびえおののき疲労しきった患者もすくなくなく、そのほか衰弱、重症で手を要する患者もあって避難救出に相当の時間を要し、最後の一患者を収容しおわったのは、夕闇せまった六時過ぎであった。

身体健全でいわゆるシッカリした患者一八〇名は病院の東南約一里の駅前に、衰弱、重症、不具、動作遅鈍、避難に応じないなどで避難作業に相当の困難をおぼえた二三九名は病院の南方約一〇町の天理教三輪講に避難した（患者計四一九名で、不明二四名）。駅前の避難地からはトラックをもって午後九時ごろに香里脳病院に患者を収容した。天理教三輪講は危険地域内にあったが、一軒屋で電話もなく連絡の方法がなかった。蒲団はもちだしたものの、夜がふけるにつれて冷気は身にしみた。事務科および警護の数名が病院から決死的に食料を運搬してきて、午後一〇時頃にここの全患者に食事を配給できた。そののち府衛生課の二氏の奔走によってトラックおよびバス七台をえて、ここの患者を堺脳病院へおくりだした。三月二日午前三時ごろであった。爆発音はこのころまでつづいていた。

職員一同は二日未明香里脳病院に到着し、同院に中宮病院本部を仮設し、ただちに行方不明患者の手配その他応急の対策を講じはじめた。行方不明患者は間もなく全部発見され、結局一人の死傷者もださなかった。病院本部は三月四日に中宮病院にもどった。

爆風やいろいろなとんできた物のために屋根瓦はずりおち、ガラスはくだけ、窓枠や扉はふきとび、壁ははげ、屋根や床にはおおきな穴があくなど、建物の被害は甚大で使用にたえなくなった。さいわい東風だったので、類焼はまぬかれた。

長山が普段やっていた病棟外医長回診および「軍歌行進」が、患者たちの避難行動を容易にしたことはたしかである。長山は、「破壊した鉄条網から逃れ行く患者の後姿を見た時どんな始末になるだらうかと大なる不安と杞憂とを感じ、当時私はある決意を胸に固めたものであった」とかいている。何人もの死傷者がでたら辞職しようとの考えを長山は第一にかためたのだろうが、もう一つは、行方不明者が何人かでて府民に不安をあたえるときのことをかんがえていたに違いない。

一九一六年一一月に兵庫県武庫《むこ》郡の私宅監置室をぬけだした患者が神戸市で通行人数人を路上で殺傷し、行方不明になり、一か月後に大阪府中河内郡長瀬村（現東大阪市）で逮捕される、という事件がおこった。大正天皇の武庫離宮宿泊が一一月に予定されていたため、この事件はおおいにさわがれた（さらに同年一二月にも、別の精神病患者による殺人事件が大阪府西成郡でおこった）。通常大阪府会は一二月八日に、「社会ノ安寧」のために「斯ノ如キ不可解的行為ノアリマス精神病者ヲ収容スル機関」の設置を趣旨とした「公設精神病院設置ニ関スル意見書」を全会一致で決議した。こういう前史をもつ中宮病院は治安対策の線をつよく要請されていたのである。

中宮病院の病棟復旧までには六か月を要した。その間入院患者は、大阪府下の民間病院に依頼し、医師・看護員は中宮病院の職員を派遣し、病室をかしてもらう形であずかってもらっていた。

長山のその後をみておこう。一九四七（昭和二二）年大阪府立中宮病院組合が結成されて長山は初代副組合長となった。四九年、病院事務長による配給食糧隠匿の疑いなどで組合による事務長排斥運動がおき、長山は、この組合運動に関連して、医長としての管理責任をとわれて、中宮病院を退職した（ひきつづき小関院長も管理責任をとわれて退職した）。

こののち長山は、大阪女子高等医学専門学校および関西医科大学の非常勤講師、近畿大学教授などをつとめた。一九八六年死去、九三歳。

◉第1章注

（1）長山の伝記としては、森口秀樹「長山泰政先生と大阪府立中宮病院」が、精神科医療史研究会編『長山泰政先生著作集』（長山泰政先生著作集刊行会・東京、一九九四年）におさめられている。

（2）『和光』第六巻第三号（一九三九年）にのった、長山泰政「枚方倉庫爆発事件当時の本院の情況を語る」は、前記『長山泰政先生著作集』に再掲されている。

第2章 大阪脳神経病院事件

戦いおわり
「暴露した恐怖の精神病院
餓死患者数十名か
白骨化した三死体発見」

これは朝日新聞一九四八（昭和二三）年九月一〇日（大阪版）の見出しである。一ペイジのほぼ三分の一をしめるその記事の内容は、つぎのようなものである。

朝日新聞記事内容

収容中の患者、「浮浪児」を虐待、死にいたらしめ、死体をうめていた病院が、最近同院を脱出した一浮浪児によりあきらかになった。豊中市豊島の大阪脳神経病院（元稲葉病院、稲葉近蔵院長）で、大阪地検では天野検事が先月末から内偵をすすめ確証をにぎったので、八日午後大阪曾根崎、豊中西署を指揮し、西側池のそばから女の死体三個を発掘した。

昨年夏以来八個の死体が同様にうめてあるらしい。同病院志水事務長、川上看護婦長を逮捕し同病院の書類一切を押収し、これにより同病院のおそるべき内容の一端が明るみにでた。数年来精神病者を飢餓状態においこみ、ヤミからヤミにほうむった死亡者は数十名にのぼるのではないかと同地検ではみており、患者名儀で食料その他の不正受領をしていた疑いが確実となってきた。

八日現在の収容患者数七六名、ほかに浮浪児が収容されていた。医師は院長以下四名、看護婦は長以下三名、その他事務、看護人若干名が管理している。

入院中の患者（男）の家族は、面会のたびにやせてきて、食事も主食一回分は七勺たらずの麦飯で、副食はシルが一杯だけ、科学的療法はまったくとられず、患者があばれると看護人が暴力でいためつけるので恐怖性がつのってきた、とかたった。炊事婦の談では、朝一合、昼一合、夜一合五勺で麦がまじることもある、副食物も特配があって一般より豊富に支給されている。付近の人の話しでは、同病院では戦前は死者は服部火葬場にはこばれるのをみた、戦後は病院で死亡するものがおおいといわれているのに火葬された様子がみられない、あの病院に入院した者は一年ぐらいでしぬというのが定説になっている。

志水はむかし天六の病院で車夫をしており、その後おなじ脳神経病院に異動になった。アル中でまた小金をためることが趣味で、妻子を天六においたまま同院にすみこみ、最近では川上婦長と夫婦関係をつづけていた。

同病院は一時患者は二百名以上もあり、看護婦、看護人ともに一五、六名いた。最近は患者がへり、看護婦も川上のほか、脳神経患者あがりの横田看護婦、佐々木看護人のほか二、三名。財政的にも相当窮迫していた模様。患者と昨年収容された浮浪児が栄養失調でつぎつぎ衰弱し、その火葬費が相当たかいところから、事務長が婦長とぐるになって、他の看護人をつかって死体を遺棄、病院の公金の一部を着服していたものとみられる。

押収した事務長の所有品のなかには女患者をモデルにしたいかがわしい写真があり、入院患者への暴行の疑いもある。多数の配給品が隠匿されていたので、配給品が患者にわたされているか疑問視されている。志水の自供によると、昨年七月から九月までに死亡した患者八名の死体を本年六月までに病院内にうめた(死者一人に十束の薪ではやけず、たかくつくので、火葬はしなかった)。その後亡霊になやまされたので、発掘して火葬にした。今回発掘された白骨はほりのこしのもの。

豊中市役所服部支所でうけつけた埋火葬許可簿によると、昭和二一年から現在までに二五四名が死亡し、火葬されたことになっており、死因に心臓麻痺がおおい。土田大阪衛生部長が九日同病院を視察してかたったところでは、精神病者に対する医療設備はゼロ、調剤台にはホコリがつもっていて投薬した形跡はない、男子のフロは月一回ほど、院長もここ半年は病院にでておらず、看護人・看護婦の数も府に提出の届とはぜんぜんちがっている。

府では、四六名の委託患者は一〇日中に府立中宮病院にうつすことになった。

この大阪脳神経病院は一九一六年九月設立（当時の名称は一九四八年とおなじであった）。三五年末の定員は一三三床、院長はおなじ稲葉近蔵であった。

あとは朝日新聞の記事から主要なものをひろっていこう。

府予防課の二、六、七、八月の監察では治療、給養、設備とも良好であった〔まったく形だけの監察〕。院長はずっと病気でやすんでおり、外科医が週一回だけ回診していた。

浮浪者は各地の病院などに収容されていたが、本年四月の児童福祉法施行以来、一八歳以下の浮浪児は府下の児童収容施設に配分したことになっていたが、九日、府下の四脳病院（大阪脳神経病院をのぞき）にも一八歳以下の浮浪児が計六五名収容されていることがわかった。合計一七〇〇名余の浮浪者が適当な施設に収容されていたが、うち一三三名が大阪脳神経病院に収容されていた。精神病者の委託料は一日一五円だが、浮浪者についての補助金は三円六〇銭なので、大阪脳神経病院では精神異常者として収容していた〔この、精神病院への浮浪者収容の件は、今まで注目されずにきた〕。

一一日までに大阪大学堀見教授（精神科）が七五名を診察したところでは、栄養状態は中程度だった。

終戦当時に無償配給の衣類数百点のうち、患者の手にわたったのは三一点だけだった。事務長、院長が配給主食や薬、石炭などをもちだしていた。

一九四六年八月から四七年三月までに死亡した一五三名中七二名には、配給だけでも一日一二〇〇カロリーのところ、九〇〇カロリーしかあたえられていなかった。一九四五年一月から四八年八月三一日までの死亡患者・浮浪者は三四五名。一三三名は栄養失調死。浮浪者は一九〇名中四七年三月までに七二名死亡、おおくは栄養失調死だが、虐待・暴行による死者もある。

死亡者についてほとんどは死体埋葬の手続きはしているが、葬儀には一七〇〇〔ママ〕円かかるので、九〇名の死体は院内にうめた。四六体の白骨が確認されたあとも、骨がでている。

患者中四四名は中宮病院に、一七名は他院にうつされ、一一名（うち浮浪児七名）はいちおう退院した。

一〇月三〇日に大阪地検天野検事は二か月にわたる捜査の結果、院長、理事長、事務長を死体遺棄および給養不足による致死で、看護婦長および看護人の両名を死体遺棄で起訴した。

ここまでの資料は、板原和子、鈴道幸、森口秀樹の諸氏にあつめていただいた。このあと報道が途だえたようで、三氏の努力にもかかわらず、裁判の結果がわからない。いずれにせよ、同院は廃院となった。

ところで、天野一夫検事の投書が一〇月二五日の朝日新聞にのっている（これはまったく異例のことだろう）ので、それをあげておく。

脳病院事件の反省

捜査とは真相を鏡に写し出すがごとくに証拠によつて明かにすることである。こんどの豊中脳病院事件の捜査にあたつて、はたして事件の真相を鏡に写すがごとく糾明できたかどうかを、おそれている。いま事件の内容を語るわけにはいかず、いずれ全容は公判で明かにされるというが、たゞ余りにも病院経営者の人道を無視した私利追求の観念と行政監督者のその場かぎりの無責任な処理などに義憤を感じながら捜査にあたらねばならなかつたことを遺憾に思つている。

自らの意志で人を殺し、物を盗んだ者は犯罪者として国家は多大の国費を投じ、あらゆる方法を講じて人権を最後まで保護尊重している。これが新憲法の精神であり、文明国の行き方である。しかるに□□《不明》と□□《不明》の犠牲となつた精神病者に対し、こんどの事件で収容した一看護人をして刑務所の食べ物はわれわれ病院の食べ物より話にならぬくらいおいしく御飯も三倍くらいあると嘆ぜしめるような病院に収容して放つておくようではわれ〳〵は文明を語り人権尊重を論ずる資格はないといわねばならぬ。いわんや精神病者でない浮浪者をも監禁して餓死せしめるにおいておや。

帝銀事件はおそらく将来二度とくり返されないであろう。しかるに脳病院事件は、あるいは現在他の病院で行われているかも知れない。また将来くり返されるおそれなしとしない。これが防止の方法はわれ〳〵社会人がこの不幸な精神病者に対し、深い理解と温い人間愛をもつて接し、一方脳病院に対しては不断の監視を怠らないことである。（大阪地方検察庁検事・天野一夫）

この事件でいわれている「脳病院」とは、今日の精神科病院である。「今の精神科病院にそんなことはありませんよ」と、胸をはっていいきれるだろうか。

官物横領のこと

この事件では、食糧をふくむ公的なものが私人によって横領されるという事があった。類似の事は他にどのぐらいあったのだろうか。

群馬県草津にある栗生楽泉園（国立らい療養所）では、一九四七（昭和二二）年八月一五日の参議院議員補欠選挙の応援演説のために、八月一一日に共産党地方委員ら五名が来院し、患者の日常生活状況を聴取し、あまりの悲惨さにおどろき、あらためて懇談したい、としてかえった。これをきっかけに患者の自治活動が活発となり、園側による不正行為もつぎつぎとあばかれていった(1)。

一九四七年一〇月二日づけの「栗生楽泉園之真相」には、「四、不正横領嫌疑の数々」として、つぎのようにあげられている。

（一）自動車　六万円
（二）米　四万五千円
（三）番茶　一万四千四百円
（四）ニューム製品　約二〇万円
（五）白羽二重　約二〇万一千円
（六）粗製ガーゼ　約三百十六万円

（七）煙草不正受配　約六十八万円
（八）霜崎清、山口馬吉両事務官の園外闇活動不正横領嫌疑概算総高　四百三十六万四百円

このうち米に関する部分をみると、
（二）米　四万五千円
1．昭和二二年五月九日別途会計で購入しているが倉庫に現品なし。
2．昭和二〇年一二月二八日の長野県沓掛に於ける闇米購入事件の支払代金である等と陳弁しているが当時の米代は支払はれた記録が昭和二一年に明らかにある。

さて、精神科の松沢病院では[2]？

一九四五（昭和二〇）年一二月三〇日の『読売報知』は、表裏一枚の新聞の社会面冒頭に、「〃生ける屍〃にこの非道／松沢病院栄養失調死亡日に七、八名」の四段抜き見出しで六段の記事をのせた。途中の見出しは「哀れ無言の抗議／食糧の頭はねて闇流し／極力秘す病院側」とある。死をまつばかりの公費患者の四九〇グラムの御飯は途中で看護婦がたべてしまうので、一〇〇グラムぐらいしか患者の口にはいらず、また賄い係が食糧を横流ししている事実も判明した、というのである。

この記事に関連して、当時の村松常雄副院長に話しをうかがった。配給制になってから、炊事にご飯の炊き上げ量、各病棟への配分量、病棟の受け取り量を記録させておいた。松沢病院には水田があってそれからの収穫もあったし、ときには病棟での盛り付けに医師がたちあうこともあった。GHQのサムス大佐のまえで読売の記者と対決し、数日後にサムス、法務官、記者が松沢病院にきた。記事の元は炊事にでていた女の患者であった。当時院内には精米所があって外部の人も利用していたので、院内からはこびだされる米が横流しと噂さ

れていたらしいことが判明した。

ただ、女の病棟の婦長は、一般の患者さんの体重はへっているのに、炊事手伝いにでている四、五名の体重は五〇キロ代あった、と証言している。こういう現場の人による味見、つまみ食いは、どこにもあったことだろう。

わたしは、「幸い当時の松沢病院の従業員のほとんどは、この noblesse oblige をわすれてはいなかった」とかいたが、「ほとんど」である。本書付録の「大東亜雑記」には、「巨頭は私物梱包で院務放てき……」（本書一九九ペイジ）、「今後患者私用に働かしむる場合（ゾクに郊外運動、出張）出張員の弁当は手前持ちのこと。今にあらためて云ふことはない。今迄如何に手前勝手に患者を使つてたかを自らチョッピリ気付いたゞけサ」などある（本書二〇三ペイジ）。さらに当時の奥田三郎医長にうかがったところでは、「内村はたまに病院にくると炊事にいって、『ぼくがたおれるとこまるだろう』と肉の一塊をもちだしていた」。つまみ食いの度をこしていたのである。

国立下総療養所でも、首脳が官物持ち出しでやめさせられた（加藤正明さんから聞き取り）。わたしが松沢病院につとめだしたころのこと、当時自動車をもっている医者は一人だけだったが、その医長は病院の炭を自宅にもっていっていた。

わたしの父は戦争中、中学校教員だった。授業課目に作業がくわわり、運動場の一部分を畑としたその収穫物を教員でわけることになったが、父はその受け取りをこばんだ、ときいている。こういう小さな「つまみ食い」はこの国では、当時から今にいたるまでつづいていることは否定できまい。

◉第2章注

（1）栗生楽泉園患者自治会編『風雪の紋　栗生楽泉園患者50年史』栗生楽泉園患者自治会・群馬県草津町（一九八二）
（2）岡田靖雄『私設松沢病院史』岩崎学術出版社・東京（一九八一）

付録

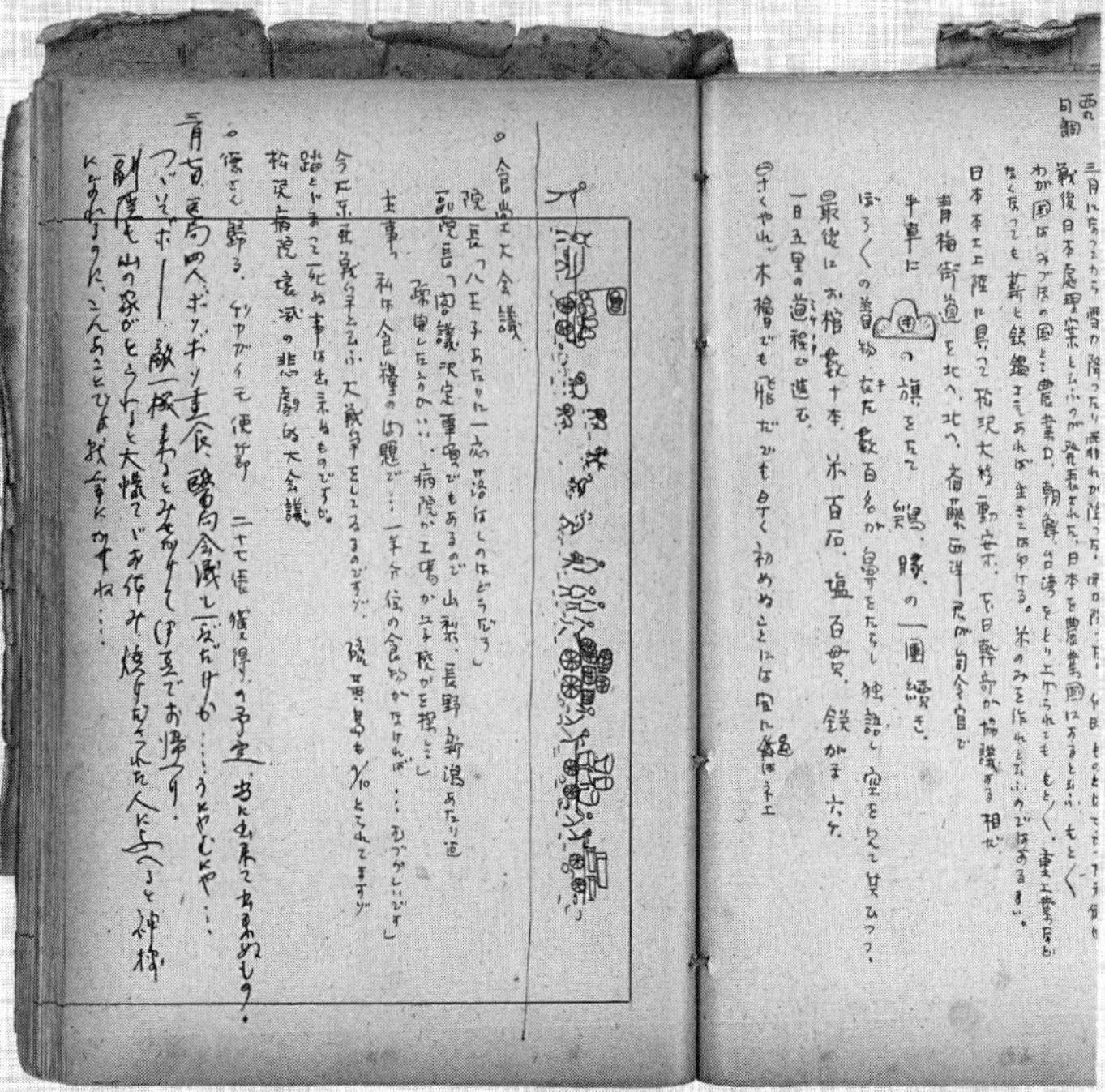

『大東亜雑記』
昭和十九年より

『原子爆弾症について』

奥田三郎

第1章 『大東亜雑記』抄

松沢病院医局には巣鴨病院時代からの医局落書き帳が、とびとびにではあるが保存されていた。その内容は、それぞれの医者についての行状記やウワサ話しが主である。落書き帳に戦いの影がはつきりみられるのは、『大東亜雑記、昭和十七年、早春の巻、医局』と題された一冊からで、表紙の隅には〝極秘、局外持出厳禁〟と朱書されている。『大東亜雑記、新緑の巻』、『大東亜帳、十七年十一月起』、『大東亜雑記、第四巻、昭和十八年二月一日』、『大東亜雑記、復活の巻、昭和十九年五月二十日』、『大東亜雑記、昭和十九年初秋』の五冊がそれにつぎ、『医局日誌、大東亜雑記第三巻、幸福日記第一巻、昭和二十年五月』と題された一冊をもつて、第二次大戦中の医局落書き帳はおわつている。

この七冊の医局落書き帳から、当時の院内生活をうかがわせるものを抜き書きして紹介したい。もちろん、落書き帳という性質からして、院内事情がそのまま正確にかかれているとはかぎらず、ひねり、あるいは茶化した表現がとられている面もおおいだろう。〔　〕内は編者が追加したものである。

この原本はもちだされていて所在がわからない。ここにおさめられたのは、『松沢病院九〇年略史稿』（精神医療史研究会・都立松沢病院内・東京、一九七二年）にいれたものの再録である。ただし『大東亜雑記、昭和十九年初秋』（記載日付けに、一九四四年九月二八日より一九四五年五月一六日まで）をのちにみることができ、相当部分はすこしおぎなってある。また『略史稿』では人名をアルファベト頭文字としたが、ここではできるだけ復元した。また落書き帳という性質から、ある一日の記載も一人によるとはかぎらず、はじめの文章にほかの人がかきくわえているところもあるが、それらはそのままならべてある。

なお、いまよみかえすと病院首脳（内村祐之院長）を批判する文章がかなりあるが、それは石川準子《じゅんし》によるものがほとんどである。

一九四二年

一月十日

「カチン　カチン　カチン」
　これは外でもありません
　ビールの瓶が　触れる音
　今も耳から　消えません
まあこんな具合に　昔は（あゝもう昔か）
こゝに　ビールの泡が光つて居た。
チョン　チョン　チョン　と
だいだいだか　あんずだかを　四つに切り
ぐつとしぼつて　鯛ちりなぞと言うものがあつたもんだ。
牛肉もあつた。ヂーヂーと焼いたり、
仲〔ママ〕には虎の様に生で喰べる人も居た位

×

然し、そんな事は昔の夢で今は形もありません

×　×

今日
僕達の患者は一日三匁の味噌をなめ
一方において
国民の華と言はれる紅顔の少年が
快哉を呼んで
機体諸共　その生《ナマ》の身を
敵艦の煙突に投げ入れて、霧散する、
涙の出る様な厳粛な時代だ
せめて　一日を実力のある暮し方で送らう

×　×　×

あれも無い　これも足りないの日常から　精神だけでも　解放し伸び伸びとやつて行こう……

二月六日

『松沢に於けるアウタルキー』

食糧不足克服のための根本的な解決が講ぜられないために、一部患者に於て物物交換経済の極く初歩的な自然発生的な形態が発生した。これは軈て東亜共栄圏内に於て日本を主体として行はれ又ヨーロッパにおいてドイツを主体として行はれるアウタルキーの萌芽的な形態である、と云ふ限りに於て、誠に示唆に富むものである。

ちなみにその過程を示せば

一人の強力なる患者（必ずしも腕力を意味せず）が女子食堂、炊事その他に於て残飯の類を哀願的にか強奪的にか或はコソドロ的にか自分の所有にする。この場合一個人が行動するのか多数自己の配下を指揮するのか筆者には不明である。

次に彼はこれを宵闇にまぎれて他の持たざる患者に配給するその標準は

握り飯にして一個　煙草数本

沢庵一切　煙草一本

と云ふ具合である。しかし時として彼は未だ金本位制に未練のあるやの如く

握り飯一個拾銭とか　味噌汁一杯五銭と云ふ風に自由主義経済の形態を取ることもあるのである。

これに対して当局はまだ何等の処置に出でざるものの如くであるが、これは国家百年の大計のためその発展過程を観察中ならんと思はれる。

思ふにかかる過程はそれが国家的規模のもとに公然と遂行される場合誠に痛快でありまた〇〇《〔ママ〕》であるが、かかる個人により消極的に内容的に然も計画的に遂行されるのは、甚だ不快であり又非正義である

爾来取締を切望する。

ちなみに斯くの如く物物交換経済は其れを遂行する主体の如何によつて是とも非ともなる体のものであるらしい。

二月十三日

病院患者労働力の活用

現在浮遊せる力。肉体の属質としての力を明確なる目的を有する一つの線に沿つて組織し、社会化し以つて人間の貴重なる労働力として再現せしめる事は我国において本日特に必要なる事とされて居る。

事の適非はしばらく措き、かの有閑女子徴用制度の如きはかかる根本理念の上に立てられた政治である。

かかる時に於て精神病院に於る作業治療は再批判され

再出発すべきものと思はれる。戦時労働力の重工業への集中化は必然的に平和産業における労働力の不足を招来する。まして吾吾の領域における労働力の貧困化（看護人の辞職。大工その他傭人の辞職による）は一つの必然的な社会的な不可避の現象であつて今后益々強まるものと信ぜられる。これに対して根本的な対策がないならば、将来病院機能一部の運転休止の余儀なきに至るであろう。

吾吾は患者の力を最大に組織し発揮しなければならぬ。異常性格者を、麻痺性痴呆者を欠陥治癒の精神分裂病を、躁病者を、鬱病者をふるひ起たせよ!!

彼等の荒廃せる人格を労働によつて人間化せしめねばならぬ。然も、此の事は精神病医のみによつて遂行され得る。こゝに於て作業治療の規模はその意味を広める。

一、精神病院において最早治療の必要なきも未だ直接社会生活には堪へざるもののコロニー（村落）を建設する。

有能なる指導者のもとに一村落が形成される。患者の近親者は村落内に居住するを許可される。村落は病院ではない。村人が堪へ得る凡ゆる企業が経営される。村人の労働力は正当に評価される。かくして企業は発展する。家内工業が教育が農業が行はれ国家への直接的な奉仕がなされる。こゝにおいては一定期間監視を受けた村人の一部は逐次社会に入り健康なる市民となる。吾吾はこの村落に於て技術を与へることが出来る。村人の希望により技術は与へられる。

二、コロニー生活に堪へ得ざるもの

例へば高度に荒廃せる分裂病者その他は病院内において一層厳重なる、とく励と監視の下に組織される（これは現在の作業治療がより完全なる形態の下に行はれる）。医師の指導により高遠なる計画の下に行はれる。思ひつきはいけない。

「赤飯をたこう　では小豆を植えよう」的な指導性は無力である。

この系統内に、より広汎な患者層を動員するためにあらゆる規格、準備、治療はなされなければならぬ。患者の労働力を安価に可及的に安価に、その資本家的な考えは放棄され大国民的な衿度の下に患者は待遇され優遇されねばならぬ。

三月十四日

医局評定

患者の栄養だ、カロリーだ、蛹だ、fish mealだ、十瓦だ三十瓦だ。しかしもつと他の所に何かあるんぢやねーかなー。

天は許さじ良民の
栄養をごまかす虐政を
松沢医局の血は迸り
こゝに立ちたる医長どん
フレー　フレー　フレー　フレー
フレー　フレー　フレー——

〔四月下旬〕

……ある詩人の「詩の無い人は土の性である」ということばを松沢的に訳すれば「抱負のない人は栄養不良の性である」ということになります。

〔五月〕　六日七時五十分

突如　空襲!!

註

これは例の如くクウシュウと読むべし、ゆめカラオソヒなぞと大和風に読むべからず　（政府）

五月二十五日　西丸医員本懐を（?.）達す

〔略図からひいて〕

つけものが中に巻いてあるのりまき
茹卵
ようかんのようなお菓子
かぶらの朝漬《ママ》
お盆
割箸
塩が中にある

〔八月下旬〕

沼津かへり新知識

……

一、沼津脳病院の給養は公費患者と雖も良好なり

参考

出張員の一過性体重増加

九月五日

斎藤〔西〕胃腸について

腐敗気味のホッケを食しても機能障害を来さざる点より南胃腸その他の胃腸より区別されるもの也

× ×

斎藤〔西〕医長報告

「〔サツマイモの略画〕」について

○苗一本平均一六三匁

○植付　一万本

○鼠害ヲ見込ンデ（三割）約七千本

○故ニ　一、一四一貫

　但　今後一カ月間ニ　二―三割太ル

然ルガ故ニ今年度グランド甘藷実収予想左ノ如シ

　一、五〇〇貫」　E抄

奥田、これはなんという芋だい？

Eu、花魁芋というんです

奥田、なるほどそう言へば花魁を思ひ起すね、そんなかんじがするじゃないか

Eu、そうかね！

九月五日

看護婦三十名ホッケに当る。ホッケというヤツは余程不良性を帯びてるらしい……

九月二十二日

豚を味う会を開催す

　第一次豚の会

〃二　〃　〃〔満腹の人の略画〕

〃三　〃　〃　満腹

　豚々々

九月二十六日

松沢に天狗熱をはやらせる企、本日実行、伝研矢追博士御自身で天狗の苗を持ち来たらる。この矢追熱には我々もかゝる必要あり。博士の爪の垢を頂いて飲んでおく。御希望の方には、まだ爪の垢のエキスの残りあり。一cc百円でお頒ちいたします。

〔天に、でデン、次でも〕

十二月十一日

天狗熱は遂に不発。しかる所陸軍病院から百発百中の天狗熱を試験されたし。一例につき二十円出す。十例につき二〇〇円、百例につき二〇〇〇円、松沢の患者全部にやればなんと二万円よこす由。皆大いに乗気になる。フグなら二百回食へる。

一九四三年

『食糧問題切迫す』

三月六日

斎藤医長

外部患者総員を集合せしめて悲愴なる訓示を与ふ。

主旨「戦に勝つために　しばらく空腹を我慢して、配給の米のみで生き抜け」

一九四四年

五月二十二日

十三時三十分警戒警報解除、吻ッとする間もなく、防空服装も厳然と金子技師来院。

今後、当分の間、公費患者はすべて松沢病院に収容することときめたから、可然取計へ、との御命令なり。理由は、発疹チフス蔓延につき、この予防の為め松沢を利用するという訳にて、ここも時局柄不止得事ならんか。

大体、西四〔男・狂躁〕と中四〔女・狂躁〕とをこの収容病棟とする予定なり。医局員の犠牲的奉公が更に一層要求さるる次第。

本日の取りきめ、大体次の如し。

○新しき風呂桶を二つ都合して貰ふこと。

○右に要する燃料及び、衣類等消毒の為めの燃料を出来る丈け都合する。

○薪は自信ある由。

○石炭も一ヶ月五瓩〔ママ〕を都合して貰ふこと。

○リゾール、スカボール、ナフタリン等を潤沢にして貰ふこと。

○松沢の死亡率増加するやも知れず、之は諒解を得たり。

塹壕戦が、松沢で行はれるとし覚悟して奮起のこと。

六月一日

フレックチフス予防のため三等新入は西、中の四に三週間収容することになつた。

六月三十日

……

〔西丸医師のガンコさについて〕

アレビアチン入手困難!!!

立津　ああ云うのは矢張ペリオーディシュのフェルスティムングなのかね

立津　アレビアチンが切れたんでせふネ

読売新聞雑

アレビアチン高価買入れ　姓名在社

……

近頃畠のものを盗むものあり、見つけ次第厳罰に処すとのおふれあり、厳罰とは何かはまだ定まつてゐません……。

七月十二日

朝から暑い暑い、

アメリカではクリームソーダなんかのんでるんだらうな！

コラ〱不穏な言動があると、懲役一年ダゾ

七月十日から大豆をこまかく割つて飯に入れる。

見た所わるし、

味わるし、朝から腐ってる様だ

消化よし、

一緒に入つてる砂を消化する方法はありませんか

七月十八日

……

一、昨今の炎暑三十四度Cと共に患者の死亡率増加の傾向、気温の変化は最近の患者死亡率に敏感に反映するものの如し。

二、一個月程前から昼食は毎日雑炊（味がよくない）。之に対する従業員側の評判はよくないが、患者側からは取り立てらるべき不平不満を聞かない。外見上量目の多いためかそれとも鈍感なる故か、或ひは両者に因するか。

三、強制疎開せる家屋材木を払ひ下げて貰ひ、防空壕のエン蓋を造る。

……

七月二十一日

……

二、余り従業員に雑炊を食はせると「私やめて田舎へゆくわ」と云う人が出るだらうね、石橋〔ハヤ〕さん〔総婦長〕、このことは慎重にしてくれよ。そうなんです、私も心配なんですよ。院長、看護長の一致せる悩の一つ

三、さなきだに八月からコメの大減少、増えるは浮腫と死亡のみ

院長曰く、垣根に落穴を掘り外敵を防げと、外敵と

は米英に非ずして野菜泥棒である。とにかく全院一致外敵に当らんことを決議せり。

……

七月二十五日

昨日も今日も寒いさむい。（反語に非ず）
米にわるからう、野菜にわるからう、
松沢の死亡曲線一途上昇するのみだ、
自然に刃向う気はないがなんとかしたい。

八月一日よりの主食表

	米一日量	朝食量（飯）	昼（雑炊米ノ量）	夕食量（飯）
一般患者	三〇〇gr	二六〇gr（三〇〇）	七五gr（一一〇）	二六〇gr（三〇〇）
作業〃	三八五	二六〇（三〇〇）	一〇〇（一一〇）	三三〇（四五〇）
看護婦	三八〇	三一〇（三一〇）	七五（一一〇）	三一〇（三一〇）
看護人	四一五	三三〇（四〇〇）	一〇〇（一一〇）	三三〇（四〇〇）

括弧内は従来の量

之につき組長以上を集めて、会議室にて副院長より説明あり。

皆サンコノ表ヲシンジテハナリマセンゾ（スパイ）

但、朝から雑炊の日もあり、朝昼ゾウスイぢや、物質的にも、心理的にも脱力感あり　エイ　ドーニデモナレ、センソーナンカマケテモイイヤ、マケテモ　カッタカッタッテイッテレバ　セイシンテキニ　カッタコトニナルワイ　ブッシツテキナコトナンカ　カンガヘルノハニッポンヂンジヤナイゾ

精神厚生会にでもお願ひして、雑炊の国民志気に及ぼす影響でもケンキウしていたゞいてソーリ大臣にでも進言してもらひたいもの也

〔八月〕四日　飯ハ軽ク二椀、時ニ二食雑炊、エイドーデモナレ「トンデモナイ」「マケテモイイヤ」マケテナルモノカ、マケタラマケタト云フガ云ヒ　ギマンデ　カッタタメシハナイ、弾丸オクレ、飛機《〔ママ〕》オクレ、ト叫ンデオルデハナイカ、脱力感ヲ感ジルウチハ、昨日ノ夢ヲ追フカラダ、ソレガマケタノダ　断ジテ今日ハ勝チ抜ウ《〔ママ〕》

……

四日

懸賞募集

一、戦時窃盗犯捕縛の件

二、松沢病院を如何に迷彩すべきか

懸賞

一、は茄子十貫目

二、は？

〔八月〕十八日

新聞に、大学教授が食料不足で畠を作り出すとそれも面白くなつてカンジンの研究がおるすになる、とあり。

立津先生も大 Forscher だが、近頃は食事の用意に一日三時間とられて、forschen し出すと睡くなつて困る由

院長も、患者よりも南瓜の数に気をとられて困ります。そこへ行くと奥田先生はえらいと思うよ、食べなくても平気だから……

㊢昭和十九年八月三十一日起案……

決裁

疎開者護送ニ関シ応援方ノ件

本日二十五日東京都庁ヨリ電話ヲ以テ取敢ヘズ病者疎開護送応援方申越有之候処、本日病者及ビ護送者日時等左記ノ通リ決定致シ候趣キノ電話ニ接シ候

記

〔病者名、日時、護送者、行先、それぞれ四名分記〕

九月三日……

〔女の浮腫死亡患者の写真＝第Ⅰ編扉裏写真〕

知らしむべし知らしむべからず

「戦争浮腫」

処方

スキヤキ……………一日一回夕飯時摂取のこと

砂糖…………………ナメタイダケ

バター………………白パンにつけて

アイスクリーム……オヤツに

牛乳…………………一升

卵……………………五個

バナナ………………十本

林檎…………………五個

しるこ………………十杯

酒……………………適宜

九月九日

○本日在院患者　八九六　♂五〇八
♀三八八
定員一〇五〇　♂六三二
♀四一八

九月七日迄九〇〇であつた。当日二人死亡して九〇〇台を割つた訳。

九月二十六日食堂会議院長訓示

近時食糧問題の重大性は諸氏のひとしく知る処、吾が松沢病院に於ても此点深く考慮せねばならない。
（一）配給物質の適正配給と之が運用上の厳正
（二）院内生産品の使用、持出しの制限
（三）院内新開拓地生産品の適正処理
の三点を更に新構想の下に、院外よりの批難を受くる事なき様幹部諸官の協力を望む。新構想は院長、副院長、主事が協議の上おつて発表する。三項目につきて意見ある者は院長許に申し出づ可し

十月十日

八千矛《ヤチホコ》の神の命《ミコト》は　松沢で腹空々《ハラペコペコ》で遠遠《トホトホ》し　テニスコー
トに　さつまいも　ありと聞かして　さよばひに。
テニスコートに鴫罠張《シギワナハ》る　我が待つや鴫は障《サヤ》らず　います
くはし　医局員は障《サヤ》る、患者が魚乞《ナコ》はさば　ずゐきのく
さつたのを　オレンチが魚乞《ナコ》はさば　サツマイモの太け
きを抜きだひゑね　ええしやこしや　ああしやこしや

十月二十七日

……

新衛生課長が見学に来たので医局でも豚のごちそうをゴショウバン、時々来テクレルトイ、ナア院長、副院長、死亡曲線の説明に大童その代償にお米をたくさんもらひます。当直でも米などもつて来ずお働き下さいと課長は云ひませんでしたが何かしきりと書きとめていました。当にしないでまちませう……

十一月七日

松沢記念日、おいなりさん、神主さんは時局解説をなし松沢安泰をいのり、ひるは赤飯とブタの肉の大ごちさう……

〔十一月〕二十三日……
患者の家人に対する二種の態度について、
㈠何とか治らないものでせうか――、だめですね――、それにこの時代で病院の配給は悪いし、燃料はないし、家だつて配給だけではとてもやつてゆけないでせう。病院じやなほさらです。家に居るより早く死んでしまふでせう、治すなんてもつての外です。
㈡こんなゴクツブシは、非常時に当つて、国家にとつて有害無益で早く片附いた方がおためになりますから、何とか早くしまつして下さるわけにはゆかないでせうか、――いやさう仰有つても、お互ひに人間で、何も罪があつて病気になつたわけではないのですから、病院では全力をあげて、治らないまでも、お世話をしようとしてゐるのです。国のためにならないかどうか分りません。国中が皆こんな患者さんばかりだと考へてごらんなさい。戦争なんか決して起らずに済んだでせう。あんまり偉い人ばかりゐるので戦争なんかが起るのです。患者さんの方がずつとそんな人より尊いのですよ。孔子様が居たら春秋に、独乙を滅ぼせるものはヒットラーなりとお書きになつたでせう。二千六百五年の歴史を終らせたのは軍閥だとお書きにならないとも限りません。二千六百五年の歴史を終らせなかつたのは松沢の患者さんだつたといふことにならないとも限りませんからね。

〔十二月〕二十三日四時十五分一ッ機来襲
折角来たから起きてやつた。北関東を廻つて帝都にも一寸顔を見せ最後屁《ぺ》のやうに一つ投弾、火災にならず五時十五分解除。
患者大移動、第一番隊慈雲堂へトラック隊にて出動
第二隊烏山、小林病院へ、之で当院の死亡率もちつと減るわけ、
〔別字で〕
死亡ゼッタイスウ数は減るかも知れないが率の点はどうだか分からないネ。立津先生にしらべて貰はないと。
●最近の松沢配給状況
18日　米↓550g
19日　きな粉↓20銭
20日　うどん↓2束　↓月給
21日　かき（蠣）↓98銭
22日　煙草↓光ときざみ3円06　↓ボーナス
23日　こんぶ1貫　米1kg40銭（医局は全部で8kg必

要だったからやられませんと断られた何のことやら）

明日は餅、明後日小豆、明々後日砂糖

主食の米がどこから出てくるのか分らない。防空要員の米はいらないと云ふし都だか何だかから特別に配給があるんだから変だ。

十二月二十七日

井の頭へ根っ子掘り、稲見司令官出張 cum Tatetsu〔立津と〕

ひるま50機来、二機ゲキツイ松沢から見ゆ、味方五機火をはく。

芝生にねころんで見物、ぽか〳〵とあったかい。

午後九時三機

十二月二十八日

斎西、石川ねつこほり

けいほうも出ずに二時一機とびさり、高射砲の音さびし

一九四五年

一月十七日、十八日、十九日、二十日、大したことなし（ヒコーキハ東京ニハコナイ）……

重慶で昭和十二年頃米一俵千円だと笑つた奴が砂糖一貫六〇〇円でも手に入らぬ……

〔一月〕二二日……

今日から又井之頭に杉の根つこ掘り、石川先生

松の根つこからはガソリンがとれる。

杉の根つこで松沢は生活する。

新聞に闇をしないで死んだ頑固者が現れた（営養《ママ》失調症）

えらい奴だと思ふ者はなかつた。却つてバカだと思つた。

棺桶はどうしたらう、屍はまだ家の中にころがつてるかもしれない。

これぢや自分も他人も困る、大いに闇をやりなさい。

松沢の人は今日は646人。$\begin{array}{r}1000\\646\\\hline 354\end{array}$人は闇をしないで死んだんです。こわい〳〵、屍体は闇でみなかたづいてゐます。棺桶は百五十円位で、でも公定の百倍まではまだ

道が遠いから安心して死ねる。

一月二十八日……

一、闇をしなければ必ず死ぬ、政府は死ぬことを保証して又議会で二・三合を確保すると云ふ、議員諸君、食糧問題は松沢に来てみて云つてくれ、

一、南四、東一、二・三合で予定の通り全滅せんとしている。むくんでから食べさせるより。ア、サイレン空襲ダ

一月三十一日……

久し振りの医局会議

一、病棟改変の問題……

三、栄養不良患者の処置

加配について。

南四病棟のみどうして衰弱するんだろうか……

五、耕地拡張のこと

六、東一甲も愈々閉鎖

これで東一全棟、南三、東六二階閉鎖となる。本日の現在員六二八名であるから適性〔ママ〕配分すると、大体半数の病棟で足りる。社会では疎開々々と云つてゐる。

密集病棟を作つて、そこがやられると、被害は甚大

南四では本年十二月迄に身に一糸もまとへない人が十七名出る。皆さんのところはいかゞですか、寒いこと〳〵。でも心配はないでせう皆裸になる前にあの世にゆきませう。

二月十一日……

松沢病院大転進、病棟を軍需工場にしてどし〳〵生産し産業精神医学の聖地とすることに決定

患者のもつ新構想をとり入れると驚天動地の新兵器が出る。我が兵器廠は松沢に追従してくる。

こんなことを考へて実行をもくろんでみると、空襲何ものぞ、戦局の悲観論なんか、ふつとんでしまふ、戦勝は松沢病院から。

二月十六日

朝から小型機百数十機関東各地飛行場バクゲキ、（十時記す）

ミナサン竹槍ヲ用意シテ下サイ、敵ガ上陸シテクルカモシレマセン

四月二十五日　日ソ中立条約満期の日

サンフランシスコ会談開始日

十六日朝七時から夕方四時に至るまで数百機（四時記す）

三時五十分

　病院の畑に敵機ツイラク、火を吐く、とみえたが畑から30米外側

今日ハ一機ハ確実ニゲキツイシタカラ安心（マサカ味方機ヂャアルマイ）

　敵機が頭上に居てすぐそばに落つこちるといふのに、医局で病床日誌の整理をしてた人間が一人あり、それを見物してた人間が一人あり、神はケナゲに思召したのでその頭の上にはおつことさなかつた。

　二人とも走つていつて氷砂糖のカンヅメでも拾へないかと思つたが、神はそれほど慈悲深くはあらせられなかつた。

　アメリカ人のHirn〔脳〕を取つて急降下ツイラクの際の脳所見という題で学会報告をする予定であつたが、脳は燃えてしまつたらしい。

二月二十一日

……大根の切干しで鳩豆ご飯にはあき〱してきた。亜米利加の宣伝ビラに「今負ければうまいものがふんだんに食べられる」と書いてあつた相だ、負けちまおうかナ、之が憲兵隊に知れると先づ死刑である……

三月一日

……三月一日の松沢陣容、医局六人也、当直三日目毎也、当直ノ食料朝夕大豆飯軽く二杯、昼ハ雑炊也、味噌汁ハ近頃ナシ、空襲アリタル日ハ一食廃止スルコト、電熱ト薪ハアリ、医局ニテタキビヲナス。右念ノタメ。

（歴史ヲシラベル人ノタメニ）

三月六日

后レ皇陛下　四十二歳の御誕辰の嘉き日也、三月になつてから雪が降つたり霏《マヽ》れが降つたり、例年何時ものとはちがつた天候也。戦後日本処理案と云ふのが発表された。日本を農業国にすると云ふ、もと〱わが国はみづほの国とて農業国、朝鮮、台湾をとり上げられてももと〱、重工業などなくなつても薪と鉄鍋さえあれば生きてはゆける。米のみを作れと云うのではあるまい。日本本土上陸に具へて松沢大移動案、本日幹部が協議する相だ。

青梅街道を北へ、北へ、斎藤君が司令官で牛車に㋖の旗をたて鶏、豚の一団続き、ぼろの〳〵の着物衣《キ》た数百名が鼻をたらし独語し空を見て笑ひつつ、
最後にお棺数十本、米百石、塩百貫、鉄がま六コ
一日五里の道程《ミチノリ》で進む、
早くやれ、木槍《（ママ）》でも飛だでも早く初めぬことには間に遇はネエ
〔右の戯詩の漫画―裏表紙に〕

○食堂大会議
院　長「八王子あたりに一応落付くのはどうだろ」
副院長「閣議決定事項でもあるので山梨、長野新潟あたり迄疎開した方がいい、病院か学校かを探して」
主　事「私は食糧の問題で……一年分位の食物がなければ……むづかしいです」
今大東亜戦争と云う大戦争をしてゐるのですゾ　硫黄島も9/10とられてますゾ　踏とどまつて死ぬ事は出来ぬものですか。松沢病院壊滅の悲劇的大会議。
○徳さん帰る、ヂャガイモ使節　二十七俵獲得の予定、当に出来て出来ぬもの。

〔三月〕二十一日
都の残留要員が発表された、官公吏、医師、看護婦等々愈々一千人が病院を枕に死ぬときまつた、さつぱりしたやうなしないやうな、早く逃げ出して、こゝを軍に提供することが病院として残された唯一の奉公の道だと思ふ、この大運動を急いで展開しようか……

二月《（ママ）》二十三日
自分らは時局と一緒に動いてゐるらしい。今迄（大正十二年以降）の人と考へ方と同じで勤務してゐないヨ学問とは本を読み他人の書いたものを紹介することであるとなど考へない
環境とは一日病室で駄べつてゐることでもない
今の「環境」とは矢張り戦争の中に生きてる人間である事が一つの重要な条件だ。手前の家の疎開　之は必要である
Psychiatrie の温床とまで云つた人間は同時に Psychose のことも考へた方がいい。
徳さん〔斎藤徳次郎〕は Über akute schizophrene Zustände 82 を読んでる……決して Schizophrenie を学問しようとしてゐるのではない。馬鈴薯が如何にして入

手し得るかを考へてゐるのである。

三月二十七日　春日文々《ブン〱》

徳次郎君は三日間軍医中尉になつて馬鈴薯奔走……

巨頭は私物梱包で院務放てき……

……

三月二十八日……

院長演説要旨

なえはやるから出来たものは全部病院へ（風呂敷包みなどもつて帰らぬこと）

疎開で浮足立ててはいかん　我々はこの病院を断固（乎ではない）守り抜くのである（三円也のたんすなど疎開せぬこと）

四月七日……

午後十時三十分新内閣成立。

○陛下が午後十時三十分に勲一等功一級の御軍装にて御拝えつをたまはる御精励に平民も平民一かいの松沢病院の連中が己がガラクタ疎開に院務放てきとは何事ぞ

四月十一日

医局会議

○病棟変更　交代四月二十三日（月）

		作業
林	中一、東四、五、東七・八	→農二
奥田	西六、南一、二	→園芸
斎（西）	中五、東六、東三	
石川	西一、西五、南四	→畜産
立津	西三、中四、東二、南三	→封筒
斎徳	西二、四、七、八	→農三
伊藤	中二、中三、東一、南六、七	→農一

四月十四日

……

巣鴨、竜《ママ》の川、保養院全焼、追加根岸病院も焼けた由

都バスで二百五十名来院、差当り東一と南三を再開す。

林、斎藤両先生大活躍、午後七時完了

一人残らずフラ〱、ブツ〱よくも避難させたもの、出来たもの

斎藤先生「これには感心したよ、全くね」

松沢病院もいつかは、この運命、八百名を引きつれて

どこへゆく……

四月二十八日

……

最近病院の鳥ども不安になつてじつとしてゐない、さては空襲をおそれたか、

さにあらず、さにあらず、飢えたる人間が毎朝パチパチとねらひうち、鳥に手が出ない奴は蛇、青大将、ヤマカヾシ、縞蛇、更にとかげの類、H′の犬は己に高級品、誰かエビガニが食ひ度いな――と云ふ声が聞えてくる、この他にねらはれるものは何だらうか、人間同志（ママ）の食合ひ、食ふか、食はれるかのときがすぎ食はれるか、食はれないかの世になつた。この時に道義がすたれと嘆く人格者があらはれた、道を問（ママ）いてゐると食はれちやうから、これも仕方がないぢやないか、これが自然現象ぢやあゝ末世なる哉。

「衣食足つて礼節を知る」

五月三日（木）曇

春の夢

花は匂へど食へざるを我が世誰ぞ飢ゑなからむうゐらうの山兆食へど浅き胃の腑は張りもせず　ん!!

作者　僧空海《そう食ふかい!》（路傍の玉蜀黍と牛肝の乳酸漬けを夢みたる人々の祖父《とほつみおや》）

世の中にかほど飢もじきものはなし　たつた四杯ぢや夜も寝られず

作者　ペロリ（院内の雀を二羽食ひたる者の妻の良人）

昭和二十年五月十九日

昨十八日院長、分院開院宣言……

五月二十五日

遂に!!　遂に!!

松沢病院　大空襲

午後十時過ぎ警報、当直林医局長、石川君他主事松沢東南方に数編隊、「今日は当《アタ》りが悪いヤ」と見物一先づ本日は之迄と思ふ中、八王子方面より続々と来襲次第に松沢に接近ザーグワンのはぢまり、中一、西七、舎宅二、弓場、動物小屋等々焼失。死者二、傷者二。

「附記」院長、主事、医局長宅焼失、分院六割焼失

六月一日……

大松沢食堂大会議

議題

分院運営方針
大松沢病院疎開問題 〉わい〱決定〈 焼跡整理して再開
本院は焼けるをまつ

六月五日

分院再開促進の件、患者疎開分散の件

大体の要目決定

五月二十五日以来未だ気分が落付かない。単に空襲の恐しさのみが此くさせてゐるのではない。看護人諸君の動揺を我々が見逃してはなるまい。食糧の問題がこの根本にある。看護人は正常人であるので二合三勺にジッと我慢をしてる。労働従事の患者が三合―四合の米を食つてる点に彼等の疑問が生じる。患者に働かせず二合三勺でベットにジーッとさせておくのがいいのか食はせて働かせるのがいいのか。一番いいのは看護人諸君への加配を何等かの方法で捻出すればいいのである。看護人の中には家族を疎開させるに術なく、さらばとて松沢をやめて他の職に就くこともならず、病院を休むのが悪いと知りつゝ、豆、米を買ひ求めてゐる向がある。真に気の毒ではある。

六月十六日

KK君（電話交換手）昭和二十年五月二十五日夜半東京大空襲にて左下腿、右臀部の挫滅創と右下腹部裂創を負ふ（焼夷爆弾）。六月十五日没〝大松沢放送員〟

松沢従業員中空襲による第一の犠牲者……

六月二十七日、晴れて時々曇、十六夜位

一ヶ月$2/3$豆、豆糟、其他$1/3$米となる。試みに炊き上げた飯をみると決して食へなくない。ひき交ぜ飯は見たとこいいが味が悪い。一日一回全部豆でも一日一回飯にして貰いたいと云う者$2/3$↓$3/4$位、豆をひいたのはあほ（ママ）臭くて喉に通らぬ相だ。「味なんて云つてる時代ぢやないヨ」と言い乍ら「創意工夫しなければいけないヨ」とは大矛盾と云ふもの、塩味がない上あをくさかつたら食へないだらうと云ふ者あり。全部に食はせた上で評判をきく可し、常食しない人間が試食だけで決定するなんてことはまあないと思ひますがネ。

うどん粉を水でこねくりまわして一晩経つて水にとかすと粘稠度を増す、雑炊はねつとりするがゲー〱ビー〱とならなければいいです。炊事が粉のうどんこを沸騰した鍋にザラ〱ッと投げこむなんて云ふことはやつちやいませんからネ。

調味料皆無問題は塩

　第一案「千葉海岸に一升びん三十本でも五十本でもぶら下げて非番の者が汲みに行くだ不言実行帰りには着物きて海に入りそのまま電車で帰つてくる」

　第二案「小便を……」

　第三案「闇」

　第四案「配給迄まつ」

塩の必要　一五〇人一ヶ月一俵一五〇〇人十俵（一人一日一〇瓦―二〇瓦なめるのを一〇瓦として）

六月二十八日　晴

努力は塩を生む―焼塩一人一五瓦一五〇人分奥田君提出す。

塩は鉄鍋を破る―にがりをとる為に歴史的鉄鍋（松沢病院創立以来の珍品と思はる）のそこについた塩をとる為に金槌にてたたきわる。

六月二十九日　晴後雨　むしあつし

昨年度高度の死亡率の理由が何辺に存するかと云ふ問題への防止策が食堂会議でしば〱問題となつた。同一配給量にもかゝはらず南四に重症患者多数発生が指摘され、之れが防止策の一つとして栄養病棟設置が筆者其他の提案で試みられた。筆者の目標としたところは看護の軽重が最大の衰弱防止である事を強調する為であつた。Grundumsatz とか Körpergewicht とか色々現われた数字をこね廻したら気に入るのかも知れないが最重要要素であると思はれる Pflege の質量を数字で表はす事は筆者には出来ない。

Pfleger の〝いい〟〝悪い〟を%で表はし Arzt の巧劣を%で表わす。Direktor 必ずしも Kliniker ではないし松沢の大理論学者必ずしも Kliniker ではない。

〔新聞の「今日の知識―戦争浮腫」の切り抜き〕

　体重をはかつて五ケ月間（水ぶくれ、固ぶくれ、やせる、しまる等々）

〔次図〕

●栄養病棟乙（三部連中作業）

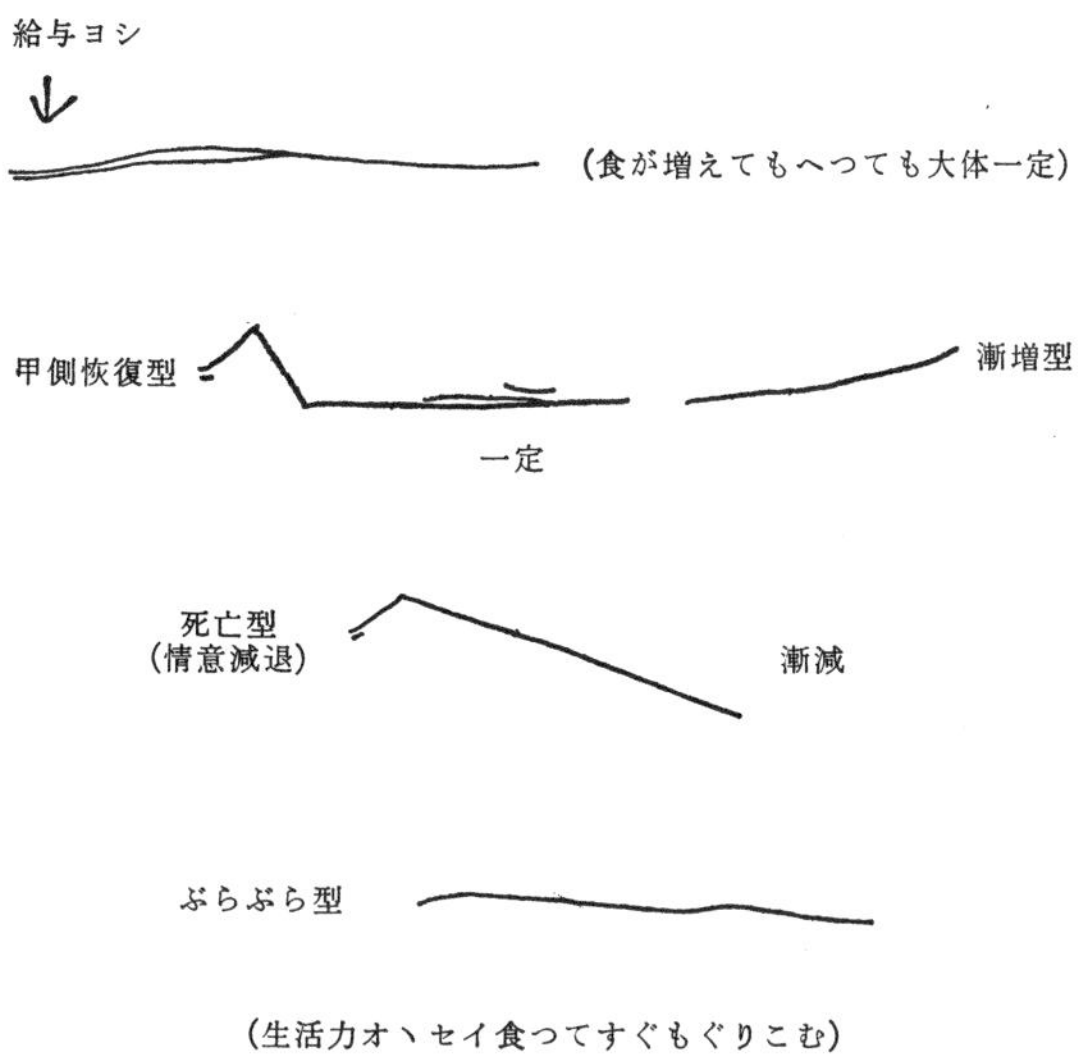

七月三日

恒例食堂会議　二時間半大トウ議

●今後患者私用に働かしむる場合（ゾクに郊外運動、出張）出張員の弁当は手前持ちのこと。今にあらためて云ふことはない。今迄如何に手前勝手に患者を使つてたかを自らチョッピリ気付いたゞけサ

●主食配分表（七月五日―十四日）

	朝	ひる	夕	備考
米	一〇〇kg	五〇kg		昼は雑炊、朝トタトガ交換ニナルカモ知レナイ副食物ハ概ネヒル
豆	二〇kg		一三〇kg	

昼の献立一例

雑炊に章魚の酢物
雑炊にシチウー
雑炊にトンカツ

……

松沢の巨星陸続潰ゆ

O（Pathie）M（Pathie）T（Pathie）S（Schiz）

Y（Paranoides）K（Pathie）等々

七月五日　晴

朝白飯、昼茶入雑炊、夜大豆

大体評判よし。朝から晩まで食事のことのみ、情けない気がする。豆をおはちから茶碗にとつてポツリ〱と噛る。味はいい何かお汁がつくといいと思ふ。食ふ時は左程腹にこたへないが三十分もすると下腹がパン〱としてくる。

廻診時この広い松沢に一鉢や二鉢の朝顔位あつたらいいと思ふが如何。

七月十二日

……最近は患者遁走続出、結局食物に困つて帰宅するところをほばく。

病棟は自然縮小、東六、西一合併、南三は南四に合併閉鎖、東一乙は東八に併合……当直者無料無賞《〔ママ〕》配給制停止。米三、雑穀七の割で前納すれば切符と切換え与食。

七月十三日……

草取り、薯苗植、壕舎作り、根子掘り、疎開荷物整理、炊事改善、等々何から始めたらいいやら……

七月十七日

Kartofferfieber ―主としてキキン時の馬鈴薯の俵より感染す。甘藷其他の芋類にても起ることあり、群馬地区に多し。

症候、初期外出徘徊無断宿泊眼窩凹み舌もつれ痩せ時に異常肥満下腿浮腫を来す此期約半月より一ヶ月、一時軽快、爽快の情を示すこともあり油断す可らず。

二ヶ月後頭痛嘔気、発熱三九度に及び一夜にして下熱、薯、俵類の話題に及べば突然発熱テタヌス様症状を呈す。感情刺戟性、罪業、被害、関係妄想をみることしばく也。頭髪鬆粗となり額部の光沢増し、一見漢人と誤ることあり、三月中旬に始まり八月下旬薯収穫期迄続くを例とす。

治療、第一家人は治療費の負担多きもの故心掛く可し。凡て対しよう療方也。「薯」、「俵」、「トラック」、「群馬」等の言葉を患者の前にて口にするは不可也。熱発時にはアルコールを経口的に用ふれば可、巧なる作話症につきては医家のしばく悩むところ也。

七月十九日……

●郊外散歩（各家庭使役の件）許可するとかしないとかの「はんこ」より過去三年間誰が一番使つたか調べて「はんこ」を押した方がいいと思うヨ、そこ抜け桶がざるをしかるに似たるは如何。

八月八日

原子爆弾　投下さる。

戦局急廻転

昭和二十年八月十五日

大詔渙発　大東亜戦争終結

　大東亜雑記終る。

……

食糧に困る　之は眼前のことである。少い量で我慢する癖をつけるのが早道。

九月三日、四日

医局長嘔吐、下痢、貧血、体温下降、脈搏頻数、と云つたらコレラと思ふが最近の栄養失調の急性症状也……

九月十六日

炊事粛清　他動的に成る

〝心ある者は出入りするを心よく思はなかつたが之からは……〟「ここは心弱きものは」と訂正した方がいい。

今日より飯の分配に医局より一人参加。

西一病棟、風袋八二〇〇　たき上り一人三一五、三七人分、ハイ一ちようあがり。

十二月三十日

読売報知

三面トップ四段抜きで

「生ける屍に　極悪非道　松沢病院」

一九四六年

六月二日

夜ともなれば勉公〔江副〕生還を迎えて集える男の子メの子等、先ずは林、奥田、斎藤（西）の三大人を始め、石川、女史〔時田勝世〕、遠く毛呂より参じたKさん、遠く遥けくも北京より帰還したT_2氏、徳さん……DANNA〔斎藤西〕のこねた粉を丸めたワンタン汁に無慮四羽の鶏をホウつて豚の油でちょんびりと脂肪を追加しキャベツざく〳〵と煮たわ煮たわ食ひ且飲んだ。

ああ曾て斯くてありたり今日も亦斯くてありけり。

勉公よ、汝まだ原虫を保有し時に発熱などして消耗すると雖も、比島の山の中でゲリラに身をやつしセブリの夜を過すと、松沢の大鍋をかこんで、冷えた麦酒をのみ、ウィスキー?をくむと何れか良き、勿論後者良し。かくて男の子等遂にみだれ、いかがはしき歌など相わめくものから、人々何時か散り失せへばり果てて宿直一人杯盤狼藉の裡に眠り入りたり。

七月五日

松沢従業員協議会設立　松沢常会と云ふ……
……

九月十八日

院内民主化運動第一歩　松沢従業員組合規約審議会
……

九月十九日

盆踊り　絶対多数にて松沢労組決議
本日夜間興行。

一九四七年

二月一日

松沢病院ゼネスト参加のこと。

第2章 占領下五月祭の原子爆弾症展

医学部入学ののち

一九五一〔昭和二六〕年四月一二日医学部入学式。駒場の教養学部理科二類七組から一緒に医学部にはいった[1]のは、大森皓次、垣東徹、久保田達夫、田辺等、森岡恭彦で、計六人。当日入会を勧誘していた医学部内文化団体からは、ソヴェト医学研究会をえらんだ。いろいろ既存のものへのはげしい批判的態度はもっていたが、当時政治的には保守寄り〔周囲の人は戦前の政友会寄りであった〕で、ときの地方選挙でも自由党の人に投票したし、またマカサ元帥の罷免に際してもかれへの愛惜のことばをノートにしるしていた。ただ、なんでもアメリカ一辺倒なのがいやで、教養学部時代にロシヤ語の講習会にでていた。その縁でソヴェト医学研究会をえらんだのである。その歓迎会で、政治的色彩がない、学問的にやっていこうという会であることをしって、安心した。

五月四日ソヴェト医学研究会のゼミナール。伝染病研究所〔現・医科学研究所〕の草野信男さん[2]がレペシンスカヤの細胞新生説を紹介。つづいて三年生の水上茂樹さんから一八―二〇日の五月祭について提案。研究会としてはソヴェトの保健制度とパヴロフ学説とについて展示するが、一時的に原子病学会を分離して展示したい、とのこと。さっそく、原子爆弾の一般的なことについて協力したいと応募した。当時、科学総合雑誌『自然』〔中央公論社〕が、原子力の理論、平和利用、原子爆弾の国際管理などの論文をよくのせていたので、帰宅するとさっそく『自然』をひきだしてめくる。

五月七日〔月〕、田辺も原子病学会にはいり五月祭でさわぎたいという。昼休み二人で三宅仁さん[3]〔病理学教授〕の話しをうかがう。原子病でしんだ人の解剖の数は世界最高とのこと。ソヴェト医学研究会との結び付きにはしぶっているが、「二度とあってはいけないことですから」。田辺は純病理学的にやろうという（政治的色彩をとてもおそれている）。森岡、垣東もやろうと。政治色への恐れから真実をまげてはなるまい。

五月八日久保田、大森もやろうと。そこで昼休みにわれわれ六人が三年生の責任者竹内彰さんにあう。原子兵器禁止の方法までアピールしたいという。それは行き過ぎでないか。展示の方法を工夫して被害事実を率直にうったえ、またアインシタイン、キュリー、ベーテなどの論をうまくならべ、また国際管理の問題もとりあげたい。放課後六人がふたたびあつまって、三宅さんの話しをちょっとうかがってくる。

五月一〇日、五月祭は二五—二七日に延期された。「平和のための五月祭　一切の戦争宣伝の禁止　民主的諸権利の確保」というスローガンは、今までスローガンはだしていないのじゃないか、という学校側の主張におされて、いちおうひっこめられた。

原子病のことで昼休みに本館前にという連絡があって田辺といく。発起人の竹内さんもいれて三年生六人。予算は一・五万の要求（医学部では全体で一三万の要求、昨年の医学部割り当ては七万円）。部屋は本館小講堂を要求している。医学的につっこもうという気配がみえてうれしい。田辺は装飾的な面を、わたしは原子爆弾の歴史、原子力国際管理、科学者の態度などをひきうけた。放課後、ほかの一年生で原子病をやりたいという人と相談、二、三人仲間がふえそうである。大池真澄は、やるとはっきりいってくれた。

森岡と、こんなふうにやりたい、とはなしながらかえる。いま心にある考えは、(1)各人がつよい平和への訴えをもってあたる、(2)しかしそれを直接にだす必要はない、うまく構成すればあらわな訴えは不必要になる、(3)資料は客観的なものをもちいる、(4)できるだけ多くの人にみてもらえるようにする。そのためにも(2)、(3)は必要だし、また色彩効果、わかりやすい言葉などに留意する必要がある、というものである。

準備、そして展示へ

五月一二日、午後あつまって原子爆弾症展示の分担をきめる（原子病という名は学問的にはつかわない）。

一五日放課後一時間半ほど、三宅さんに原子爆弾症の病理をはなしていただく、幻灯で説明された。しかし、四年まえに大阪でされた講演の原稿にしたがってやった、とのことで、小学生が本をよむようで、また四年前の原稿そのままで、「あとで神経科の——さんがのべますが」まではいっている。つづいて、五月祭にこれをやるグループがあつまって討議。まず問題になったのは、五月祭のスローガンとの関係で、三年の清水さんは「平和が学問に先行する」と息まいていたが、結局、内容にもりあげていくという点にいちおう一致した。それから事務的な打ち合わせ。

一七日、放課後田辺とともに原子爆弾の歴史、理論、国際管理、将来をまとめて、かれに漫画にしてもらう。

学生への個人指導のためだろう。各グループ（アイウエオ順に八名）を教授一人がうけもって茶話会をもつ、という制度があって、一八日第三グループは坂本嶋嶺教授（生理学）の茶話会。原子爆弾症の会合は一六時からで、茶話会がおわって一七時一〇分にいったら、もうおわっていた。広島での死者数がはっきりしない。一九日、市長にあて問い合わせの速達をだす。

二〇日（日）、原子爆弾症のグループは一〇時集合だったが、実際にあつまったのは一一時。まず、展示のさい紙をはる枠のモデルを一つつくる。田辺—岡田の原稿は「模範答案、このように漫画や絵をおおくいれてください」と竹内さん。わたしがいいだして、田辺と新聞社廻り（「ブル新でも利用したほうがいいよ」と清水さん）。朝日では応接室にとおされて田辺が口上をのべたが、みにいくよ、というだけで、それ以上の熱はしめさなかった。東京新聞の受け付けではなしていると、帰りかけの記者が「五月祭」の言葉に目をむいてよってきて、話しをきいてくれた。あす三宅さんなどにあったうえで、五月祭までに記事をまとめてみよう、との返事。死亡者数については情報えられず。

二一日放課後、原子爆弾症の絵を病理の物置きでかきはじめる。こちらが一〇分かかるところを田辺は一分でしあげるので、垣東と脇にたって助言するだけで、ほとんど田辺がやってくれた。Atomic Bomb Casuality Committee はまったく干渉しないという。二二日放課後作業、三年生の方が本論なのにさっぱりすすんでいない。二三日、「読売のようなブル新はかかないよ」といわれていたが、文化消息の欄に四行の記事。放課後夜おそくまで原子爆弾症の作業。

二三日、午後休講があったので作業。受け持ち分の紙はうめたので、森岡の助手になって展示用の枠をくみたてた、一七時から一部分はる。そこへ第二外科前教授の都築正男さん（一八九二―一九六一）が視察にこられ、田辺―岡田の分をほめてくださった。都築さんは、広島への最初の調査団の責任者だった人で「原爆症研究の父」とよばれた。海軍軍医少将だったので、公職追放中の身。こんな所へ顔だして逮捕されぬかとヒソヒソ話し。夜食のパンをくいながら、「二週間まえに君たちとあったとき、こんなにいくとはおもえなかったな」と竹内さんがいえば、「要するにやってみればよかったんだ」と清水さん。田辺はいつもににず「平和、平和」という（かれ演技のつもりかもしれぬが、周囲からは本気にみえる）。組み立ての針金がたりなくなって、かいにいく。竹内さんから「一〇〇〇円ぐらいいる?」ときかれた。物価上昇中、金へんの値上がりがはげしいが、二〇メートルぐらいで五〇円だった。

二四日（金）、規則上は午後からが五月祭の時間だが、午前中の二講義は休講となった。午前中は、枠にはったもののしたの空白をうめる絵を、田辺と相談しながらかく。午後は小講堂への飾り付け。それから草野信男さんの『原子爆弾症について』（B6判、本文一三ペイジ、五円）の製本、四〇〇〇部の予定。ポスターかき、今日は農学部の展示はひらかぬ慣習になっているそうで、学内の日とはいいながら、みにきた人はいなかった。清水さんは田辺の思想傾向をしりたがっている。田辺はわかりきったことをいうのはいやだ、という態度をとってき、アピールということをきらっていた。今は、「平和のためですからね」と、ちょっと皮肉にひびかせていう。かれ自身は否定しているが、あれほどにうちこんでいるのは、やはり青春のはけ口か。

五月二六日（土）晴れ。気がゆるんでか、目覚めがおくれて、九時集合のところ、開場時間すれすれの一〇時につく。朝日、東京とも「原爆症展」の予告はしてくれなかったわけだが、一般公開初日の今日、医学部は大繁昌で赤門近くまで人がならんでいた。原子爆弾症展示はとくににぎわって、小講堂ではせますぎた。人おおくて身動きとれず、もどるには、すすんで入り口からはいりなおすしかない。原子爆弾の歴史、理論、国際管理、将来のうち田辺が前二つ、わたしが後二つの説明をうけもった。説明のことはまったくかんがえてなかったので、午前中はほとんどできず。午後は原稿をつくったら、なんとか説明できた。原子力の国際管理ができないいま、このまますすむと第三次世界大戦は原子力戦になってしまう、ヒロシマ・ナガサキをまたおこさせない唯一の方法は戦争をなくすことである、といった内容。わかい女の人は、よくわからぬようでもうなずく、そういった人を目当てにしゃべるとよいことに気づく。原子核の理論に興味をもっている人が相当いて、理学部の展示はむずかしすぎるからと、田辺に質問してくる人がおおい、とのこと。森岡は家屋の破壊を説明していた。かれは塾かで数学の先生をしていただけあって、なかなかの名講義らしかった。

広島からは昨日小包みで、原子爆弾での死亡者の調査表をおくってきたが、なんの説明も依頼文もついておらず、死者数の情報もない。

二七日（日）ときどき雨、あつい。学校についたのは九時。九時三五分医学部本館の入り口がひらかれ、原爆症までながれてきたのは一〇時ごろ。はじめ垣東と二人でガイガー＝ミュラー・カウンターの説明。ラジウムをだれかにかくさせて、それをさがしだすのである。女子学生などカウンターの筒をこわいものであるかに尻込みする。つづいて垣東が治療の不可能なこと、そしてわたしが国際管理、戦争をなくすことについてはなした。午前中はこれでうまくいった。午後になると、治療のところを松井英男がやり、かれの声がひくいので、人がちってしまい、わたしのところもうまくいかなくなった。森岡と昼飯にいってもどってみると、一五時から草野さんが講演する内科講堂がつかえぬので、会場を南講堂にかえたという。そこで、おおあわてでポスターをかきかえて、人があつまるようにはしりまわった。一五時三〇分からの南講堂は九分の入り。ノートをとる人もいて、みな熱心にきいてくれた。それがおわるとまた展示の説明。医学部入り口は一八時にとざされて、最後の一群がまわってきたのは一九時ちかく、最終講義だとみな説明に力をいれる。わたしが最後の説明をおえたのは二〇時すぎになっていた（これが今回の五月祭の一番あとになったよう）。

パンフレットの売れ行きはあまりよくなく、一五〇〇部ぐらいだったらしい。展示そのものは大成功。紙をはがし枠をはずしてしまうと、みんなさすがにがっくりした顔。しかし、ここまでみんなでやったものをちらばらせるのはもったいないと、名前だけでも原爆症研究会をつくろうということにだいたい一致、田辺、森岡、松井、大森とそば屋にいってすこしさわいだ。

二八日、片付けのため休みの日。小講堂の掃除をしてから、パンフレット残りの製本。かってきたそばをくいおわると、田辺、垣東にさそわれて、丸の内名画座で『黒水仙』をみる。こんでいて立ち見。

その後のこと

五月三一日、原爆症展グループのコンパの会場頼みを田辺、森岡と。

六月六日（水）、コンパの用意は一六時二〇分から。場所は赤門まえのいせ屋。約二〇人分で、ココア、パン（半分はジャムつけ）、ハム、キャラメル、せんべい。一七時二五分からはじまって、今後も会をつづけ、知識をできるだけひろめていこうということで一致。京都大学、日本医科大学、横浜医科大学などから資料提供の申し込みがすでにきており、竹内さんがそれについて都築さんの了承をいちおうこうことになる。この辺で、第三内科の中尾喜久さん（当時講師、のち教授、血液学）、草野さん、三宅さんみえられる。自己紹介し、くいだして、原爆症のこと。「も一度血液検査をズラッとやらなくちゃならないかもしれぬと、おもうといやだね」と中尾さん。三宅さんあまりかたらず、宮本百合子さんの死因、医学部の内幕など。だが、皆が心をうちあけて話しするようなことはなかった。その一つは期待がはずれたのである。つまり、三宅さんあたりがTrinken〔一杯〕の金をだしてくれると予想して、「海老で鯛をつる」と称していたのだが。

八日、自治会室にいったら、京都の人が写真をかりにきていた。七万円の予算で百貨店で展示するとのこと。

九日、原爆症研究会の会計を竹内さんからひきつぐ。

一五日、昼休みに竹内さんにあった。共同印刷の労働組合に原爆症展をやらせてくれと話しにいったところ、「そんなもの、とんでもない」とことわられた、とのこと。民同が実権をにぎったが、すこしのこっている共産系の人が復活することを極度におそれているらしい。また、八月にベルリンである青年学生平和祭には五月祭とおなじ形式でだしたい（ただしイギリス語文）といってきたが、費用・手間の点で無理だろう。二日後に神戸のお寺でひらかれる日本民主婦人連盟総会にポスターをかすことになったので、あすいそいで破れをつくろうこと、など。

一六日（土）午後、田辺と、白血球がなくなるとどうなるか、絵にかく。

二〇日、Student Peace Festival of Berlinにだす A.B.C.〔atomic bomb casuality〕の絵を七月一日を目

標にかくことになった。二三、二四と学内展示があるが、それは五月祭のもので間にあわせる。二一日、田辺と、A.B.C. の内科関係を清水さん、勝木さんと今日からやることになっていたが、委員室にいるはずの清水さんがいない。

二二日、―五月祭につき、A.B.C. は純粋科学でないから、という意見がでたが、三宅さんが、全部自分が検閲するから、との条件で教授会をとおった、とのこと。

二六日、放課後森岡を手つだってA.B.C. の絵をかく。パリに広島型原子爆弾をおとそうというのである。二七日もつづけて。二八日、放課後から夜おそくまで A.B.C. の翻訳。六月一杯でしあげなくてならないので、清水さん、勝木さんは徹夜になるらしい。

＊　＊　＊

さて、自分のメモはここでおわっている。五月祭の展示物は一年あまり、全国各地の大学祭などにつかわれたようである。三〇年ぐらいしてか、弘前大学をでた内科医から「あれはつかわせてもらいましたよ」ときいた。

ここで、名をあげた学生について簡単にしるしておこう。教養学部理科二類の七組にあつめられたのは主として、新制高等学校三年をおえた（つまり、旧制中学校五年から新制高等学校三年にうつった）人で、士官学校にいた人もいた。大森皓次は国立がんセンター内科にいったが、交通事故ではやくなくなった。垣東徹は台糖ファイザー製薬のメディカル・ディレクターをした。久保田達夫は小児科を専攻したが、はやくなくなった。田辺等は東京都立神経病院の院長をした。森岡恭彦は母校の第一外科の教授になった（昭和天皇の手術にあたった人である）。大池真澄は第一高等学校から教養学部をへずに医学部にはいったようで、厚生省医務局長をした。松井英男は理科二類五組にいた。はじめから左翼を表面にだしていた人で、杏林大学の生化学の教授をした。留学中に浮世絵に魅せられて、浮世絵美術館をひらいた。これら同級生計八人のうちのこるのは、森岡とわたしとである。

三年生では、勝木育夫さんは耳鼻咽喉科学を専攻したのち開業、清水雅彦さんは伝染病研究所内科にすすまれ、竹内彰さんは木本外科をへて開業、水上茂樹さんは九州大学医学部で栄養学の教授をされた。水上さんによると、三年生の小木貞孝さんも熱心に参加し、展示の当日はかれの多くのガールフレンドがお菓子をもってきた。展示では病理は二年生が、臨床は三年生が担当されたのだろう。

この時代

この五月祭の前年一九五〇（昭和二五）年六月朝鮮戦争はじまる。五一年五月一日、長崎の被爆者永井隆博士死去。五一年九月対日平和条約調印（占領時代おわる）。五四年三月一日ビキニの水素爆弾実験で第五福竜丸が被災。乗組員の何人か入院。四月から五月にかけての基礎臨床総合講義で、原子爆弾症について五回。

もっと身ぢかな事として、学生一六名逮捕の事件があった。前東京大学教授（哲学）であった出隆《いでたかし》が一九五一年四月の東京都知事選挙に立候補していた。かれは共産党に入党していたが、国際派だったので、党の公認はえられなかった。選挙運動がはじまってすぐの四月五日飯田橋近くで選挙演説中のところ、支援の学生（ほとんどが東京大学の）一六名が、ビラ、プラカードの内容が三二五号（占領軍への誹謗中傷を禁じたものだったろう）および警官への暴行の疑いで逮捕され、軍事裁判にかけられるらしかった。ビラ、プラカードの内容は、労働関係の新聞の見出しをひいたものだったらしいが、その新聞自体へのお咎めはほとんどなかったらしい。五月祭の準備期間にはいっても、この事件はしばしば話題になり、学内では集会もひらかれた。教授会が一六名の釈放をねがう文書を呈出した、といったこともきこえてきた。五月二三日一六名中一三名が釈放された。六月一一日に三名の軍事裁判がおこなわれ、一三日、一人に無罪、和気、遠藤両名が執行猶予つきの重労働六か月。この和気朗さんは、ソヴェト医学研究会に属する医学部四年生であった。

ここで、一九五一年六月一六日発行の医学部の同窓会紙『鉄門だより』第二一号にのった「五月祭の回顧」をみよう。三月初旬中央委員会（各学部自治会を統合する）の召集により第一回準備会がひらかれた。五月一〇日のところにかいた三スローガンの可決までには、一部団体の一時退場という騒ぎまであった。常任委員会が成立して準備にかかろうとしていたときに、「こういった政治的スローガンは五月祭の性質上不適当である」と大学側はこのスローガンを禁止しようとした。しかし、交渉の結果、ポスター、プログラムにスローガンをのせないという点で妥結し、実質的にスローガンをいかしていこうということになった。

「私は今更学校側に抗議しようとは思わない、けれども現在の客観的情勢において政治的であるという理由のみで我々の平和への意志を抑えつけること自体更に高度に政治的な行為ではないだろうか〔下略〕」と、「回顧」の文章にはかかれている。

竹内さん、水上さんに書面でうかがったところでは、一九五一年当時原子爆弾症を論じることそのものが占領軍誹謗とされる危険性があった。また関係の病理標本その他はＡＢＣＣの管理下にあった。展示にも臓器標本をだすことはできず、写真展示になった。最初第二内科教授の佐々貫之さんに相談したところ、定年ちかいこともあってか（というのは、佐々さんへの相談は一九五一年三月三一日よりかなりまえにおこなわれていたことになる）、佐々さんは、第二内科から第三内科にうつっていた中尾さんを紹介してくださった。中尾さんからは、調査のリーダーだった都築さんの許可が必要とのことで、都築さん宅にうかがって、許可をえ、また大量の写真をかしていただいた。写真のコピーには病理の写真室を利用させてもらった。そのとき三宅さんから、展示が占領軍誹謗になる可能性があるとの注意をいただいた。そして三宅さんがすぐにＧＨＱにいって許可をえてきた。

また、原子爆弾症の展示は、社会医学研究会、結核研究会、ソヴェト医学研究会の共同による（結核研究会およびソヴェト医学研究会はそれぞれの独自の展示もした）。

ところで、当時同様の企画が他にあったかどうか、しらなかった。小畑哲雄『占領下の「原爆展」　平和を追い求めた青春』（かもがわブックレット、かもがわ出版・京都市、一九九五）によると、一九五一年五月一四－二〇日の京都大学春の文化祭に医学部で原爆展があり、これをきっかけに七月一四日から一〇日間、京大同窓会主催の「綜合原爆展」が京都市の丸物百貨店で開催された。「綜合原爆展」の内容、いくつかのパネルの写真が紹介されており、丸木位里、赤松俊子夫妻の五部作「原爆の図」もそこに展示されていた（五月祭展示の写真をかりたことは、しるされていない）。入場者は一〇日間で約三万人だった。綜合原爆展を主催した京大同窓会は、一九六〇年に、世界平和協議会から「平和賞」をうけた。

この原爆展は京都市内ではことなくすんだが、その展示をもって外にでると、あちこちで検挙という形などの弾圧にあった、という。この点は五月祭のばあいとはちがっている。五月祭では、前記のように占領軍による弾圧の怖れがつよかったが、五月祭展示物の各地での展示について警察の弾圧があったとはきいていない。東京と京都、という違いだろうか。

◉第二章注

(1)当時の東京大学教養学部には、医学部に直結した理科三類はなかった。理科二類からは農学部、理学部の生物系、医学部、薬学部へすすんだ。二年の教養課程をおえたのちの医学部進学には試験があった（他大学からも応募できた）。

(2)草野信男（一九一〇―二〇〇二）。一九三三年東京帝国大学医学部卒業後病理学教室にはいった。一九六二―七〇年と伝染病研究所教授。四五年原子爆弾投下後の広島に調査におもむき、五三年ウィーンでの国際医師会議で原子爆弾被害の実態を報告した。一九五五―六三年と原水爆禁止日本協議会理事長をつとめた。

(3)三宅仁《みやけまさし》（一九〇八―六九）。良斎―秀―鉱一とつづく名医家の四代目。一九三二年東京帝国大学医学部卒、病理学教室にはいる。一九四七―六八年と東京大学教授（病理学担当）。原子爆弾症、肝臓の病理学を研究。この当時は黄変米による肝臓の病理をしらべていた。

死から目をそむけるな——あとがき

東京大学の弥生門まえ（道をへだてて向い側の塀ぞい）に、「東京大学医学部戦没同窓生之碑　東京大学医学部鉄門倶楽部有志建之」の碑がある。白御影石にはめこまれたブロンズの上部には「1931－1945　満州事変　日中戦争　太平洋戦争」とあり、両脇には二〇九名の医学部戦没同窓生の氏名と戦没地とがきざまれている。中央のレリーフは、戦没同窓生をになって大学にむかってあるきつづける同窓生たちの悲劇哀悼の群像である。

東京都文京区の本郷七丁目の大部分を東京大学がしめている。言問通をはさんで北の弥生一丁目に農学部がある。本郷七丁目と弥生一丁目とにはさまれ東にひらいた弥生二丁目の過半部をしめるのが工学部であるが、池之端からのぼってくる道にそった、工学部と本郷七丁目とにはさまれた民有地がある。弥生門とは本郷七丁目の構内から農学部のほうへひらいた門である。この碑の所在地は弥生二丁目四番地民有地の本郷七丁目に面した塀ぎわ、弥生門から池之端へむかいすこしおりた所である。東京大学医学部は本郷七丁目の南部および東部をしめている。医学部本館は西に面し、附属病院は南および西にむいている。かよってきた者の感じでは、弥生門は裏門であるし、しかも碑の所在地は、大学構内に面しているとはいえ、構外である。その碑はどうして医学部にたてられなかったのか。

一九五四年医学部卒の二宮陸雄さん（糖尿病の専門家で、また医学史の研究者）は、東京大学史史料室がたしかめた全学戦没卒業生のうちに医学部同窓生の比率のたかいことにおどろき、他の四人の世話人とともに、医学部戦没同窓生追悼基金を設立し、同窓生に基金への参加をよびかけ、戦没者の実態把握につとめた。ついで、この事業は医学部同窓生の組織、鉄門倶楽部の事業としてみとめられた。

新教育研究棟に「還らざる学友の碑」を設置する案が、医学部教授総会にはかられた。それに対し、第二次大戦の評価がさだまっていない段階で医学部としての一定の見解をしめすことになる、グローバル化時代で大学院を中心にアジアからの学生を多数むかえている現状で、その当時の日本の立ち場を強調することは適切でない、などの反対意見がでた。医学部長は満場一致になるのでなければ（一人でも反対するなら）本件を採決しない、と宣言していた。

基金には六五四名が参加した。医学部との交渉がすすまぬなかで、戦没者の遺族や関係者が高齢化していくので、構外に建立地をもとめて、結局、二〇〇一年五月二七日にこの碑が弥生門まえに建立された（名をきざまれた戦没者は二〇九名であるが、建立時には二一六名が把握されていた）。こうして、戦没同窓生之碑は医学生・医学徒の目からたくみにとおざけられた。

日本軍がアジアで多くの人をころしたことはたしかである。この碑面のわきに、そのことへの謝罪のことばをそえれば、アジアからの学生にみてもらってよい。ともかくも、同窓生（先輩）の多数が戦いにしんだことをしることが、戦争につきかんがえる第一歩となるはずである。しらなければ、今の〝平和〟をうたがうこともない。医学部教授総会にでた議論は、知恵のない秀才の言い分である。なお、ここにしるした経過は、二宮陸雄ほか編『春来たり花は咲けども　東京大学医学部戦没同窓生追悼』（東京大学医学部戦没同窓生追悼基金・東京、二〇〇一年）に記述されている。

一九四五〔昭和二〇〕年五月五日、福岡県久留米市の太刀洗飛行場を爆撃した合州国機編隊の一機が撃墜されて、搭乗員一一名はパラシュートで脱出。落下したうちの一人は住民においつめられて自殺、もう一人は住民にころされた。機長は取り調べのため東京におくられ、残り八名は九州大学医学部第一外科にひきわたされた。そして八名は「生体実験」のすえ、解剖された(「九州大学生体解剖事件」)。この実験がおこなわれていた解剖学実習室をたまたまとおりかかった医学生東野利夫氏は、血液代用の輸液として合州国兵に注入される海水の瓶をもたされた。

東野氏は事件についての資料をあつめて、本にまとめた。二〇一五年四月に九大医学歴史館が開館した。氏は、自分があつめた事件関係資料を展示するよう、大学にもとめたが、拒否された。現在展示されているのは、事件の概要をしるした小パネルと『大学五十年史』の該当部分とだけである(「米兵生体解剖焼きつく記憶　最後の生き証人東野利夫さん〔91〕」『東京新聞』二〇一八年一月二一日号)。同大学の学校卒業者が同窓会誌に、この事件につき投稿したところ、「いまさらさわがれたくないから」と、原稿はもどされたという。

京都大学でも七三一部隊関係の展示がひっこめられたときく。この「平和な国」では、なかったことにすれば、事はすむようである。

＊　＊　＊

さて、本書中岡田執筆の主要部の原型は、精神医学史学会および15年戦争と日本の医学医療研究会で報告し、ついで『15年戦争と日本の医学医療研究会会誌』にのせたものである。同誌掲載はつぎのようなものであった。

①「戦争と精神科医療、精神医学、そして精神医学者」第三巻第二号〔二〇〇三〕

ここでは、今後の調査予定もふくめて、探究の見取り図をしめした。あげた項目は、精神病院の実態、戦争体制づくりへの精神医学者の協力、軍事研究への協力、戦時精神疾患、精神医学者の動き、戦地特異現象、植民地精神医学、精神医学者の異文化体験、精神医学者の政治的姿勢、戦争犯罪の精神医学的考察である。この論文は本書にはいれていない。とりあげた項目のうち、しらべることができたのは、収録した半分にとどまった。

②「戦時下の精神科病院での死亡率――戦争と精神科医療、精神医学、そして精神医学者（その2）――」第四巻第二号（二〇〇四）

本書の第Ⅰ編第1章がこれにあたる。

③「精神病院におけるデング熱実験――戦争と精神科医療、精神医学そして精神医学者（その3）――」第七巻第二号（二〇〇七）

本書の第Ⅰ編第2章がこれにあたる。

④「軍医早尾乕雄の戦場報告」第九巻第二号（二〇〇九）

本書第Ⅲ編第1章「戦場心理の研究――早尾乕雄による日中全面戦争従軍の記録」は④と後掲⑦とをまとめたものである。

⑤「空襲時精神病――植松七九郎・塩入円祐の資料から――」第一〇巻第二号（二〇一〇）

本書第Ⅲ編第1章がこれにあたる。

⑥「塩入円祐・岩佐金次郎による空襲生活調査」第一四巻第二号（二〇一四）

本書第Ⅲ編第2章がこれにあたる。

これらのほかに関連の発表としては、つぎの二点がある。

⑦「早尾乕雄小伝――解説をかねて」十五年戦争極秘資料集　補巻32『戦場心理の研究』第1冊、不二出版・東京（二〇〇九）

⑩『戦争のなかの精神障害者』（青人冗言7）、青柿舎（二〇一一）

これは二〇一〇年八月一五日に、大阪精神障害者連絡会・大阪市精神障害者地域生活支援ネットワーク・大阪精神障害者福祉ボトムアップ連絡会共催の「終戦記念日に戦争の中の精神障害者を考える」ではなしたものの記録である。その内容は、「へりつづける精神科病院」「精神病院でのデング熱実験」「戦争中・戦後の精神病院における死亡率」「戦後もつづく苦しみ」であったが、「へりつづける精神科病院」では、禁野火薬庫爆発事件にもふれた。

「序説」、第Ⅲ編第2章、第Ⅳ編は書き下ろしである。付録第1章「『大東亜雑記』抄」は、精神医療史研究会（吉岡真二・岡田靖雄・長谷川源助）『松沢病院九〇年略史稿』、精神医療史研究会・東京（一九七二）にいれたものを補充した。付録第2章「占領下五月祭の原子爆弾症展」の要約版というべきものは『鉄門だより』七二三号（二〇一五・九）にのった。

＊　＊　＊

戦争の犠牲となった精神障害者は全国で何人ぐらいだったのだろうか。第二〇回日本精神医学史学会でフランスのリール精神保健研究・人材育成センターのJean-Luc Roelandtの特別講演「病院から地域へ——フランス・リールでの市民精神医学の経験」（『精神医学史研究』第二一巻第一号、二〇一七）では、「第二次大戦の衝撃的な出来事は、優生思想から生まれた。純粋な人種の選択をおこった《ママ》。ドイツでは、精神科の患者が殺戮された。これがT4作戦である。フランスでは、病院に収容されている人は、一〇万人から六万人に減ったが、四万人が餓死した」とのべられた。

そのドイツについて市野川容孝がインタビュー（犬飼直子による）「旧優生保護法と社会」（『精神医療』九三号、二〇一九）でかたったところでは、一九四一年以降、安楽死計画でころされた精神病者の数はだいたい七万人といわれている。この七万人という数は、第一次大戦中にドイツ国内の精神病院で栄養失調死した患者数とほぼおなじだといわれている。そして、第一次大戦中に二〇歳代後半から三〇歳代前半だった医療関係者は、二〇年後には四〇歳代後半から五〇歳で、そういう人が医療の現場をみている。すると、またおなじことがおこるのかもしれない、とかんがえる。だまってみているよりはころしてあげるほうが人道的ではないか、という発想がどこかにあったのだろう。精神医療の改革もやり、ナチズム優生保護被害者への戦後補償を実現したドイツの精神科医クラークス・ドゥルナーは「ナチズム期の優生政策や安楽死計画の核心にあるのは、死に至る哀れみだ」といった。

その数をみた『S・S・コルサコフ記念神経学・精神医学雑誌』をさがしだせずにいるが、第二次大戦中にソヴェト同盟の精神科病院で死亡した戦争犠牲者は数一〇万人にのぼっていたように記憶している。世界中のこういった数字をあつめられないだろうか。それができれば、戦争のなかの精神障害者という問題はよりくっきりと輪郭づけられるだろう。

＊　＊　＊

本書は、野田正彰さん、蟻塚亮二さん、中澤正夫さんの寄稿をえて、充実した内容のものとすることができた。川村善二郎さんには誤りを指摘していただいた。板原和子さん・鈴道幸さん・森口秀樹さんは資料集めにご協力くださった。十五年戦争と日本の医学医療研究会からは、雑誌掲載論文収録につきご了解をいただいた。難行していた本書出版をひきうけてくださったのは、六花出版の山本有紀乃さんである（六花出版で本書の編集にあたられたのは黒板博子さん、荻野寿美子さんである）。校正にあたっては、青柿舎舎人　長谷川幸枝さんの協力をえた。これらの方にお礼をもうしあげる。

二〇一九年六月七日　　岡田靖雄

ファーレル　115
堀田進　36

ま

正橋剛二　156
松井英男　211, 213
松原三郎　155
操坦道　34, 118
光石忠敬　44
光田健輔　25
水上茂樹　207, 213, 215
三宅鉱一　7, 151
三宅仁　207-209, 212, 213, 215
村松常雄（副院長）　5, 179, 191, 193, 198
モット　151
森岡恭彦　207-209, 211-213
森口秀樹　176, 222
森下薫　33

や

矢追秀武　30, 41, 188
谷野亮一　155, 156
山岡憲二　34
吉松捷五郎　9
吉見義明　149

ら

リフトン, R　117, 120, 121
ルーズベルト　80
ルメイ　80-84
レーヴィ　93

わ

和気朗　214
分島俊　33, 41
和田豊種　167

欧文

Bramsen　110, 112
Cook　109
Peters, Uwe Henrik　58
Roelandt, Jean-Luc　221

小林八郎　5
小宮悦造　151

さ

蔡深河　33
斎藤西洋　36, 37, 39, 42, 187-189, 198, 199, 205
斎藤玉男　153
斎藤徳次郎　20, 198, 199, 205
斎藤茂吉　10, 29, 42
佐々貫之　215
佐藤栄作　84
佐藤淳一　151
佐藤八郎　33
サムス　179
沢田藤一郎　33, 36, 39
塩入円祐　5, 6, 49-51, 61, 62, 85, 220
清水雅彦　209, 210, 213
下田光造　34, 35, 39, 42, 151
白木博次　5, 117
杉田直樹　35, 42
鈴道幸　176, 222
諏訪敬三郎　5, 42, 136, 142, 144, 157, 160
赤申吉　154
関根真一　8

た

高崎隆治　148
高橋真司　122
竹内章　208-210, 212, 213, 215
武田徳晴　33
立津政順　2, 15, 18, 77, 189, 190, 192, 194, 195, 199
田辺等　207-213
谷口本事　39, 151
築城士郎　117
都築正男　118, 210, 212, 214, 215
鶴見三三　35
東野利夫　219
當山冨士子　79, 110, 111
ドゥルナー，クラークス　222
時田勝世　205
戸田忠雄　34, 35, 39
トルーマン　85

な

中脩三　33, 41, 58
永井隆　214
中尾喜久　212, 215
中川洋　34, 35, 39
中澤正夫　49, 222
中村江里　159
長山泰政　36, 42, 167-172
仁志川種雄　118
西丸四方　58, 187, 189
西本知治　155
二宮陸雄　218
野田正彰　49, 57, 79, 222

は

橋本治雄　36-38
橋本寛敏　151, 154
羽根田貞司　35
濱谷正晴　122
早尾寿枝　149, 156
早尾乕雄　6, 57, 135-139, 141, 142, 144, 145, 147-150, 152, 153, 155-160
林暲（医局長）　36, 37, 39, 42-44, 153, 199, 200, 205
林博　39
林道倫　151
肥田舜太郎　117, 124

主要人名索引

あ

秋元波留夫　153
芦原金次郎　7
天野一夫　173, 176, 177
天海健次郎　154
荒木貞夫　139
蟻塚亮二　49, 57, 79, 222
イーザリー　85
石川準子　184, 195, 199, 200, 205
石田忠　121, 122, 124
石橋ハヤ　190
板原和子　176, 222
市川栄一（主事）　9, 10
市野川容孝　221
出隆　214
伊藤圭一　199
稲葉近蔵　173, 175
稲見好寿　195
猪原清　155-157, 160
井村恒郎　57, 58
岩佐金次郎　6, 61, 62, 85, 220
上田守長　40, 42
上野陽里　4, 32, 33, 41, 42
植松七九郎　5, 49-51, 58, 61, 85, 151, 220
内村祐之（院長）　4, 5, 7, 8, 10, 36, 37, 39, 42, 44, 180, 184, 190, 192, 193, 198-200
台（臺）弘　43
江副勉　7, 43, 205
遠藤義雄　153, 214
大池真澄　208, 213
大里俊吾　146
太田保之　123, 124
大成潔　151
大森皓次　207, 208, 211, 213
緒方規雄　36-38, 41
岡田靖雄　85, 113, 155, 209, 210, 219, 221, 222
小木貞孝　213
奥田三郎　20, 180, 188, 192, 199, 202, 205
奥村仁吉　117
オッペンハイマー. J. R.（オッペンハイマー）　84, 85
小畑哲雄　215

か

垣東徹　207-209, 211-213
勝木育夫　213
加藤正明　42, 157, 180
金子準二　189
川喜多愛郎　43
川村麟也　31
菅修　8
北岡正身　44
北島治雄　2, 21, 30, 77
木村哲二　151
木村光雄　34
木村廉　36
草野信男　207, 210-212
久保田達夫　207, 208, 213
栗原淑江　122
呉秀三　151, 156, 160
黒沢良介　58
小泉親彦　9
小酒井光二　151
小関光尚　36, 42, 168, 170, 172
小沼十寸穂　5, 116, 118
小林英一　33

日中全面戦争（日中戦争） 7, 135, 148, 217, 220
日本原水爆被害者団体協議会（日本被団協） 122, 124, 129
『日本残酷物語』 2
日本神経学会（日本精神神経学会の前身） 160
日本神経学会（日本臨床神経学会の後身） 161
日本精神神経学会 4, 6, 42-44, 136, 146, 148, 153, 160, 161
日本臨床神経学会 161
沼津脳病院 187
根岸病院 10, 199

は

発疹チフス 44, 189
発熱療法 34, 35, 37, 42
パニック障害 106, 109
パニック発作 96, 98, 102, 104
早尾神社 150
阪神・淡路大震災 123, 124
ハンセン病問題 4, 25
ハンセン病療養所（らい療養所） 4, 15, 25-27
晩発性ストレス症候群 96, 109, 112
晩発性PTSD 96, 98-102, 111, 112
PTSD→心的外傷後ストレス障害
ビキニの水素爆弾実験 214
引き戻され体験 127
一橋グループ 121
枚方製造所 169
広島 10, 58, 83, 85, 94, 114-117, 120, 121, 129, 209-211
復員軍人局（米国） 96, 107
福島第一原発事故 114
プラセボ 43, 44
フラッシュバック 98, 99, 101, 102, 104, 105, 112, 124, 125, 127, 128
ぶらぶら病 117-119, 128
浮浪児 87, 94, 173-176
平和な国 219
ベトナム帰還兵 96, 108, 110, 121, 124
ベトナム戦争→ヴェトナム戦争
砲弾病 159
保養院 10, 199
ホロコースト 109

ま

松沢病院（東京都立松沢病院） 2, 5-10, 15-18, 23-27, 29, 30, 32, 36, 41-44, 49, 51, 53, 77, 149, 152, 153, 161, 179, 180, 183, 189, 192, 193, 196, 198, 199, 201, 202, 205, 206
松沢病院梅ヶ丘分院（分院） 10, 26, 200, 201
『松沢病院九〇年略史稿』 29, 183, 221
マラリア 26, 32, 34, 36, 37, 39, 56, 140, 141, 143, 148, 159
マラリア精神病 140, 141, 148
無感情体験 126
武蔵療養所 5, 8, 22, 24
無差別爆撃 81
命日反応型うつ状態 98, 101
モーヅレイ病院 151

や・ら

優生保護法 221
らい療養所→ハンセン病療養所
落書き帳 2, 29, 183
リクビダトール 119
ロボトミー 43, 44, 162

さ

堺脳病院　171
作業治療　185, 186
作業療法　7, 8, 42, 167, 168
桜ヶ丘保養院　49, 51
詐病　143, 145, 146
慈雲堂　194
シェル・ショック　155-157
自殺企図　53, 142, 145
持続的人格変化　92, 98, 104
持続浴　7
児童福祉法　175
自費患者　17
下総療養所（国立下総療養所）　5, 22, 24, 180
社会医学研究会　215
重慶爆撃　93
15年戦争と日本の医学医療研究会　219, 222
絨毯爆撃　93, 115
情緒麻痺　55
身体化障害　97, 98, 100, 101, 103, 106
心的外傷後ストレス障害（PTSD）　57, 79, 88, 93, 94, 96, 98-102, 106, 107-112, 121, 123-125, 128, 129
巣鴨脳病院　10
精神厚生会　5, 9, 191
『精神神経学雑誌』　4, 146, 148, 153, 155, 160
青年学生平和祭　212
性病　140, 146
戦時性暴力被害　92
戦場神経症　137, 140, 148, 149
戦場心理　6, 138, 144, 145, 149, 220
戦場精神病　137, 140
戦争神経症　57, 58, 159
戦争浮腫　192, 202
ソヴェト医学研究会　207, 208, 214, 215
騒音被害　6
綜合原爆展　215
疎開→強制疎開

た

第五福竜丸　214
体重　19, 21, 64, 67, 69, 74, 75, 77, 180, 187
『大東亜雑記』　2, 10, 29, 180, 183, 205, 221
滝野川病院　10, 199
チェルノブイリ　114, 119
地下鉄サリン事件　124
筑紫保養院　23, 24
中間者　138
中山陵　139
ツツガ虫病　43
デング熱（天狗熱）、デング熱人体実験　2, 4, 30-43, 188, 220, 221
〔東京大学〕医学部教授総会　218
東京大学医学部戦没同窓生之碑　217
東京大空襲（東京空襲）　10, 49, 57, 58, 79-82, 84, 86, 89, 93, 94, 201
東京大空襲裁判　86
東京都養育院　27, 87, 94
東京府巣鴨病院　7, 27, 29, 151, 152, 183, 199
東京武蔵野病院　40, 42, 51, 56
トリメ　19

な

長崎　10, 31, 58, 83, 114-116, 121-124, 214
長崎医科大学　115
中宮病院（大阪府立中宮病院）　23, 24, 36, 42, 167-172, 175, 176
ナチスの強制収容所（絶滅収容所）　57, 120, 124
七三一部隊　32, 219
新潟精神病院　43

索引

主要事項索引

あ

愛知県立精神病院　22, 24
アウシュヴィッツ　93, 95, 120, 121
青山脳病院　10
アビタミノーゼ　140, 146
阿波井島保養院　23, 24
慰安所　138, 139, 141, 142, 146
井之頭病院　22, 23, 49, 51, 52, 54-56, 61
井村病院　20
ヴェトナム戦争（ベトナム戦争）　6, 85, 96, 112
ABCC　117, 129, 215
栄養失調　2, 17-19, 24, 111, 174, 176, 179, 195, 205, 222
栄養障害症候　18, 24, 25
大阪脳神経病院　173, 175, 176
沖縄戦　6, 26, 49, 57, 58, 79, 95-99, 101, 104-108, 110-112
沖縄戦トラウマ　97
沖縄戦による晩発性PTSD　96, 98
オランダ人レジスタンス　124

か

懐郷病　137, 141, 143
学位制度　147
脚気　18, 24, 53, 146
桂内科　43
烏山病院（烏山）　194
花柳病　141
感情麻痺　126, 127
官物横領　178
官吏　147
奇妙な不眠　95-97
九州大学生体解剖事件　219
九大医学歴史館　219
強制疎開（疎開）　9, 10, 62, 81, 82, 91, 94, 115, 147, 154, 190, 192, 196, 198, 199, 201, 204
京都大学（京大）　115, 212, 215, 219
京都府立精神病院　23, 24
芹香院　22, 23
禁野火薬庫　169, 221
空襲時精神病　5, 49, 85, 220
栗生楽泉園　178
慶應神経科教室（慶應義塾大学医学部神経科教室）　49-51, 61, 62, 76
結核研究会　215
原子爆弾　4, 5, 10, 84, 114, 117, 121, 123, 204, 207-211, 213-215
原子爆弾症　49, 164, 208-210, 214, 215, 221
原子病学会　207
強姦　92, 138, 139, 145, 146
国府台陸軍病院　5, 6, 40, 42, 135, 136, 142, 144, 148, 157
公費患者　17, 179, 187, 189
香里脳病院　170, 171
国民優生法　162
心の傷　125, 127
小林病院　194
コロニー　186

◉執筆者紹介（掲載順）

岡田靖雄（おかだ・やすお）
一九三一年生まれ
一九五六年、医師免許取得。東京都立松沢病院などをへて、現在、青柿舎（精神科医療史資料室）主人
・主要編著書
『私設松沢病院史』岩崎学術出版社、一九八一年
『吹き来る風に――精神科の臨床・社会・歴史』中山書店、二〇一一年
『精神障害者問題資料集成』（戦前編および戦後編）六花出版、二〇一〇〜二〇一八年

野田正彰（のだ・まさあき）
一九四四年生まれ
北海道大学医学部卒。長浜赤十字病院精神科、神戸市外国語大学教授、ウィーン大学招聘教授、関西学院大学教授などを歴任
・主要著書
『喪の途上にて』（岩波現代文庫）岩波書店、一九九二年
『戦争と罪責』岩波書店、一九九八年
『犯罪と精神医療』（岩波現代文庫）岩波書店、二〇〇二年

蟻塚亮二（ありつか・りょうじ）
一九四七年生まれ
弘前大学医学部卒。精神科医。弘前市・藤代健生病院院長ののち二〇〇四年に沖縄県に移住し、沖縄協同病院心療内科部長などを歴任。二〇一三年四月から相馬市・メンタルクリニックなごみ所長
・主要著書
『沖縄戦と心の傷』大月書店、二〇一四年
『3・11と心の災害』（共著）大月書店、二〇一六年
「沖縄戦によるストレス症候群と統合失調症増加の考察」『戦争とこころ――沖縄からの提言』（沖縄戦・精神保健研究会編）沖縄タイムス社、二〇一七年

中澤正夫（なかざわ・まさお）
一九三七年生まれ
一九六三年、医師免許取得。精神科医。群馬大学精神科、代々木病院、みさと協立病院などを経て現在、代々木病院勤務（非常勤）
・主要著書
『ストレス善玉論』情報センター出版局、一九八七年
『地図は現地ではない』萌文社、一九九一年
『ヒバクシャの心の傷を追って』岩波書店、二〇〇七年

もうひとつの戦場《せんじょう》――戦争《せんそう》のなかの精神障害者《せいしんしょうがいしゃ》／市民《しみん》

編者――岡田靖雄
定価――本体一、八〇〇円＋税
発行日――二〇一九年七月三一日　初版第一刷
発行者――山本有紀乃
発行所――六花出版
〒一〇一―〇〇五一　東京都千代田区神田神保町一―二八　電話〇三―三二九三―八七八七　振替〇〇一二〇―九―三二三五二六
校閲――黒板博子・荻野寿美子
組版――公和図書デザイン室
印刷・製本所――モリモト印刷
装丁――臼井弘志
ISBN978-4-86617-080-0　